dandapani

FOKUS.

Die Kraft der Konzentration

dandapani

FOKUS.

Die Kraft der Konzentration

**Geistige Klarheit gewinnen –
Erfolg und Erfüllung manifestieren**

Aus dem Amerikanischen übersetzt
von Karin Weingart

Lotos

Die Originalausgabe erschien 2022 unter dem Titel
The Power of Unwavering Focus
bei Portfolio/Penguin, einem Imprint von Penguin Random House LLC.

MIX
Papier | Fördert gute Waldnutzung
FSC® C014496

Penguin Random House Verlagsgruppe FSC® N001967

Erste Auflage 2023

This edition published by arrangement with Portfolio,
an imprint of Penguin Publishing Group,
a division of Penguin Random House LLC.

Redaktion: Dr. Diane Zilliges
Covergestaltung: Guter Punkt, München, nach einem Design von Jen Heuer
Coverfoto: © Andre Schneider
Satz: Leingärtner, Nabburg
Druck und Bindung: GGP Media GmbH, Pößneck
ISBN 978-3-7787-8309-2

www.Integral-Lotos-Ansata.de

Gewidmet sind diese Seiten meinem Guru

SATGURU SIVAYA SUBRAMUNIYASWAMI,

ebenso liebe- wie respektvoll auch Gurudeva genannt.

Ohne die bedingungslose Liebe, mit der er sich mir und meiner persönlichen Entwicklung widmete, wäre ich nie zu diesem Buch inspiriert worden. Denn ihm verdanke ich das größte Geschenk, das ich je erhalten habe: die Tools und Techniken, die ich brauchte, um mich selbst besser kennenlernen und das Göttliche in mir wahrnehmen zu können. Alles, was im Folgenden zu lesen sein wird, beruht auf Gurudevas Lehren.

Inhalt

Einführung

Die Zeit, die ich als ordinierter hinduistischer Mönch bei meinem Guru im Kloster verbrachte, war der größte Segen meines Lebens. In diesen Jahren habe ich viel gelernt – und erkannt, dass es für mich noch unendlich viel mehr zu lernen gab. In dem Wissen, dass mir eine lebenslange Arbeit bevorstand und er nicht die ganze Zeit über für mich würde da sein können, legte Gurudeva die Grundlagen meiner Entfaltung. Wie recht er hatte! Nur drei Jahre nach meinem Eintritt in sein Kloster verstarb er leider.

Nach zehnjähriger Zugehörigkeit zu seinem Orden und sieben Jahre nach seinem Tod beschloss ich, meine Mönchsgelübde nicht zu erneuern, und wagte mich in die weite Welt hinaus. Ich zog nach New York City und lebte dort als Hindu-Priester. Im Hinduismus gelten Priester als »Haushaber«, als Privatmenschen, die heiraten, arbeiten und zusehen, dass sie sich – wie die meisten von uns – ihren Lebensunterhalt verdienen.

In der zweiten Hälfte des Jahres 2008, auf dem Höhepunkt der globalen Finanzkrise, verließ ich das Kloster mit zwei Roben, tausend Dollar in bar und einem MacBook Pro. Geld und Rechner stellten großzügige Liebesgaben des Klosters dar, die mir den Neustart erleichtern sollten.

In der Zeit als Mönch konnten meine materiellen Mittel nicht gerade üppig genannt werden. Doch hatte mich Gurudeva überreichlich mit Lehren und Instrumenten ausgestattet, die nur einem Zweck dienten: dem, meine spirituelle Entwicklung im Kloster zu fördern. Mir war jedoch klar, dass ich auch für die nächste Phase meines Lebens nichts weiter brauchen würde. Alles, was ich hinter den Mauern des Klosters gelernt und dort erfolgreich erprobt hatte, würde auch dem Test der Außenwelt standhalten. Da die altbewährten Theorien und Techniken auf universellen Wahrheiten beruhen, spielte es keine Rolle, wo ich mich aufhielt und was ich so trieb. Sie funktionierten einfach – nicht nur für mich, sondern für alle, die sie aufgriffen und verstanden.

Als Mönch hatte ich oft gehört, dass Besucher Bemerkungen machten wie: »Kein Wunder! In einem so netten Kloster wie dem hier auf Hawaii ist ein sinnvolles und freudiges Leben ja wohl ein Kinderspiel!« Dem konnte ich nicht widersprechen. Natürlich birgt auch das monastische Umfeld seine Herausforderungen. Zweifelsfrei aber fällt das Praktizieren der Teachings in einem Ambiente, das genau dafür gestaltet wurde, sehr viel leichter. Doch die bei ihrer Umsetzung gemachten Erfahrungen und Resultate ließen für mich nicht den Schatten eines Zweifels daran, dass sie auch außerhalb des Klosters funktionieren würden.

Ich entschied mich für den Weg eines Geschäftsmannes und schlüpfte in die Rolle des Beraters von Unternehmern, Sportlern und auch Menschen mit ganz anderem Hintergrund. Ihnen allen half ich, die Arbeitsweise des Geistes zu verstehen und sich ihrer optimal zu bedienen, damit sie sich ihr Leben möglichst sinn- und freudvoll gestalten konnten. Berater zu sein schien mir aber nur angemessen, wenn ich die Lehren auch im eigenen Leben erfolgreich anwendete.

Mein Umfeld und meine Lebensweise hatten einen radikalen Wandel erfahren, sodass ich neue Wege finden musste, die Lehren für mich umzusetzen. Als Ehemann, Vater, Unternehmer und so weiter wollte ich diese Umsetzung so verfeinern, dass ich mich weiterentwickelte und auch meine Klienten sich veränderten.

Ein gutes Jahrzehnt nach dem Verlassen des Klosters kann ich dir nun aus voller Überzeugung versichern, dass diese Lehren nicht nur innerhalb seiner Mauern funktionieren, sondern auch außerhalb. Ich habe miterlebt, wie ein siebenjähriges Mädchen sie erfolgreich anwendete, um sich von Angst und innerer Unruhe zu befreien. Ich konnte höchst erfolgreiche Unternehmer und Sportlerinnen beobachten, die sich der Teachings bedienten, um nicht nur ihre Leistungsfähigkeit, sondern ihr ganzes Leben zu verbessern. Zahllose Testimonials von Menschen überall auf der Welt beschrieben, wie die Lehren ihr Leben verändert haben. Auch sie bestätigten mein ursprüngliches Gefühl für ihre Wirksamkeit. Diese Lehren funktionieren perfekt – genau wie schon immer.

In diesem Buch nun gebe ich dir das grundlegende Training weiter, das ich von meinem Guru erhalten habe – all die Lehren, Erkenntnisse und Instrumente, die ich ihm verdanke, plus einige, die von mir stammen und die ich in meinem nachklösterlichen Jahrzehnt sowohl für mich selbst als auch für meine Klienten angewendet und schon Tausenden von Menschen vermittelt habe.

Würde ich in allernächster Zeit sterben und könnte dir nur noch einen einzigen Tipp geben, dann wäre es der Inhalt dieses Buches. Ein größeres Geschenk habe ich einfach nicht für dich. Ich kann gar nicht genug betonen, wie lebensverändernd diese Techniken und Instrumente sind. Und damit sie ihre Wirksamkeit unter Beweis stellen können, muss man einfach nur das brennende Verlangen haben, sie anzuwenden.

Dieses Buch hat vier Teile, von denen wiederum jeder in Kapitel und Lektionen unterteilt ist.

Im ersten Teil geht es um die Frage, *warum* du überhaupt ein fokussiertes Leben führen solltest. Das ist entscheidend. Denn solange du den Sinn nicht begreifst, fehlt dir womöglich noch die Motivation, dir die Techniken und Tools in diesem Buch anzueignen. (»Konzentration« und »Fokus« sind im hier verwandten Sinne Synonyme, ich verwende beide Begriffe abwechselnd.)

Im zweiten Teil fangen wir an, uns mit dem Geist zu befassen, dem wichtigsten Instrument (beziehungsweise der wichtigsten Technologie), das wir überhaupt haben – denn schließlich erschafft der Geist unsere

Wirklichkeit. (Geliefert wird er allerdings leider ohne Gebrauchsanweisung.) Das Verständnis des Geistes ist die Grundlage eines fokussierten Lebens.

Im dritten Teil zeige ich dir, wie du lernst, dich zu konzentrieren und deine Willenskraft auszubauen – was beides unverzichtbar ist, wenn wir zu Herren und Herrinnen unseres Geistes werden wollen.

Im vierten Teil beschäftigen wir uns mit der Lösung einiger der verbreitetsten Probleme, die uns das Leben schwer machen: Angst, Kummer, innere Unruhe und Stress. Außerdem mit der Frage, wie du deine Produktivität und Leistungsfähigkeiten auf den Gebieten Arbeit, Geschäftsleben und Sport steigern kannst. Und ich zeige dir in diesem Teil, wie sich nicht nur deine psychische Gesundheit durch die praktische Anwendung der Lehren verbessern lässt, sondern auch deine generelle Präsenz.

Wenn ich etwas mit diesem Buch auf gar keinen Fall will, dann dich mit Instrumenten und Werkzeugen überfluten. Ich bin nämlich der festen Überzeugung, dass wir davon gar nicht so viele brauchen. Ein paar aufeinander abgestimmte Tools, die deinem Lebenszweck entsprechen, genügen völlig. Allerdings müssen sie wirklich gut verstanden und konsequent angewendet werden.

Was du in diesem Buch nicht finden wirst, sind Magie, Abkürzungen oder irgendwelche Tricks – stattdessen jedoch einen klar definierten, zielorientierten Ansatz für ein fokussiertes Leben. Geistige Übungen nicht als Selbstzweck, sondern mit ganz praktischem Nutzen. Mir zum Beispiel ermöglichen sie, ein fokussiertes Leben zu führen.

Über die Zeit hat mir meine Konzentrationsfähigkeit ungezählte Möglichkeiten eröffnet und ein Leben beschert, das ich mir nicht einmal hätte erträumen können. Auf den folgenden Seiten unternehme ich den Versuch, dir einen vagen Eindruck von den zahllosen Benefits einer fokussierten Lebensführung zu verschaffen.

Lies dir die theoretischen Passagen bitte sorgfältig durch und versuch sie wirklich zu begreifen. Gib dir bitte auch alle Mühe, sie praktisch umzusetzen. Diese Lehren können alles für dich verändern – aber nur, wenn du sie anwendest und dein Leben auch tatsächlich verändern *willst.* Denn ohne den starken und aufrichtigen Wunsch nach Transformation bringt dir der Inhalt des gesamten Buches so gut wie gar nichts.

Solltest du dich mir je für die hier versammelten Erkenntnisse dankbar erweisen wollen, wäre das schönste Geschenk für mich, dass du meine Ausführungen wirklich verstehst und lernst, dein Bewusstsein zu beherrschen.

Zu Beginn unserer Reise durch dieses Buch würde ich mir bei dir eine bestimmte Einstellung wünschen – nämlich die, dass du am Anfang deines Weges stehst, dass du dich wirklich darauf freust und es gar nicht erwarten kannst, viel Neues hinzuzulernen. Und dass dir bewusst ist, dass du bisher noch nichts weißt.

TEIL 1

EIN SINN- UND FREUDVOLLES LEBEN

Kapitel 1

Die Grundlagen eines konzentrierten Geistes

LEKTION 1.1

EIN SINNVOLLES UND ZIELORIENTIERTES LEBEN

Das Wichtigste ist, dass du weißt, wer du bist, auf welchem Weg du dich befindest und wo er hinführt.

Gurudeva

Es war in München an einem kalten, stürmischen Winterabend. Wir sahen zu, dass wir schnell in das Restaurant gelangten, das wir ansteuerten. Sosehr ich meine Lieblingsstadt in Deutschland auch mag, wollte ich doch unbedingt raus aus der Kälte. Und es dauerte auch nicht lange, da hatten wir das malerische Lokal erreicht. Mit seiner wohligen Wärme und dem runtergerockten Parkettboden hieß es uns herzlich willkommen. Nachdem wir einen hübschen Ecktisch gefunden und unsere dicken Wintermäntel abgelegt hatten, bestellten wir Wein und nahmen den Faden des Gesprächs wieder auf, das wir auf dem Weg zum Lokal geführt hatten.

Ich verbrachte den Abend mit Moritz, einem deutschen Unternehmer und lieben Freund von mir, den ich schon seit einigen Jahren kannte. Er griff nach seinem Weinglas, nahm einen Schluck, stellte es wieder auf den Tisch und fragte: »Du betonst doch immer, wie wichtig, ja im Grunde spielentscheidend es sei, seinen Lebenszweck zu kennen. Warum aber sprichst du dann immer über den Geist und das Konzentrationsvermögen? Wieso fängst du nicht gleich damit an, den Leuten beizubringen, wie sie ihren Purpose, ihren Lebenszweck finden können?«

Mein Stuhl knarzte, als ich mich vorbeugte, um Moritz zu antworten: »Unserem Purpose kommen wir mit dem Kopf auf die Spur. Damit das aber auch funktioniert, müssen wir den Geist hinreichend verstehen und beherrschen. Außerdem müssen wir in der Lage sein, uns zu konzentrieren. Denn nur dann sind wir auch zu konsequenter Selbstbetrachtung imstande; und die führt uns nach einiger Zeit zur klaren, unumstößlichen Erkenntnis unseres Lebenszweckes. Und obwohl es vielleicht so aussieht, als sollten wir mit der Suche nach ebendiesem anfangen, täuscht dieser Eindruck.

Fragen wir Menschen nach ihrem größten Wunsch, antworten die meisten mit irgendeiner Variante von ›glücklich und zufrieden sein‹«, fuhr ich fort. »Auch Eltern sagen zu ihren Kindern ja oft: ›Wir wollen doch nur, dass du glücklich wirst.‹ Dabei ist das Glück nichts, dem man nachjagen sollte. Stattdessen sollte man eine bestimmte Lebensweise anstreben, deren *Nebenprodukte* Glück und Zufriedenheit sind. Beispiel: Ich trinke in meiner deutschen Lieblingsstadt mit einem meiner besten Freunde ein schönes Glas Wein und bin glücklich und zufrieden. Worauf es also ankommt: darauf, mit guten Freunden guten Wein zu genießen.«

Lachend antwortete Moritz: »Darauf trinken wir.«

»Cheers!« Einander zulächelnd ließen wir die Gläser klingen.

Es war warm im Lokal, da ich aber am Fenster saß, spürte ich, dass die Kälte nachdrücklich versuchte, sich durch die Glasscheibe Einlass in den Gastraum zu verschaffen.

»Es geht hier um einen mehrstufigen Prozess, bei dem ein Schritt nach dem anderen erfolgt«, nahm ich das Gespräch wieder auf. »Konzentrationsfähigkeit und das Wissen um die innere Funktionsweise des Geistes bilden die Grundlagen, die nötig sind, um unseren Lebenszweck, unsere Lebensaufgabe zu entdecken. Dieser Purpose bestimmt unsere Prioritäten; die wiederum stecken die Lebensweise ab, die wir anstreben sollten. Und Glück oder Zufriedenheit? Sie stellen sich als Nebenprodukte eines Lebens ein, das sich an unserem Purpose ausrichtet.«

»Na, wenn du es so ausdrückst, ist natürlich auch klar, warum du mit dem Geist und der Konzentrationsfähigkeit anfangen willst«, antwortete Moritz.

»Ein zweckorientiertes Leben ist zugleich auch eines, das sich wirklich lohnt, gelebt zu werden.«

Dieses Buch macht dich mit den grundlegenden Techniken und Instrumenten bekannt, die du brauchst, um nicht nur den Geist, sondern auch die Macht der unerschütterlichen Fokussierung verstehen und das Bewusstsein steuern zu können. Sobald du diese Dinge begriffen hast, kannst du anfangen, den Purpose deines Lebens zu erkunden, auf dieser Grundlage deine Prioritäten definieren und sie fest in den Blick nehmen, um ein ebenso sinn- wie freudvolles Leben zu führen. In den folgenden Kapiteln lernst du unter anderem, in der Gegenwart zu leben und viele der Malaisen zu kurieren, die den Geist belasten, wie zum Beispiel Sorgen, Ängste, innere Unruhe und Stress.

Schritt für Schritt zeige ich dir, wie der Geist funktioniert, damit du lernen kannst, ihn zu steuern und zu lenken. Auch bringe ich dir bei, dich zu konzentrieren. Darüber hinaus gebe ich dir einige einfache, praktische und zugleich überaus effektive Tools an die Hand, die dir helfen sollen, in Sachen geistiger Zentrierung und Fokussierung richtig gut zu werden.

Damit du den Zielen, die du dir gesetzt hast, sukzessive näherkommst, zeige ich dir, wie du diese Instrumente kinderleicht und konsequent in deinen Alltag integrieren kannst. Erwarte aber nicht, auch nur eines von ihnen perfekt beherrschen zu können, wenn du mit dem Buch durch bist. Geh lieber davon aus, dass du am Ende einigermaßen verstehst, wie diese Tools funktionieren, und über praktikable Techniken verfügst, mit deren Hilfe du sie in allen Aspekten des Lebens anwenden kannst. Darüber, wie viel dir die Tools letztlich bringen, entscheidet allein deine Konsequenz bei ihrer Anwendung. Im besten Fall stellst du eines schönen Tages fest, dass sich deine gewohnten Gedankenmuster anfangen zu verändern und du dir allmählich eine andere Lebensweise zulegst.

Die Konzentrationsfähigkeit ist eines der größten Assets der Menschheit. Dadurch, dass sie uns hilft, gesteckte Ziele zu erreichen, stellt sie im Grunde das Kernstück all unserer Erfolge und Bestrebungen dar.

Die meisten wollen irgendeine Form von Glück, Zufriedenheit, Erleuchtung oder ähnlich Erbauliches erleben, haben aber keinen Schimmer, wie sie in einen solchen Gemütszustand gelangen können. Und warum? Weil sie nicht wissen, dass die Konzentrationsfähigkeit der Schlüssel zu dem Leben ist, das sie sich wünschen. Außerdem wird auch nur den wenigsten beigebracht, wie sich die Kraft der Fokussierung nutzen und als Instrument der Manifestation einsetzen lässt.

Ich werde oft gefragt: »Muss ich denn unbedingt ein fokussiertes Leben führen?« Und meine Antwort darauf lautet eindeutig: »Nein.« Nötig ist das absolut nicht. Ein fokussiertes Leben beruht auf einer Entscheidung. Und ob du diese treffen willst oder nicht, liegt ganz bei dir. Es ist dein Leben, und du allein solltest seine Richtung bestimmen. Eins muss man allerdings auch sagen: Ein fokussiertes Leben kommt einem lohnenden, erfüllten Leben schon ziemlich nahe.

Es gibt ja einen Grund für dich, dieses Buch zu lesen, und der besteht, wie ich hoffe, darin, dass eine innere Stimme dir so etwas einflüstert wie: »Das Streben nach Sinnhaftigkeit würde die Qualität meines Lebens verbessern und ihm mehr Tiefgang verleihen.«

Worin der Unterschied zwischen einem fokussierten und einem auf Sinnhaftigkeit fokussierten Leben besteht, fragst du? Wenn du fokussiert lebst, kannst du allem und allen, denen dein Interesse gilt, deine ungeteilte Aufmerksamkeit widmen. In jeder Situation bist du dann vollkommen präsent und erschaffst dir auf diese Weise ein wirklich lohnendes Leben, auch wenn dein Tun nicht von einem größeren, übergeordneten Zweck geleitet wird.

Ein auf Sinnhaftigkeit ausgerichtetes Leben dagegen zeichnet sich dadurch aus, dass der Zweck deine Prioritäten bestimmt und diese wiederum zum Objekt deiner Fokussierung werden. In einem solchen Leben ist die Intention das A und O. Auf der Grundlage deines Lebenszweckes triffst du Tag für Tag kluge Entscheidungen: mit wem du deine Zeit verbringst und worauf du sie verwendest, welche Bücher du liest, welche Sendungen du dir ansiehst, was du isst und so weiter. Allem und allen, denen dein Interesse gilt, schenkst du deine ungeteilte Aufmerksamkeit. Doch das Wem und Was beruhen auf einer bewussten Entscheidung von dir.

Letztlich will ich dir mit diesem Buch helfen, ein fokussiertes oder auch sinnorientiertes Leben zu führen und in den Genuss der zahllosen Benefits zu kommen, die das jeweils mit sich bringt.

LEKTION 1.2

DIE REGIE ÜBERNEHMEN

Wir können wählen, worauf wir uns fokussieren. Diese Entscheidung ist aber nicht immer leicht. Manchmal, um nicht zu sagen: sehr oft, ist sie sogar extrem schwierig. Aber wir haben sie, die Wahl.

Noch als Mönch im Kloster meines Gurus begegnete ich einem aus dem Inselstaat Mauritius stammenden Mann, der ständig lächelte. Kennengelernt hatte ich ihn, als er bei uns eine Art Praktikum von mehrmonatiger Dauer absolvierte. Eines Tages erkundigte ich mich: »Warum lächelst du eigentlich immer?«

Er schaute mich an und sagte: »Mein Vater starb, als ich noch ganz klein war, sodass meine Mutter mich und meine Geschwister allein durchbringen musste, und wir waren ziemlich arm. Jeden Morgen wurden wir von unserer Mutter geweckt. Sie ließ uns in einer Reihe Aufstellung nehmen und brachte uns alle zum Lachen – fünf Minuten lang. So starteten wir in den Tag.«

Ich kann gar nicht sagen, wie sehr mich diese Geschichte beeindruckt hat: Da beschließt diese Frau, die sich nach dem Verlust ihres Mannes allein um den Nachwuchs kümmern muss, doch tatsächlich, wie sie alle künftig ihren Tag beginnen würden. Sie bestimmte, worauf sich ihre Kinder fokussieren sollten. Was sich ihrem formbaren Unbewussten tagtäglich als Erstes einprägte. Nicht ahnen konnte sie dabei natürlich, welchen Einfluss dieses in ihrem Sohn verkörperte Handeln einmal im sechzehntausend Kilometer entfernten Hawaii haben und dass es noch später sogar in einem Buch erwähnt werden würde.

Nelson Mandela, der siebenundzwanzig Jahre im Gefängnis verbracht hatte, schaffte nach seiner Entlassung das südafrikanische Apartheidsystem ab und wurde Präsident. Eine großartige Lektion! Erteilt von einem Menschen, der sich hinter Gittern gut überlegt hatte, worauf er sich in Freiheit konzentrieren wollte.

Das sind zwei Beispiele von Menschen, die die Regie über ihren Geist übernommen und bewusst gewählt hatten, worauf sie sich im Leben fokussieren wollten. Was das angeht, sollten wir unsere Entscheidungen keinesfalls den Umständen überlassen. Das Ergebnis wäre eine Katastrophe.

Wir selbst müssen darüber befinden, worauf wir uns konzentrieren. Auch unserem Geist können wir diesen Job nicht überlassen, denn der kann nicht unterscheiden, was gut für uns ist und was nicht.

Wüsste mein Geist das, wäre ich perfekt. Jedes Mal, wenn ich in eine Schüssel mit Pommes greife, würde er mir zuflüstern: »Nimm drei und iss dann den Salat da, der ist viel gesünder.« Das sagt mein Geist aber nicht. Vielmehr feuert er mich an: »Ja, nur zu. Zieh dir die ganzen Pommes rein und kipp noch ordentlich Ketchup drauf. Das schmeckt nämlich gut. Echt lecker! Und nimm dir auch noch von den frittierten Zwiebelringen.«

Solange du deinem Geist nicht beibringst zu unterscheiden, hat er keine Ahnung, was gut ist für dich und was nicht. Dir beim Treffen besserer Lebensentscheidungen helfen kann er erst, wenn du ihn trainierst und klug darauf programmierst, was dich körperlich, geistig, emotional und spirituell weiterbringt.

Früher wurden den Leuten Zigaretten als gut und bekömmlich verkauft. Sie glaubten den Mist, trimmten ihren Geist auf die Vorstellung, Nikotin täte ihnen gut, und qualmten sich zu Tode. Wäre dem Geist die Wahrheit bewusst gewesen, hätte er gesagt: »Du Idiot! Rauchen bringt dich um. Hör auf damit. Du tötest uns beide.« Das tat er aber nicht. Denn solange du deinen Geist nicht mit den richtigen Informationen versorgst, kann er dich auch nicht in die richtige Richtung führen.

Ein Teil deines Geistes weiß jedoch schon, was gut für dich ist: das Überbewusstsein.

Die drei Ebenen des Geistes

Für ein besseres Verständnis des Geistes kannst du ihn dir quasi dreigeteilt vorstellen. In die Tiefe will ich an dieser Stelle nicht gehen, jedoch möchte ich dir wenigstens einen kurzen, vereinfachten Einblick geben, der dir hilft, die Punkte, die ich in diesem Buch anspreche, besser nachzuvollziehen und zu begreifen. Diese drei Ebenen des Geistes sind bewusster, unbewusster und überbewusster Geist – Bewusstes, Unterbewusstsein und Überbewusstsein.

Vielleicht stellst du dir den Geist am besten als Gebäude vor: Im oberen Stockwerk befindet sich das Überbewusstsein, in der Mitte das Unterbewusstsein, und der bewusste Geist entspräche in diesem Bild dem Erdgeschoss.

Lass uns kurz die Charakteristika der verschiedenen Ebenen durchgehen:

Der bewusste Geist ist nach außen gerichtet und mit unseren fünf Sinnen verbunden. Bei ihm handelt es sich um den instinktiven Teil von uns (weshalb ich ihn auch gern als instinktiven Geist bezeichne). Zuständig ist er unter anderem für Hunger und Durst, Wahrnehmungs- und Bewegungsvermögen, Fortpflanzung sowie Zwangsgedanken.

Der unterbewusste ist unser intellektueller Geist, der Sitz von Vernunft und logischem Denken. Man könnte das Unterbewusstsein auch als unsere »Festplatte« bezeichnen. Denn es zeichnet alle Erfahrungen des bewussten Geistes auf, ob wir uns nun an sie erinnern oder nicht. Außerdem werden hier Eindrücke und Gewohnheiten gespeichert. Zu guter Letzt steuert das Unterbewusstsein auch die unwillkürlichen physiologischen Prozesse, die im Körper ablaufen.

Das Überbewusstsein beschreibt Gurudeva als den »Geist des Lichts, die allwissende Intelligenz der Seele«. Auf der tiefsten Ebene lässt sich das Überbewusstsein auch als spirituelles beziehungsweise nicht-duales Bewusstsein auffassen. Es ist die Quelle jeglicher Kreativität, Intuition, tiefgründigster spiritueller Erfahrungen und noch von vielem mehr.

Ausgehend vom Bild des dreistöckigen Geistes gelangen wir zu folgenden Schlussfolgerungen: Um den unbewussten Geist (den ersten Stock) anzusprechen, müssten wir den Weg über den bewussten Geist (das Erdgeschoss) nehmen. Denn die im Überbewusstsein angesiedelten Intuitionen müssen erst den unbewussten Geist passieren und ins Bewusste gelangen, damit wir sie wahrnehmen können. Ein unaufgeräumter unbewusster Geist aber würde diesen Prozess enorm erschweren.

Von diesen drei geistigen Ebenen weiß nur das Überbewusstsein – nicht von ungefähr die allwissende Intelligenz der Seele –, was gut für dich ist. Das stellt insofern ein Problem dar, als die meisten überwiegend aus Bewusstem und Unterbewusstsein heraus funktionieren – mit nur hin und wieder kleinen Einsprengseln intuitiver Intelligenz aus dem Überbewusstsein.

Wenn du es ihm nicht beibringst, hat der unbewusste Geist keine Ahnung, was gut für dich ist. Um es ihm zu vermitteln, musst du dich zunächst einmal eingehend mit der Steuerung des Geistes im Allgemeinen befassen. Dann musst du dir die richtigen Informationen besorgen, sie verarbeiten, eindeutige Schlüsse aus ihnen ziehen und diese gezielt in den unbewussten Geist einspeisen, damit der sie anschließend hernehmen und dein Verhalten entsprechend lenken kann.

An dieser Stelle erweist sich der unbewusste Geist als wahrer Segen. In Kooperation mit dem Überbewusstsein stellt ein geklärtes, aufgeräumtes Unterbewusstsein nämlich eine unglaubliche Kraft dar, die du mit Fug und Recht für dich beanspruchen darfst.

In der heutigen Welt werden die Landschaften unseres unbewussten Geistes durch den Tsunami an Informationen vermüllt, die täglich auf uns einstürmen. Das Unterbewusstsein stirbt eines langsamen Todes: an Informationsverdauungsbeschwerden, die zu Entscheidungsunfähigkeit führen (selbst in Kleinigkeiten), zu Verwirrung, extremer Grübelei, innerer Unruhe, Stress und vielem mehr.

Wir verschlingen Infos schneller, als ein Verhungernder Nahrung zu sich nehmen würde, lassen uns aber kaum Zeit, sie zu verdauen und die richtigen Schlüsse aus ihnen zu ziehen. Doch das schwächt das Unterbewusstsein. Mehr und mehr Menschen können schlicht und ergreifend keine Entscheidungen mehr treffen und wüssten nicht einmal zu sagen, was sie sich vom Leben erhoffen.

Den ganzen Tag über funktioniert dein Bewusstsein (Näheres hierzu im dritten Kapitel) in jedem Moment auf einer der beschriebenen drei Ebenen des Geistes. Und davon, auf welcher es sich gerade befindet, hängt ab, wie du in bestimmten Situationen handelst und reagierst. Im Grunde aber müsstest immer du und nur du bestimmen, wo im Geist sich dein Bewusstsein gerade aufhalten soll.

Apropos. Auf gar keinen Fall solltest du den Verlauf deines Lebens den Umständen oder deinem Umfeld überlassen. Und – Gott bewahre! – schon gar nicht dem »Universum«. Allen Leuten, die behaupten, das »Universum« würde sie »leiten«, kann ich versichern, dass Jupiter, Pluto und Uranus keineswegs irgendwo rumhocken und sich überlegen, wie sie ihr komplexes Leben am besten auf die Reihe kriegen.

Dein Geist ist ein Werkzeug. Für das du und nur du zuständig bist. Sieh zu, dass du kapierst, wie es funktioniert, und bediene es so, dass du dir das Leben erschaffst, das du dir wünschst.

Je früher du dich mit diesen Lehren vertraut machst, desto mehr Zeit bleibt dir, sie anzuwenden und von ihren Benefits zu profitieren. Sollte dir nur noch ein Jahrzehnt bleiben, kannst du es nutzen, um diese Zeit mithilfe der Tools und Techniken in diesem Buch zur besten deines Lebens zu machen. Etwas Größeres kannst du dir gar nicht schenken. Dir oder auch anderen Menschen. Denn in dem Maße, in dem du dich upgradest und zu einer besseren Version deiner selbst wirst, gibst du auch den Leuten Auftrieb, mit denen du es zu tun hast.

Einige Monate nach meinem Eintritt ins Kloster, das weiß ich noch, war ich sehr traurig, weil ich lange nicht mehr mit meiner Familie gesprochen hatte. Ich vermisste sie. Ein Aspekt meines Lebens als ordinierter Hindumönch im Kloster war, dass wir keinen Kontakt mehr mit den Menschen aus unserer Vergangenheit hatten. Eines Tages besuchte ich Gurudeva in seinem Büro und erzählte ihm, was ich auf dem Herzen hatte.

»Gurudeva«, sagte ich, »ich bin tief bekümmert und vermisse meine Familie. Meine Freunde, meine Verwandten. Und manchmal habe ich sogar das Gefühl, die Tatsache, dass ich jetzt im Kloster bin, könnte ein wenig selbstsüchtig sein. Dass ich ihnen damit in keiner Weise helfe.«

Wie stets hörte er mir mit ungeteilter Aufmerksamkeit zu. Dann tat er etwas Interessantes. Er griff nach einer Box auf seinem Schreibtisch und zog ein Papiertaschentuch heraus. Er breitete es auf dem Tisch aus und sagte: »Du bist hier in der Mitte. Dein Vater ist in dieser Ecke, deine Mutter in der da, dein einer Bruder da und der andere dort.«

Dann nahm er mit einer Hand das Tuch in der Mitte auf, zog es ein wenig hoch und erklärte mir: »Du bist hier im Zentrum. Und schau, was passiert, sobald du dich erhebst: Du ziehst alle anderen mit empor.« Während er die Mitte des Taschentuches noch etwas mehr hochzog, bewegten sich auch die vier Ecken Richtung Zimmerdecke.

Gurudeva fügte hinzu: »Mit allen Menschen, die Teil deines Lebens sind, bist du energetisch verbunden. Und wenn du dich erhebst und weiterkommst, erhebst du auch die anderen und baust sie auf. Dass du Zeit in deine persönliche Entwicklung investierst, ist also alles andere als selbstsüchtig.«

Gurudeva hatte mir eine einfache, aber unglaublich tiefgründige Lektion erteilt. Sie machte mir eindringlich klar, dass die Arbeit, die ich leiste, um eine bessere Version meiner selbst zu werden, nicht nur mein Leben verbessert, sondern auch das der mir nahestehenden Menschen.

Warum du dein Leben in die Hand nehmen und das Beste daraus machen solltest, fragst du? Nun, nur aus einem einzigen Grund: weil es dein Leben ist. Dieses Buch enthält die grundlegenden Lektionen, Erkenntnisse, Instrumente und Übungen, die du dafür brauchst.

LEKTION 1.3

VERLANGEN – DIE STÄRKSTE KRAFT IM LEBEN

Ohne ein unauslöschliches Verlangen wird gar nichts erreicht. In seinem Buch *Denke nach und werde reich* schreibt der Self-Help-Autor Napoleon Hill, dass hinter der Suche nach Neuem und Besserem eine Voraussetzung für den Erfolg stehe – die klare Absicht. Zuerst müssen wir wissen, was wir wollen, es muss ein wichtiges Anliegen für uns sein.

Wissen, was du willst, und das Verlangen, es dir zu eigen zu machen: Darum geht es. Sollte dir also klar sein, dass du ein fokussiertes Leben führen möchtest, stellt sich die Frage: Wie sehr wünschst du es dir? Bei den meisten ist das Verlangen nicht groß genug, was letztlich zur Folge hat, dass sie auch kein fokussiertes Leben führen können. Und das betrifft alle Vorhaben.

Die Wright-Brüder wollten fliegen. Hillary und Norgay den Mount Everest bezwingen. Rosa Parks wollte die Geltung der Bürgerrechte für alle erstreiten. Gandhi strebte auf gewaltlosem Wege die Unabhängigkeit seines Landes an. Diese Liste, die sich noch lange fortsetzen ließe, spiegelt sich in den Geschichtsarchiven wider, die von Menschen zeugen, die mit der Kraft ihres Verlangens an ihr Ziel gelangten.

Ein unauslöschliches Verlangen kann jeden Widerstand und alle Hürden überwinden. Es bringt die Stimmen selbst der aufgeblasensten Kritiker und Zweifler zum Verstummen. Und es ist die Binde vor den Augen aller Hürden. Die oberste Streitkraft des Erfolges.

Zum ersten Mal bin ich meinem Guru mit etwa neun Jahren begegnet. Und dann wieder mit einundzwanzig. Gleich zu Beginn unserer zweiten Zusammenkunft sprach ich mein Verlangen nach Selbstverwirklichung an, meinen Lebenszweck. Und unmittelbar danach fragte ich ihn, ob er bereit sei, mich auszubilden und beim Erreichen meines Zieles zu unterstützen.

»Was bist du denn bereit dafür zu tun?«, fragte er zurück und schaute mir eindringlich in die Augen.

Ohne zu zögern und mit einer in mir seit Jahren gewachsenen Überzeugung gab ich zurück: »Ich bin bereit, mein Leben dafür zu geben.«

In seinem Blick sah ich nicht die Spur eines Zweifels, aber es interessierte mich auch nicht, was er von meiner Antwort dachte. Mein Verlangen und was ich bereit war, dafür zu tun, standen über allem. Ich war die Fleisch gewordene Entschiedenheit. Brauchte jedoch Anleitung. Jemanden, der schon oft ein Ziel erreicht hatte und genau wusste, wie es geht. Jetzt lag es an ihm zu entscheiden, ob er mich als Schüler aufnahm oder nicht.

In den folgenden Jahren stellte er mein Verlangen und meine Überzeugung wiederholt auf den Prüfstand. Immer wieder. In den verschiedensten Situationen. Ich blieb standhaft in meinem Wunsch, von ihm ausgebildet zu werden, und in der Verfolgung meines Lebenszwecks. Drei Jahre später verließ ich in dem Verlangen nach Selbstverwirklichung meine Familie und mein mir von Geburt an vertrautes Umfeld, um mich im Kloster meines Gurus der hinduistischen Lebensweise zu verschreiben.

Damit entsagte ich dem Kontakt zu meiner Familie, zu Verwandten, Freunden und allen anderen, die ich kannte. Aber ich verzichtete auch auf Musik, Kino, Fernsehen, Theater, die meisten Lebensmittel, Alkohol, normale Klamotten, eigentlich auf alles, was ich liebte … Das Leben, das ich bis dato geführt hatte, existierte nicht mehr. Für mich spielte es keine Rolle. Mein Lebenszweck stellte jeden meiner anderen Wünsche in den Schatten. Von nun an würden sie alle in den einen münden, die Selbstverwirklichung, die höchstmögliche spirituelle Errungenschaft in der auch von mir unterstützten Hindu-Philosophie.

Letztlich läuft alles auf die Frage hinaus, wie groß dein Wunsch ist. Von der Intensität deines Verlangens hängt ab, was du für das Erreichen deines Zieles zu tun oder aufzugeben bereit bist. Ich war damals bereit, mein Leben zu lassen.

Aber ich will dir auch nichts vormachen: Meine totale Konzentration auf ein einziges Ziel hieß keinesfalls, dass ich meinen Weg nie angezweifelt oder infrage gestellt hätte. Ich bin alles andere als ein Superheld und war auch als Mönch nicht so stoisch, dass ich nie in Versuchung gekommen wäre.

Wir neigen ja oft dazu, Leute, von denen wir eine hohe Meinung haben, für perfekt zu halten und ihnen messianische Fähigkeiten zuzuschreiben. Aber ich kann dir versichern: Wir sind alle nur Menschen, ausnahmslos. Ich bin zusammengebrochen, habe versagt und geschwächelt, war verzweifelt, verwirrt, habe mich infrage gestellt und was nicht alles. Die Verfolgung meines Lebenszweckes aber habe ich nie aufgegeben. Dieses Verlangen ist immer in mir und bestimmt, wie ich lebe und worauf ich meine Energie richte.

Jeder, der dir erzählt, er wäre nie ins Wanken gekommen, versucht dir einen Bären aufzubinden.

Joe De Sena, den Begründer des Extrem-Hindernislaufs Spartan Race, habe ich mal gefragt, ob er denn je in Versuchung geraten wäre, einen seiner Wettkämpfe vorzeitig abzubrechen. Ich hatte kaum ausgesprochen, da sagte er auch schon: »Ständig. Jedes einzelne Rennen.« Was für eine ehrliche Antwort!

Eines kann ich dir versichern: So zu tun, als führe man ein perfektes Leben, das nicht den geringsten Platz für Zweifel lässt, erzeugt in niemandem Hoffnung. Sondern enttäuscht zwangsläufig alle Nachahmer, Fans und Follower bitter, die es nicht so weit bringen.

In puncto Erfolg zeigen die oft verherrlichten einsamen Spitzen, auf die die meisten so erpicht sind, nur einen Bruchteil der Tiefe und Breite jener Schluchten, aus denen sich die wahren Leistungsträger immer wieder herauskämpfen.

Dieses Buch handelt von einem ganz normalen Menschen und den Lernprozessen, die er durchmacht. Er zeichnet seine Entwicklung von einem ständig abgelenkten Kind zu einem Mann nach, der sich auf alles konzentrieren kann, was er tut. Da gibt es keine Wunder, niemand geht übers Wasser oder teilt irgendwelche Fluten. Da ist nur das unauslöschliche Verlangen nach einem klar definierten Daseinszweck auf einer Lebensreise, die weit mehr Tief- als Höhepunkte sah.

Man muss schon beinahe pathologisch ignorant sein – allem gegenüber, außer der Überzeugung, dieses Verlangen stillen zu können. Der Glaube daran ist derart fest, dass er über kurz oder lang die Flamme des Zweifels auslöscht und einen Weg zur Realisierung des jeweiligen Vorhabens eröffnet.

Letztlich musst du es einfach wollen. Du musst das, was du anstrebst, wirklich wollen und von ganzem Herzen davon überzeugt sein, dass du es erreichen kannst und wirst. Begleitet sein muss dieses Verlangen von unerschütterlicher Geduld und dem Eingeständnis, dass das Ziel womöglich erst in Jahrzehnten erreicht sein wird.

Um noch einmal Napoleon Hill zu bemühen: Auch er sagt, dass es nichts – im Guten wie im Bösen – gibt, das nicht jemand, der es unbedingt will, erreichen kann.

LEKTION 1.4

BEGRÜNDEN UND ÜBERZEUGEN

Im Laufe der Jahre sind mir zahllose Menschen begegnet, die ein zielorientiertes Leben führen wollten. Sie haben mir diesen Wunsch in aller Aufrichtigkeit geschildert. Erfüllt haben ihn sich trotzdem nur ganz wenige.

Wie ich weiß, erklärte sich ein Scheitern damit, dass das Verlangen nach einem fokussierten Leben bei den Betreffenden nicht stark genug war. Vielleicht machten sie in der Zeit, in der sie sich mir anvertrauten, eine schwierige Phase durch, und der damit verbundene Schmerz hatte dazu geführt, dass sie nach einer alternativen Lebensweise suchten. Doch sobald der Schmerz nachlässt, fallen die Leute für gewöhnlich in ihre alten Gewohnheiten zurück.

Von zu geringem Verlangen abgesehen habe ich mich oft gefragt, was den fehlenden Erfolg sonst noch erklären könnte. Die Antwort fand ich an einem kühlen Herbstabend im südkoreanischen Seoul. Im Oktober 2017 trat ich als Speaker beim 18. World Knowledge Forum auf. Besucht wurde die Veranstaltung von etwa dreitausend Personen. Dem beeindruckenden Kreis der Rednerinnen und Redner gehörten unter anderem ehemalige Staats- und Regierungschefs, Nobelpreisträger und CEOs weltweit agierender Konzerne an.

An einem der Abende war ich zusammen mit siebzig oder achtzig Prominenten, die dem Forum beiwohnten, zu einem privaten Abendessen eingeladen. Es fand in einer tollen Location statt, die im Stil eines Hanoks erbaut war, einem traditionellen koreanischen Wohnhaus mit tief herabgezogenem Ziegeldach. Als ich im Hof dieses hübschen, einfachen und doch auch eleganten Gebäudes stand, fühlte ich mich unwillkürlich in das Korea des 19. Jahrhunderts versetzt. Während ich mich gerade mit zwei Leuten unterhielt, kam ein weiterer Herr auf mich zu und fragte: »Hallo, wer sind Sie und welches Thema werden Sie behandeln?« Nachdem ich meinen Namen genannt und ein paar Worte über meinen Vortrag verloren hatte, stellte er sich als ehemaligen Stabschef des Weißen Hauses vor.

Im weiteren Verlauf unseres Gespräches erklärte er, der entscheidende Grund, weshalb Leute ihre Message nicht klar rüberbrächten, sei, dass sie »ihr Anliegen zu wenig begründen«.

Als ich ihn bat, das weiter auszuführen, erinnerte er mich an die Rede über globale Umweltfragen, die Ban Ki-moon, der ehemalige Generalsekretär der Vereinten Nationen, am Vormittag gehalten hatte. Um seine Botschaft besser zu verbreiten, erklärte mein Gesprächspartner, hätte er überzeugender sein müssen. »Ein Beispiel: Wie können wir eine alleinerziehende Mutter dreier Kinder in Pennsylvania, die zwei Jobs hat, dazu bringen, dass sie etwas für die Umwelt tut, wenn sie an nichts anderes denken kann als daran, wie es ihr gelingt, die Familie bis Ultimo über Wasser zu halten? Dafür müssen wir unser Anliegen hieb- und stichfest begründen. Nur wer überzeugt, dem glaubt man auch. Man muss den Leuten die Zusammenhänge erklären. Gelingt es einem, besagte dreifache Mutter in Pennsylvania zu überzeugen, engagiert sie sich für den Umweltschutz. Aber man *muss* sie eben überzeugen. Und das geht nur durch glasklare Begründungen.«

Das Stichwort »Begründen und überzeugen« stellte für mich fast schon eine Offenbarung dar und war wahrscheinlich das Wichtigste, was ich in jenem Jahr gelernt habe. Ich war durch die halbe Welt gejettet, um den Leuten was übers Fokussieren zu erzählen, aber erst im Gespräch mit diesem ehemaligen Stabschef wurde mir klar, dass ich eigentlich nie ausgeführt hatte, warum die Konzentration von so großer Bedeutung ist. Zugleich machte mir unsere Unterredung bewusst, dass sich auch nur die wenigsten Rechenschaft darüber abgelegt haben dürften, warum sie eigentlich fokussiert leben sollten. Mit anderen Worten: Sie haben sich selbst nicht davon überzeugt. Und deshalb fehlt es ihnen auch an einer der wichtigsten Triebkräfte für das kontinuierliche Bemühen um ein fokussiertes Leben.

Solange wir uns nicht klarmachen, *warum* wir ein fokussiertes Leben führen müssen, wird daraus auch nichts. Genauso ist es, wenn wir anderen das Bündeln der Aufmerksamkeit beibringen oder sie dazu ermutigen möchten: Auch sie müssen wir zunächst überzeugen. Mit unwiderlegbaren Begründungen. Seit dem Gespräch in Seoul steht das am Anfang jedes Vortrags, den ich über Konzentration halte. Mit Erfolg, wie ich an der Reaktion des Publikums merke.

Das gilt auch für dich. Also: Wenn du jetzt lernst, dich zu fokussieren, und andere – Kinder, Freunde, Angehörige, Mitarbeiter oder Kolleginnen – ebenfalls dafür interessieren möchtest, sieh zu, dass du sie überzeugst. Sag deinen Kindern nicht einfach, dass sie sich konzentrieren sollen. Ohne Angabe von Gründen wird daraus nur ein weiteres Blabla, das an ihnen abperlt. Denn solange du ihnen keine zwingende Erklärung gibst, haben sie kaum Grund, sich zu fokussieren. Deshalb musst du ihnen klarmachen, warum es so wichtig für sie ist.

Das nächste Kapitel ist daher auch den Gründen für ein fokussiertes Leben gewidmet. Sie sind entscheidend, denn sobald du von dieser Lebensweise überzeugt bist, wirst du dir die Lehren, Techniken und Tools in diesem Buch zu eigen machen wollen. Außerdem befassen wir uns mit Haltungen und Einstellungen, die dich dabei unterstützen.

Kapitel 2

Alles auf Erfolg!

LEKTION 2.1

DAS LEBEN SOLL FREUDVOLL SEIN

(DER ERSTE GRUND, EIN FOKUSSIERTES LEBEN ZU FÜHREN)

Ich setze einfach voraus, dass du ein fokussiertes Leben führen möchtest. Aber weißt du eigentlich auch, warum? Ich versuche mir eine solche Lebensweise bereits seit nunmehr vier Jahrzehnten anzueignen – seit ich von ihrer Notwendigkeit überzeugt bin. Dabei wurde mir schon in den Anfängen klar, dass es drei Gründe – Impulse – gibt, weshalb jeder fokussiert oder konzentriert leben sollte: um glücklich und zufrieden zu werden, gesetzte Ziele zu erreichen und drittens: des Todes wegen.

»Das Leben soll freudvoll sein«, sagte mein Guru einmal zu mir. Diese Aussage hat mich tief beeindruckt. Als ich sie hörte, dachte ich: »Ja, genau. Warum sollte das Leben eigentlich nicht freudvoll sein?« In dem spirituellen Umfeld, in dem ich aufgewachsen bin, herrschte die Auffassung, das Leben dürfe nur aus Einschränkungen, Entbehrungen, Ernst, Regeln, moralischen Vorschriften, Restriktionen und so weiter bestehen. Worte wie Freude, Glück und Zufriedenheit hörte ich da ausgesprochen selten. So war mein Guru der Erste, der mir versicherte, dass ein spirituelles Leben durchaus freudvoll sein durfte – nein, eigentlich sogar *müsste*. Aber wer würde schon auch freiwillig ein elendes, trübseliges Leben führen wollen?

Viele leben in einer selbst erschaffenen Misere. Doch die meisten von ihnen, vermute ich, würden ein freudvolles Leben vorziehen, könnten sie es nur oder wüssten, wie sie's anstellen sollen.

Ein freudvolles Leben ergibt sich wie von selbst, wenn man seinen Lebenszweck kennt, bewusst die daraus resultierenden Prioritäten setzt und zudem in der Lage ist, sich konsequent zu konzentrieren. Hätte ich dann die Wahl zwischen einer freudvollen und einer elenden, trübseligen Existenz, wüsste ich genau, wofür ich mich entscheiden würde. Du auch? Dann lies am besten weiter.

Als mein Guru im Sterben lag und wusste, dass ihm in der irdischen Dimension nur noch wenige Tage blieben, sagte er den Mönchen, die sich um sein Lager versammelt hatten: »Was für ein herrliches Leben. Ich hätte es gegen kein anderes auf der Welt eintauschen mögen.« Tiefsinnige Worte eines Sterbenden. Und was für ein Geschenk auch, unmittelbar vor dem Tod eine solche positive Bilanz ziehen zu können.

Wie vielen Menschen das wohl gegeben sein mag? Bestimmt nur den wenigsten. Weil die Mehrheit kein sinnerfülltes, zielorientiertes Leben führen. Da sie nicht wissen, was sie vom Leben wollen, haben sie keine klaren Prioritäten (in der Frage, wer und was für sie von Bedeutung ist) und wissen deshalb auch nicht, worauf sie sich konzentrieren sollen.

Eine Quelle für Freude, Glück und Zufriedenheit besteht darin, allen Menschen und Dingen, die einem wirklich am Herzen liegen, ungeteilte Aufmerksamkeit zu schenken. Dazu gehören auch die Aktivitäten und Erfahrungen, für die wir uns nach sorgfältiger Überlegung bewusst entschieden haben. Konzentrierst du dich dagegen auf Leute und Sachen, die für dich im Grunde keine Bedeutung haben, kommt dabei nicht annähernd dasselbe raus. Und schon gar nicht so große Freude, so viel Glück und Zufriedenheit.

Gehst du Jahr für Jahr in dem Wissen durchs Leben, wofür du dich engagieren und worauf du dich fokussieren möchtest, wirst du zahllose supergute Erfahrungen machen. Die quasi nebenbei zu Glück und Zufriedenheit führen. Und mal im Ernst: Warum solltest du das nicht wollen? Was könnte denn dagegen sprechen?

Einer der großen Vorteile, die es hat, wenn man weiß, auf wen und worauf man sich im Leben konzentrieren möchte, ist das Wissen darum, auf wen und worauf man sich nicht *konzentrieren will.*

Wenn du Zeit mit Menschen verbringst, die du liebst, und dich in diesen Momenten ganz auf sie konzentrieren kannst, löst das in dir

Glücksgefühle aus. Richte dich also am besten in einer auf Purpose und Prioritäten beruhenden Lebensweise ein, deren Nebenprodukte Glück und Zufriedenheit sind. Eines aber muss man auch sagen: Einen Lebensstil, der ausschließlich Glück und Zufriedenheit hervorbringt, gibt es nicht. Denn manche Dinge müssen einfach getan werden, aus reiner Notwendigkeit, selbst wenn wir sie nicht so mögen, und das geht auch völlig in Ordnung. So ist es nun mal. Immerhin können wir uns um ein Leben bemühen, das *zum größten Teil* mit Glück und Zufriedenheit einhergeht.

Gehen wir mal davon aus, dass dir die Dinge, die du tust, zu Glück und Zufriedenheit verhelfen. Was aber kannst du unternehmen, um das Beste aus ihnen herauszuholen? Die Antwort ist einfach: Sei bei allem, womit du dich beschäftigst, total präsent. Dann kannst du sie auch voll auskosten. Wie du es anstellst, »total präsent zu sein«, fragst du? Mithilfe unerschütterlicher Fokussierung: dadurch, dass du dich vollkommen konzentrierst.

Worte wie »präsent sein« und »im Augenblick leben« führen viele Leute im Mund. Nur wie das funktionieren soll, erklärt einem niemand. Erst als mir mein Guru Belehrungen in Sachen Bewusstsein und Geist erteilte und mir beibrachte, mein Bewusstsein konsequent auf das vor mir Liegende gerichtet zu halten, lernte ich endlich, wie das überhaupt geht: *präsent sein.* Und endlich verstand ich auch: Dadurch, dass ich mich voll auf meine unmittelbaren Erfahrungen konzentriere, mache ich das Bestmögliche aus ihnen. Und werde dabei glücklich und zufrieden.

Ich bin gern glücklich. Und ich weiß: Je fokussierter ich in einer bestimmten Situation bin, desto präsenter kann ich auch sein. Und umso mehr habe ich von ihr. Das Ergebnis: mehr Glück und größere Zufriedenheit. Für mich ist das ein wichtiger Grund, mir ein fokussiertes Leben aufzubauen.

Gucken wir uns jetzt den zweiten Grund an.

LEKTION 2.2

DIE MANIFESTATION DEINES WUNSCHLEBENS

(DER ZWEITE GRUND, EIN FOKUSSIERTES LEBEN ZU FÜHREN)

Wir alle haben Ziele und Träume. Das Problem ist immer nur die Umsetzung. Bei der Verwirklichung einer Vision ist eine ganze Reihe von Faktoren im Spiel; einige aber sind dafür unerlässlich. Unter anderem die Konzentrationsfähigkeit.

Der zweite Grund, ein fokussiertes Leben zu führen, besteht also darin, dass dich unerschütterliches Konzentrationsvermögen zur Manifestation deiner Ziele befähigt. Und genau aus diesem Grund ist es so wichtig, dass du lernst, dich zu fokussieren.

»*In was du deine Energie investierst, zeigt sich an deinem Leben.*«

Dandapani

Dieses Statement erschließt sich besonders gut, wenn man Energie mit Wasser vergleicht. Was wächst, wenn ich ein Beet gieße: das Unkraut oder die Blumen? Die Antwort lautet: beide. Denn das Wasser kann nicht zwischen Unkraut und Blumen unterscheiden. Alle Pflanzen, die gewässert werden, fangen an zu wachsen.

Mit der Energie verhält es sich genau gleich: Alles, worauf ich sie verwende, fängt an zu wachsen. Investiere ich meine Energie in etwas Positives, wächst es und wird positiver. Investiere ich meine Energie in etwas Negatives, wächst es und wird negativer. Denn die Energie kann nicht zwischen Positivem und Negativem unterscheiden. Worauf auch immer ich sie richten mag, es wird mit der Zeit wachsen und sich in meinem Leben manifestieren. Um etwas oder jemanden in meinem Leben zu manifestieren, muss ich also Energie reinstecken.

Momentan bist du die Summe deines gesamten bisherigen Energie-Investments. Deine körperliche, psycho-mentale und emotionale Verfassung (und nicht allein die) ist ein Nebenprodukt deines bewussten oder unbewussten energetischen Investments. Entscheide ich mich für eine ausgewogene Ernährung und viel Bewegung, investiere ich Energie in die Herausbildung eines gesünderen Körpers. Beschließe ich, mein Unterbewusstsein ausschließlich mit positiven Affirmationen zu versorgen, alles Negative herauszufiltern und regelmäßig zu meditieren, investiere ich Energie in die Entwicklung eines gesünderen Geistes.

Die meisten Leute wissen gar nicht, in was sie Tag für Tag ihre Energie investieren; hauptsächlich, weil sie ihren Lebenszweck nicht kennen und deshalb auch keine eindeutigen Prioritäten haben. Aus diesem Grund verzetteln sie sich energetisch leicht. Mit der Folge, dass nur wenige ihrer Wünsche in Erfüllung gehen. Haben wir unseren Lebenszweck erst einmal entdeckt und entsprechende Prioritäten gesetzt, kommt es entscheidend darauf an, die Konzentrationsfähigkeit zu schulen.

Im weiteren Verlauf dieses Buches wirst du erfahren, dass du durch die Wahl der Richtung, die dein Bewusstsein einschlägt, auch darüber befindest, wo deine Energie hinfließt. Und zudem entscheidest du damit, was sich in deinem Leben manifestiert – ein weiterer wichtiger Grund dafür, dass du lernen solltest, dich zu fokussieren.

LEKTION 2.3

DAS STERBEN

(DER DRITTE UND WICHTIGSTE GRUND, EIN FOKUSSIERTES LEBEN ZU FÜHREN)

Für ein fokussiertes Leben gibt es keinen gewichtigeren Grund als den, dass auf uns alle der Tod wartet.

Kaum jemand spricht gern über dieses Thema. Einigen ist es extrem unangenehm, anderen jagt es große Angst ein, bei Dritten wühlt es starke Emotionen auf. Unsere Evolution auf diesem Planeten dauert nun schon sehr lange an, und obwohl jeder(r) von uns tausend einzigartige Erfahrungen macht, sind zwei uns doch allen gemein: Geburt und Tod. Wobei sich an Erstere die meisten nicht mehr erinnern. Und Letztere fürchten sie.

Der eine oder die andere wird diese Lektion als eher unbehaglich empfinden. Als ich mich auf die Mission begeben habe, dieses Buch zu schreiben, geschah es in der festen Absicht, dies im Geiste selbstloser Dienstbarkeit zu tun. Tag für Tag fühlte ich mich verpflichtet, mir die Frage zu stellen, ob Ihnen das, was ich da zu Papier brachte, auch wirklich etwas bringt. Außerdem versprach ich mir, dass ich nichts auslassen würde, was ich für wichtig hielt, auch wenn es manchen unangenehm wäre. Denn ich wusste: Die größtmögliche Wirkung würde ich erzielen, wenn ich meinem Vorsatz, dem Lesepublikum einen Dienst zu erweisen, bedingungslos treu blieb.

Ein Zitat des Dalai Lama bringt die Intention, mit der ich diese Lektion geschrieben habe, in einem Satz auf den Punkt: »Die Analyse des Todes soll keine Angst erzeugen, sondern dient vielmehr dazu, dass wir unserem kostbaren Leben mit größerer Wertschätzung begegnen.«

In dem Moment, in dem wir uns mit dem Gedanken anfreunden, dass wir eines Tages sterben müssen, wird uns auch bewusst, wie wertvoll das Leben ist. Also sollten wir den Tod nicht fürchten, sondern ihn als natürlichen Bestandteil unserer irdischen Existenz gutheißen.

Wir alle mussten schon den Tod von Menschen beklagen, die uns mehr oder weniger nahestanden. Der Verlust einer geliebten Person ist eine niederschmetternde Erfahrung. Ich weiß das. Seit mein Guru gestorben ist, hat sich mein Leben grundlegend verändert.

Die meisten sprechen deshalb nicht gern über den Tod, weil er Gefühle von Traurigkeit, Verlust, Angst und dergleichen hervorruft. Und aufgrund der mangelnden Bereitschaft, auch nur an ihn zu denken, wissen viele sehr wenig über den Tod. Die meisten von uns haben in ihrer Jugend weder zu Hause noch in der Schule etwas über ihn erfahren. Die Eltern fühlen sich im Allgemeinen selbst so schlecht über den Tod informiert, dass sie sich nicht trauen, dieses Thema ihren Kindern gegenüber anzusprechen. Außerdem fürchten sie, es könnte dem Nachwuchs Angst einjagen.

Allerdings muss man natürlich auch sagen, dass das Verständnis vom Tod zumeist auf dem jeweiligen religiösen Hintergrund beruht und jede Religion beziehungsweise Philosophie ihre eigene Auffassung davon hat, was »danach« geschieht. Sicher weiß es niemand, denn es ist ja noch nie ein Mensch gestorben, aufgefahren gen Himmel, um dort ein Selfie zu schießen, zurückzukommen und auf Instagram einen Post mit der Überschrift »Ich im Himmel« abzusetzen. Hashtag Himmelspforte. Wir alle haben unsere Vermutungen und Überzeugungen, aber wie gesagt: Was wirklich Sache ist, weiß niemand. Und selbst eine Nahtoderfahrung lässt sich nur äußerst schwer vermitteln.

Der Tod meines Gurus hat mich mehr erschüttert als alle anderen Erlebnisse, die ich je hatte. Denn er hat mir zu der unfassbaren Erkenntnis verholfen, dass Menschen, die wir lieben, sterben. Und wie sagte Gurudeva doch oft so schön: »Hast du einmal etwas erkannt, kannst du es nie wieder ent-kennen.« Etwas rational zu verstehen ist das Eine. Es emotional zu realisieren etwas ganz anderes. Das *Oxford*

Dictionary of English definiert »realization« als den »Akt, etwas als Tatsache anzuerkennen«.

Man kann durchaus auch Dinge erleben, ohne sie zu realisieren. Ein Beispiel: Julies Vater stirbt, und sein Tod macht sie vollkommen fertig. Sie trauert viele Monate lang und vermisst ihren Dad auch Jahre später noch. Sein Verlust hat sie emotional tief getroffen, ihr aber keineswegs zu der Erkenntnis verholfen, dass das Leben endlich ist. Sie ist zwar belastet von tiefer Traurigkeit, macht aber ganz normal weiter. An ihrer Lebensweise hat der Tod des Vaters nichts verändert. Was sagt das über Julie aus? Ganz klar: Intellektuell hat sie zwar verstanden, dass alle Menschen irgendwann sterben. Doch emotional zu ihr durchgedrungen ist dieses theoretische Wissen nicht.

Etwas zu realisieren – als Tatsache anzuerkennen – bewirkt einen radikalen Perspektivwechsel, der wiederum ein vollkommen neues Verhalten und veränderte Reaktionen zur Folge hat.

Wie sehr sich ein Erlebnis auf jemanden auswirkt, kann man eigentlich nur an dem Verhalten erkennen, das die Person anschließend an den Tag legt. Bei manchen bleibt alles beim Alten, bei anderen ist eine Veränderung zu beobachten, die allerdings in dem Maße geringer wird, in dem der Schmerz nachlässt. Und nur für ein paar wenige ist nachher nichts mehr wie früher, weil die Erkenntnis, die ihnen die Erfahrung vermittelt hat, ihre gesamte Lebensweise revolutioniert.

Mir machte der Tod meines Gurus hautnah bewusst, dass die Menschen, die wir lieben, irgendwann sterben, dass wir alle irgendwann sterben und dass unsere Existenz auf diesem Planeten tatsächlich endlich ist.

Ein Spruch, den viele gebetsmühlenartig wiederholen, lautet: »Das Leben ist kurz.« Dem widerspreche ich allerdings vehement.

Das Leben ist NICHT kurz

Im Coffeeshop eine Minute anstehen zu müssen, um auf einen Latte Macchiato zu warten, während die Person vor uns in der Schlange mühsam das passende Kleingeld zusammenklaubt, kann sich sehr lang anfühlen. Die Durchsage des Piloten, dass die Maschine weitere dreißig Minuten auf der Startbahn stehen bleiben wird, löst oft, wenn nicht immer, ein vielkehliges Ächz- und Stöhnkonzert aus. Schreit sich dein kleiner Sohn zu Beginn eines Langstreckenfluges die Lunge aus dem Hals, bekommst du einen spirituellen Vorgeschmack auf die Unendlichkeit. Drei Stunden im Stau zu stecken fühlt sich wie eine Ewigkeit an. Und wie könnte da ein ganzes Jahr keine lange Zeit sein? Die Aussage »Das Leben ist kurz« entspricht also ganz und gar nicht der Wahrheit. Hören wir deshalb schleunigst auf, sie gedankenlos nachzuplappern, nur weil alle anderen sie auch ständig im Munde führen.

Sobald wir realisieren, dass das Leben nicht kurz ist, aber endlich, wird uns bewusst, dass es eigentlich sogar ziemlich lang währt. Sagen wir also statt »Das Leben ist kurz« lieber »Das Leben ist endlich«. Versuchen wir einfach zu überlegen, was wir sagen, bevor wir es aussprechen. Jedes Leben hat ein eindeutiges, klar definiertes Ende. Nur wann es erreicht sein wird, wissen wir nicht.

Manche leben, als wären sie ewig da. Und ihre Lieben genauso. Aber offen gesagt vermeiden es eigentlich fast alle, auch nur einen Gedanken auf unsere Sterblichkeit zu verwenden.

Wenn Eltern ihre fünfjährige Tochter betrachten, kommt ihnen nicht in den Sinn, dass das Mädchen eines Tages sterben wird. Vielmehr haben sie dessen strahlende Zukunft im Blick, in der sie zur Teenagerin heranwächst, studiert, in ihrem Beruf erfolgreich ist, heiratet, Kinder bekommt, alt und Großmutter wird … und eines Tages in ferner, ferner Zukunft wird sie dann sterben. Doch die letzte Etappe wird schon gar nicht mehr angedacht.

Leider wird diese schöne Vision nicht immer Wirklichkeit, denn beim Sterben gibt es kein Mindestalter. Schon Säuglinge sterben – nicht anders als Kleinkinder, Teenager, junge Erwachsene, Menschen mittleren Alters und Hochbetagte auch. Irgendwann sterben wir alle.

Der Tod sollte und muss uns dazu bringen, der Suche nach unserem Lebenszweck höchste Priorität einzuräumen. Denn der Purpose bestimmt die Prioritäten, die wir uns setzen, und diese wiederum entscheiden darüber, worauf wir uns fokussieren. Das Nebenprodukt von all dem? Ein erfülltes Leben. Das vielen allerdings leider nicht vergönnt ist!

Über ein unerfülltes Leben sagte die amerikanische Schriftstellerin und glühende Gegnerin der Sklaverei Harriet Beecher Stowe im 19. Jahrhundert einmal: »Die bittersten Tränen, die an Gräbern vergossen werden, gelten ungesagten Worten und versäumtem Tun.«

Wie uns der Tod helfen kann, die richtigen Prioritäten zu setzen

Wir verstehen den Tod tatsächlich nicht. Außerdem ist der Gedanke ans Sterben alles andere als erfreulich. Es stellt eine Erfahrung dar, die wir in nächster Zeit weder uns selbst noch unseren Liebsten wünschen. Aus all diesen Gründen vermeiden wir es, über ihn zu sprechen. Das aber und dass wir nicht einmal daran denken, wiegt uns in der falschen Sicherheit, wir würden ewig leben und hätten unendlich viel Zeit. Genau hier fängt das Problem an.

Denn solange wir davon ausgehen, dass wir genauso wie unsere Lieben ewig leben, und das Thema Tod deshalb in jeder Form und Hinsicht vermeiden, weisen wir allem und allen, die uns nicht wichtig sind, einen oberen Platz auf unserer Prioritätenliste zu. Alles und alle, die für uns von Bedeutung sind, verweisen wir dagegen ganz weit nach hinten. Wir fokussieren uns auf die Spitze der Liste – diejenigen Dinge und Personen, die für uns nur eine untergeordnete Rolle spielen. Das tun wir, weil die Menschen, die wir lieben und die uns lieben, eine höhere Toleranzschwelle haben und die Zuneigung, die sie uns entgegenbringen, einiges aushält, bevor sie anfängt zu erkalten.

Beispiel: Ein Mann kommt wochenlang so spät von der Arbeit heim, dass er das gemeinsame Abendessen verpasst. Bevor seine Frau ihn jedoch verlässt, muss noch sehr viel mehr geschehen. Ein Elternteil kann sein Kind schlagen und trotzdem wird dieses eine Woche später »Ich hab' dich lieb, Daddy« (oder »Mami«) sagen. Weil die Menschen, die uns lieben, eine höhere Belastungsgrenze haben, gibt es, scheint's, keine Veranlassung, sich auf sie zu fokussieren. Weil man ja weiß, dass sie einem alles durchgehen lassen. Und schließlich tragen wir sie ja auch immer im Herzen. Warum sollten wir uns dann noch auf sie konzentrieren? Um sie kümmern wir uns später, wenn mal nicht so viel Arbeit ist, wir mehr Zeit haben, nach dem Fußballspiel …

Anders verhält es sich mit Kunden, Kolleginnen und sonstigen Personen, die uns nicht besonders nahestehen. Wenn du die ignorierst, wenden sie sich über kurz oder lang von dir ab. Kunden, die du nicht zurückrufst, suchen sich einen anderen Dienstleister. Schlag Einladungen deiner Chefin oft genug aus, und du kannst auf die erhoffte Beförderung eventuell bis zum Sankt-Nimmerleins-Tag warten.

Alle diese Leute begegnen deiner mangelnden Aufmerksamkeit ihnen gegenüber mit sehr viel geringerer Toleranz. Strapazierst du deren Nachsicht allzu sehr, hast du bald das Nachsehen und erblickst sie nur noch von hinten. Und deshalb nehmen sie auf deiner Prioritätenliste oft die vordersten Plätze ein.

So läuft's, solange du den Tod sowie den Umstand ignorierst, dass das Leben nicht ewig dauert und wir alle sterben müssen.

Hast du die Endlichkeit des Lebens jedoch einmal erkannt, kommt Bewegung in deine Prioritäten.

In einigen der Workshops, die ich halte, stelle ich die hypothetische Frage: »Angenommen, jemand beträte diesen Raum mit der Information, alle Anwesenden hätten nur noch drei Stunden zu leben. Wie viele von euch würden bis zum Ende des Seminars hier bei mir bleiben?« Bedauerlicherweise hat sich in all diesen Kursen nie jemand gemeldet und »Ich« gesagt. Stattdessen lautet die Antwort stets: »Ich würde sofort nach Hause gehen – zu meiner Familie.«

Ich frage dann immer: »Und wenn euer Lieblingsgeschäft seinen alljährlichen Schlussverkauf hätte: Würdet ihr unterwegs noch kurz dort vorbeifahren, um vielleicht ein Schnäppchen zu machen?« Die unweigerliche Antwort: »Nein.«

Ich bohre nach: »Angenommen, eine Person, die ihr nicht mögt, riefe an. Würdet ihr das Gespräch annehmen und mit ihr sprechen?« Wieder sagen alle Nein. Ich bleibe hartnäckig: »Würdet ihr an einem Coffeeshop anhalten und zwanzig Minuten Schlange stehen, um einen letzten Latte Macchiato zu trinken?« Erneut ein klares Nein.

Schrumpft man die Zeit, klärt sich der Fokus.

Die Teilnehmenden hatten sich noch nie mit der Frage befasst, was sie täten, hätten sie nur noch drei Stunden zu leben. Jetzt jedoch wussten sie sofort, auf wen und worauf sie sich konzentrieren wollten.

Verkürzt du gedanklich die Lebenszeit, die du noch zu haben glaubst, werden deine Prioritäten klarer. Du erkennst, wer beziehungsweise was für dich wirklich wichtig ist und in welcher Reihenfolge. Mit einem Mal weißt du ganz genau, auf wen und worauf du dich konzentrieren möchtest.

Als ich die Teilnehmenden fragte, ob sie den Kurs verlassen würden, wenn sie noch fünfzig Jahre zu leben hätten, ging bei »Ja« keine einzige Hand hoch. Dann erkundigte ich mich weiter: »Was wäre, wenn euch noch zwanzig Jahre blieben? Würdet ihr dann jetzt gehen?« Ein paar wenige meldeten sich. Ich ging noch einen Schritt weiter: »Und was, wenn es nur noch fünf Jahre wären?« Jetzt waren schon bedeutend mehr Hände in der Luft. Schließlich fragte ich: »Und wie würdet ihr euch verhalten, solltet ihr nur noch drei Stunden zu leben haben? Wer von euch würde den Workshop dann jetzt sofort verlassen?« Nun blieb keine Hand mehr unten.

In dem Maße, in dem sich ihre Zeit verkürzte, wurde den Leuten klarer, wer und was für sie wirklich von Bedeutung war. Dieser simple

Akt des geistigen Schrumpfens der Lebenszeit brachte ihnen schnell zu Bewusstsein, wer und was für sie an erster Stelle stand und ihre Prioritätenliste anführte.

Um an ihren Saft zu kommen, musst du die Orange eben auspressen. Und der Tod zwingt uns dazu, unsere Prioritäten zu überdenken. Die ja, wie schon gesagt, bestimmen, worauf wir uns konzentrieren.

Hast du einmal erkannt, dass das Leben endlich ist, und weißt, wer und was für dich wichtig ist, dann weißt du auch genau, worauf du den Fokus lenken musst. Diese Erkenntnis verändert deine Perspektive und veranlasst dich zum Wandel deines Lebensstils – dahingehend, dass du dich auf deine wahren Prioritäten fokussierst. Und in der Folge ein zufriedenes, erfülltes Leben führen kannst. Der Tod kann ein Schlaglicht auf das Leben werfen und ist in letzter Instanz der wichtigste Grund, sich zu fokussieren.

Der Tod rückt alles an die richtige Stelle. Sobald er in Sichtweite gerät, nimmt alles – Familie, Freunde, Arbeit, das Leben als solches – den ihm gebührenden Platz ein. Die Wahrnehmung und mit ihr deine Energie werden gebündelt und so klar ausgerichtet wie nie zuvor. Keine Minute wird mehr vergeudet. Und das Leben voll ausgeschöpft.

»Dandapani«, bin ich mal gefragt worden, »wie oft denkst du ans Sterben?«

»Ehrlich gesagt, so gut wie nie«, gab ich zurück. »Was ich mir aber fast täglich vor Augen führe: dass meine Zeit auf Erden endlich ist. Und deshalb sehe ich zu, dass ich mich stets auf meine Prioritäten besinne.«

Ein unglaubliches Leben

Darüber hinaus sorgt der Gedanke an den Tod dafür, dass du überlegst, wie du leben willst. Worauf möchtest du in der Stunde deines Todes zurückblicken können? Und wie beurteilst du dein Leben? Viele Leute interessieren sich weit mehr dafür, was andere darüber denken. Aber das spielt im Grunde nicht die geringste Rolle. Es wird immer Leute geben, die dich in den Himmel loben, und welche, die kein gutes Haar an dir lassen. Entscheidend ist jedoch nur, wie du selbst über dein Leben denkst und wie du dich äußerst.

Wirst du eines Tages zurückschauen können und sagen, dass es herrlich war? Erfüllt? Dass sich jeder Moment gelohnt hat? Ich persönlich möchte, dass mein Leben unglaublich ist. Nicht »unglaublich«, damit andere es sich anschauen und bewundern können. Sondern nur für mich allein. Aber warum überhaupt dieser Wunsch? Weil ich mir der Tatsache bewusst bin, dass ich nur *dieses eine* Leben habe und dass es das Kostbarste ist, was ich je besitzen werde.

Unabhängig von Philosophie, Religion oder den sonstigen Überzeugungen, die du haben magst, musst auch du realisieren, dass du in deiner jetzigen Gestalt nur dieses eine Leben hast. Ich glaube zwar an Reinkarnation, denke aber trotzdem, dass ich nur ein einziges Leben als Dandapani habe. Und das soll einfach unglaublich sein.

Für mich ist das Wissen um die Endlichkeit allen Seins der wichtigste Grund, so großen Wert auf Konzentration zu legen. Wie Gurudeva eben so gern sagte: »Das Leben soll freudvoll sein.« Als die Person, die du heute bist, hast du nur ein Leben. Mach was draus. Führe es so, dass du auf dem Totenbett zurückblicken und dir sagen kannst: »Was für ein unglaubliches Leben ich doch hatte!«

LEKTION 2.4

DAS GESETZ DER PRAXIS

Alle Tools, mit denen ich dich in diesem Buch bekannt mache, verfügen über die wunderbare Fähigkeit, Leben zu verändern. Es handelt sich bei ihnen um altbewährte Werkzeuge, deren sich die hinduistischen Mönche in der Traditionslinie meines Gurus seit Jahrtausenden erfolgreich bedienen. Richtig angewendet funktionieren sie und sind tatsächlich in der Lage, ganze Existenzen umzukrempeln. Ob dies aber auch bei dir der Fall ist, hängt von dir ab und davon, wie konsequent du sie anwendest.

Willst du wirklich von ihnen profitieren, musst du üben, üben, üben. Und eines verspreche ich dir: Je gewissenhafter du diese Tools in deinen Alltag integriert, desto bedeutsamere Veränderungen wirst du erfahren. Die Instrumente lassen dich bestimmt nicht im Stich. Du musst sie nur anwenden. Anderenfalls droht Frust!

Mein Guru pflegte zu sagen, dass sich diese Tools auch gut als Wandschmuck eignen würden. Denn sie sehen hübsch aus und bieten sich als Gesprächsstoff an, insbesondere für Intellektuelle. Beim Abendessen kannst du dich mit Freunden über sie unterhalten und dabei glänzen. Du kannst die Leute mit dem beeindrucken, was du über sie gelesen oder gehört hast. Vielleicht hast du sogar noch ein passendes Zitat in petto. Solche Werkzeugsammler gibt es viele. Sie lesen ein Selbsthilfebuch nach dem anderen und haben das Gefühl, sich mit jedem Stückchen Wissen, das neu hinzukommt, weiterzuentwickeln und zu optimieren. So werden sie quasi zu einer Art Werkzeug-Bibliothek.

Doch alle Selfhelp-Instrumente der Welt bringen nicht das Geringste, wenn man sie nicht anwendet – und zwar sowohl korrekt als auch konsequent. Genau dasselbe gilt für die Tools, die ich dir in diesem Buch vorstelle. Sie alle tun nichts für dich, wenn du sie nicht gezielt so anwendest, wie ich es dir erkläre.

Das Gesetz der Praxis

Wie in der vorherigen Lektion erläutert, ist der Verstand so lange nicht in der Lage zu unterscheiden, was gut für dich ist und was nicht, bis du ihn dazu befähigst. Das gilt für alles, was du täglich – bewusst oder unbewusst – einübst.

Dass das der Wahrheit entspricht, zeigt sich an den vielen Leuten, die Dinge eingeübt haben, welche negative Resultate zeitigen. Solcher Gewohnheiten werden wir uns oft erst bewusst, wenn uns jemand darauf aufmerksam macht oder wir irgendwann von selbst auf den Trichter kommen. Bis es so weit ist, geht der Geist in selbstzerstörerischer Ignoranz seinen alten Gepflogenheiten nach. Wüsste er es besser, würde er damit aufhören.

Das allwissende Überbewusstsein dagegen weiß sehr wohl, was gut für dich ist. Solange du aber nicht in der Lage bist, zu ihm vorzudringen, bringt dir das gar nichts.

Übst du dich in negativem Verhalten und tust Dinge, die deinem persönlichen Wachstum nicht zuträglich sind, wirst du mit der Zeit auf dem entsprechenden Gebiet richtig, richtig gut werden. Dasselbe gilt, wenn du dich positiv verhältst und Dinge tust, die dein persönliches Wachstum unterstützen: Mit der Zeit wirst du auch darin richtig gut. Genau das besagt das »Gesetz der Praxis«, wie ich es nenne: nicht mehr und nicht weniger, als dass du es in allem weit bringst, worin du dich übst und was du oft tust.

In New York war ich einmal zu einem privaten Dinner eingeladen, an dem auch einige Promis teilnahmen. Nach dem Essen kam einer der Gäste, ein berühmter Schriftsteller, auf mich zu und sagte: »Hi, ich bin …«

»Und ich bin Dandapani«, sagte ich.

Worauf er abwinkte und meinte: »Das kann ich mir bestimmt nicht merken. Ich bin ganz schlecht mit Namen.«

»Wundert mich gar nicht«, dachte ich bei mir, »das sagst du dir bestimmt ständig.« Denn wenn du dir immer wieder einredest, dass du dir keine Namen merken kannst, wirst du darin eines Tages ganz hervorragend sein, vielleicht sogar in den Rang eines echten Überfliegers aufsteigen. Denn schließlich werden wir ja in allem gut, was wir oft üben – selbst wenn uns das Eingeübte kein bisschen guttut.

In puncto Übung kommt es auf zwei Dinge an: Man muss sowohl richtig als auch konsequent üben. Je mehr du etwas übst, desto besser wirst du darin. Übst du eine schlechte Technik ein, wirst du in dieser schlechten Technik mit der Zeit richtig gut.

Wie wichtig das korrekte Üben ist, zeigt eine Geschichte, die mein Guru einmal erzählt hat: Als Teenager war er Solotänzer am San Francisco Ballet. Und wie er sagte, durfte er dort nicht allein trainieren, damit er sich keine Bewegungsmuster angewöhnte, die seiner künstlerischen Entwicklung hätten zuwiderlaufen können.

Nachdem du gelernt hast, richtig zu üben, kommt es vor allem auf Beharrlichkeit an. Wollte ich ein nur mittelmäßiger Pianist werden, würde es mir reichen, mich ein-, zweimal die Woche ans Klavier zu setzen und irgendeine leichte Melodie einzuüben. Wollte ich auf diesem Gebiet aber bis an die Weltspitze vordringen, müsste ich, um richtig gut zu werden, bestimmt fünf bis acht Stunden täglich spielen, jeden Tag, Monat für Monat. Nach einem halben Jahr dürften sich meine Leistungen dann verbessert haben. Nach zwölf Monaten wären sie wahrscheinlich schon ganz passabel. Und zwei oder drei Jahre später könnte man mich vermutlich als sehr guten Pianisten bezeichnen. Richtiges und konsequentes Üben würde mir helfen, die Ergebnisse zu erzielen, die ich mir wünsche.

Dasselbe kann man auch über die Tools sagen, die ich dir in diesem Buch vorstelle: Beides ist von entscheidender Bedeutung – sowohl die richtige als auch eine konsequente Übungspraxis. Ein früherer Klient von mir hat sich einmal darüber beklagt, dass die Tools, die ich ihm an die Hand gegeben hatte, für ihn nicht richtig funktionierten. Daraufhin fragte ich ihn, ob er denn auch konsequent trainiere. Ja, sagte er. Und ich vergewisserte mich: »Sie praktizieren tatsächlich alle drei Teile der Übung?«

»Nein«, gab er kleinlaut zurück. »Nur einen.«

Nun darfst du natürlich nicht davon ausgehen, dass der Kuchen auch gelingt, wenn du nicht alle Zutaten verwendest. Und hier kommt jetzt ein gewisser Gehorsam ins Spiel, das strikte Befolgen der Regeln. Angenommen, du bist instruiert worden, wie ein bestimmtes Instrument zu bedienen ist, befolgst die Anweisungen aber nicht. Was meinst du: Ob du auf diese Weise wohl das gewünschte Resultat erzielst? Siehst du. Und wenn du dich im Außen nicht an die Vorschriften hältst, wirst du es innerlich auch nicht tun.

Es gab Zeiten im Kloster, da wurde ich von den Herausforderungen, vor die ich mich gestellt sah, schier aufgefressen. Völlig überfordert habe ich mich dann an meinen Guru gewandt und ihm mein Herz ausgeschüttet. Er hörte mir stets geduldig und voller Mitgefühl zu. Nachdem ich ausgesprochen hatte, fragte er mich oft: »Bedienst du dich denn auch der Instrumente, die ich dir an die Hand gegeben habe?«

Meine Antwort lautete häufig »Nein«, woraufhin ich aufstand und ging. Denn was hätten wir auch noch sagen sollen? Er hatte mir die Medizin gegen meine Beschwerden gegeben und mir auch gesagt, wie ich sie einnehmen sollte. Und ich? Hielt mich nicht an seine Anweisungen. Nun lag der Ball in meinem Feld. Ich allein trug die Verantwortung. Und wer nicht bereit ist, sie zu übernehmen, muss mit den Konsequenzen leben, so unangenehm sie auch sein mögen.

Wendest du die Tools und Techniken jedoch konsequent an, wirst du in ihrem Gebrauch mit der Zeit richtig gut – weil du es übst. Andernfalls wirst du nicht gut darin und kommst auch nicht in den Genuss ihrer Benefits.

Die Leute freuen sich und sind immer ganz aufgeregt, wenn sie neue Tools und Techniken kennenlernen. Flaut die Begeisterung dann aber ab, ziehen sie es vor, sich nach dem nächsten Instrument und der nächsten Methode umzusehen. Weil es leichter ist als das konsequente Praktizieren der bisherigen. In unserer Gesellschaft werden wir darauf getrimmt, immer gleich weiterzuziehen und den nächsten geilen

Sch… auszuprobieren. Das neueste Phone, einen 8-k-Fernseher, das ultimative Fashion-Item, das jüngste Modell einer bestimmten Automarke und so weiter. Unsere Gesellschaft liebt alles Glitzernde, Funkelnde, doch sobald der Glanz verblasst ist, wird keine Zeit vergeudet, die nächste tagesaktuelle Sensation anzusteuern.

Willst du mit den Techniken in diesem Buch oder mit Dingen, die du sonst lernen oder verbessern möchtest, weiterkommen, solltest du die Haltung einnehmen, die du hättest, wenn du dir eine künstlerische Fähigkeit aneignen wolltest, Klavierspielen zum Beispiel. Da würdest du ja bestimmt auch nicht innerhalb von Wochen oder Monaten mit nennenswerten Erfolgen rechnen.

Im Grunde ist auch die Konzentration eine Kunstform. Bevor du sie erlernen und praktizieren kannst, musst du dich zunächst mit dem Funktionieren des Geistes vertraut machen. Es ist genau wie bei allen anderen Ausdrucksformen der Kreativität, die erlernt werden müssen, bevor man sie praktizieren kann.

Erwarte also nicht, dass du die Inhalte dieses Buches beherrschst, sobald du es ausgelesen hast. Vor dir liegt viel Arbeit. Wahrscheinlich kommst du auf einige der Kapitel, Lektionen und Ideen, die ich dir hier präsentiere, wiederholt zurück. Stell dir diesen langwierigen Lernprozess am besten als eine Lebensaufgabe vor. Geh, während du dich ihr widmest, Veränderungen durchmachst, dich weiterentwickelst, freundlich, behutsam, liebevoll mit dir um und hab Geduld.

Wendest du die Tools und Techniken in den nächsten Wochen und Monaten konsequent an, wird sich bei dir bald etwas tun. Und dann gilt auch für dich, was mein Guru einst immer zu mir sagte: »Der Lohn wird viel größer sein als die Anstrengungen, die du unternimmst.«

Dass du dich deines persönlichen Wachstums wegen mit Herausforderungen konfrontierst, wirst du nie bereuen. Es ist alle Mühe wert. Denn diese Arbeit ist das größte Geschenk, das du dir auf dem Weg zu einer besseren, fokussierteren und bewussteren Version deiner selbst nur machen kannst.

Ich bin keiner, der ständig mit Filmzitaten um sich wirft, einen TV-Dialog möchte ich trotzdem gern anbringen: In der Netflix-Serie »Marco Polo. Hundert Augen« wird Marco Polo von dem blinden Mönch Hundert Augen gefragt, wie er nach der Rückkehr in die Heimat seinen Landsleuten das »seltsame Wort Kung-Fu« erklären wolle. Schließlich gibt sich der Mönch selbst die Antwort: Kung-Fu bedeute höchster Erfolg aufgrund harter Arbeit. Große Poeten hätten Kung-Fu erreicht. Eventuell auch Maler. Oder sogar Köche. Oder die Leute, die die Treppe kehren. Auch ein hervorragender Diener könne Kung-Fu haben. Übung. Vorbereitung. Endlose Wiederholungen. Darauf komme es an. Wiederholungen – bis der Geist ermüde und die Knochen schmerzten. Bis man sogar zu erschöpft sei, um noch schwitzen zu können. Und zu kaputt, um zu atmen. Das ist der Weg. Der einzige Weg, um Kung-Fu zu erlangen.

Hört sich verdammt nach Hollywood an. Und ist es ja auch. Diese vielen schönen Worte – alle nur, um den Tatbestand zum Ausdruck zu bringen, dass Konzentrationsvermögen eine Qualifikation darstellt. Sich zu fokussieren lernen kann jeder, der bereit ist zu entsprechender Vorbereitung, harter Arbeit, konsequentem Training und endlosen Wiederholungen. In diesem Buch erfährst du, wie du dich auf alles konzentrieren kannst, was du tust, angefangen beim Malen übers Kochen bis hin zum Treppefegen.

Woran die meisten, wenn nicht alle, scheitern, sind die endlosen Wiederholungen. Was denn nun als Nächstes komme, werde ich oft gefragt. Dazu kann ich nur sagen: Ich fokussiere mich schon seit fast drei Jahrzehnten auf die Praxis, die mir mein Guru seinerzeit vermittelt hat.

Du musst gar nicht *viele* Instrumente kennen. Das Geheimnis besteht eher darin, einige wenige zu erlernen, die aber bis zur Perfektion: Nicht oberflächlich und breit ist die Devise, sondern schmal und tief. Je intensiver du dich mit einer Technik beschäftigst, desto mehr verrät sie dir über dich. In einer Welt, in der die Mehrheit »Was kommt als

Nächstes?« fragt, kannst du der Leuchtturm sein, der sich auf die Perfektionierung des einen Tools fokussiert, das ihm am meisten zusagt.

Merke: Dieses Buch ist für Leute, die sich die Macht der unerschütterlichen Fokussierung zunutze machen möchten, um ein wirklich lohnendes Leben zu führen.

Lernen durch Wiederholung

Mein Guru war überzeugt, dass Menschen Dinge, die sie lernen möchten, oft wiederholen müssen. Und im Kloster hat er mir genau das auch beigebracht. Die Technik der Wiederholung spielt in diesem Buch und in den Lektionen, die es enthält, eine große Rolle. Auch ich werde im weiteren Verlauf viele Gedanken wieder und wieder ausführen. Warum? Weil die Wiederholung eine sehr effektive Möglichkeit darstellt, das Unterbewusstsein zu programmieren. So habe ich es von meinem Guru gelernt, und tatsächlich stellt die Repetition ein hocheffizientes Mittel dar, sich Dinge einzuprägen.

Hier ein Beispiel: Auf dem Weg von meinem Büro in den Speiseraum des Klosters kam mir mein Guru einmal entgegen und teilte mir kurz etwas mit. Unmittelbar danach drehte er sich um und ging einfach so davon. »Das hat er mir doch gestern schon gesagt, auch vorgestern und sogar letzte Woche bereits. Hat er das etwa vergessen?«, dachte ich bei mir.

Da ich zu der Zeit noch nicht lange Mönch war, irritierte mich dieses Verhalten. Also ging ich zu einem der erfahreneren Bewohner des Klosters, erzählte ihm davon und fragte schließlich: »Könnte es sein, dass Gurudeva alt wird und sich deshalb nicht mehr daran erinnert, dass er mir das schon mehrmals gesagt hat?«

Der Mönch lachte und meinte: »Du weißt genauso gut wie ich, dass das nicht der Fall ist. Du kennst doch sein hervorragendes Gedächtnis. Er wiederholt bestimmte Dinge wieder und wieder, weil er weiß, wie lange es dauert, bis sie ins Unterbewusstsein vorgedrungen sind.«

So mache ich es mit dir auch. Ich werde dein Unterbewusstsein mit den grundlegenden Informationen über den Geist und die Kunst der Konzentration bombardieren. Und wann immer ich mich wiederhole, denk bitte nicht: »Bloß das nicht schon wieder! Das weiß ich doch längst.«

Denkst du es allerdings doch, muss dir klar sein, dass du das Konzept noch lange nicht verstanden hast. Denn je öfter sich mein Guru wiederholte, desto mehr habe ich gelernt. Mit jeder seiner Wiederholungen hörte ich genauer hin; seine Worte versanken tiefer in meinem Unbewussten, und ich gelangte zu einem besseren Verständnis seiner Aussage. Selbst heute noch, nach jahrzehntelangem Studium seiner Lehren, sage ich mir nie: »Das weiß ich doch schon längst.« Denn mit jedem Mal, das ich dieselbe Botschaft höre, eröffnet sich mir eine weitere Schicht der Erkenntnis.

Lies dir die folgenden Lektionen bitte mit einem offenen, wissensdurstigen Geist durch. Sobald du angefangen hast, gründlich über diese elementaren Gedanken nachzudenken, verstehst du sie immer besser und merkst, wie tiefgründig sie in Wahrheit sind. Bringst du diesem Buch die richtige Grundhaltung entgegen, wirst du immer, wenn du eine der enthaltenen Ideen wiederholt siehst, etwas lernen, was dir zuvor entgangen war oder was du nicht richtig verstanden hattest.

Auf den ersten Blick scheinen diese Gedanken recht schlicht zu sein. Aber es verhält sich mit ihnen wie mit jeder anderen tiefgründigen Wahrheit: Man braucht Jahre, um sie vollumfänglich zu begreifen, sie auf sich wirken zu lassen und zu verinnerlichen. Je mehr du dich ihrer bedienst und sie reflektierst, desto besser verstehst du sie. Und umso besser sind sie in der Lage, dich zu unterstützen.

LEKTION 2.5

ABSICHT UND GEHORSAM

Damit du keinen Schiffbruch erleidest, müssen wir jetzt unbedingt erst einmal ein paar allgemeine Leitlinien und Parameter festlegen. Bevor du weiterliest, solltest du dich unbedingt fragen, weshalb du dir dieses Buch zugelegt hast. Antworte schriftlich: kurz, aber auf den Punkt. Denn es ist von größter Bedeutung, dass du den Grund für dein Interesse an meinen Ausführungen kennst. Was du jetzt aufschreibst, stellt deine Motivation dar, die folgenden Seiten zu lesen, deine Intention – und die ist es, die bestimmt, was sie dir bringen. Von deiner Intention, deiner Absicht, hängt ab, welchen Nutzen du aus meinem Buch ziehen kannst.

Einige Werke haben mein ganzes Leben auf den Kopf gestellt. Ich habe sie immer und immer wieder gelesen, bestimmte Zeilen unterstrichen, Absätze markiert, die obere Ecke bestimmter Seiten umgeknickt. Diese Bücher stellten die Leuchtfeuer dar, an denen ich mich orientierte. Und zwar, weil ich von Anfang an genau wusste, was ich mir von ihnen erhoffte.

Schon früh habe ich gelernt, die Menschen zu erkennen, die einen Großteil ihrer Zeit der Erfüllung ihres Lebenszwecks widmeten. Wann immer mir das Glück zuteilwurde, mich in der Nähe solcher Persönlichkeiten aufhalten zu dürfen, empfand ich es als meine Verantwortung, ihnen die Essenz ihres Wissens, ihrer Erkenntnisse zu entlocken. Ich bin diesen Menschen nicht nur mit Demut begegnet, sondern auch mit vollkommener Präsenz – und das weckte mein Konzentrationsvermögen.

Im Gespräch mit mir spürten sie, dass ich ganz bei ihnen war, dass ich ihnen meine ungeteilte Aufmerksamkeit entgegenbrachte, ehrliche, respektvolle Lernbereitschaft. Für mich ergab sich daraus sehr oft etwas Lebensveränderndes. Dadurch, dass ich mit Aufnahmebereitschaft und klaren Absichten auf diese Menschen zuging, gelang es mir, ihr Bewusstsein in einen Bereich des Geistes zu lenken, der ihre Intuition zum Fließen brachte. Und ich durfte zum dankbaren Empfänger all dessen werden, was sie hervorbrachte. Ein unglaublicher Segen!

Dazu kann es bei dir aber nicht kommen, wenn du dieses Buch nur nebenbei liest, während du noch irgendwas anderes tust. Oder es bloß überfliegst, um sagen zu können, dass du es gelesen hast und ganz interessant fandest. Schenk mir deine ungeteilte Aufmerksamkeit. Ich bin voll bei der Sache. Und du hoffentlich auch. Zu einer Veränderung kommt es, wenn wir uns in der Mitte treffen. Dafür musst du mir aber auf halbem Weg entgegenkommen.

Ich habe so viel von meinem Leben in dieses Buch gesteckt: das Kostbarste all dessen, was ich im Laufe von fast dreißig Jahren durch intensives Studium, tiefe Versenkung, endloses Üben und große Hingabe von meinem Guru gelernt habe. Damit du jedoch bestmöglich von den Inhalten profitieren kannst, die ich dir hier vermitteln möchte, ist es von überragender Bedeutung, dass du ihnen mit der richtigen Einstellung begegnest.

Alles, was du in diesem Buch lesen wirst, hat mein Leben verändert und tut es immer noch. Seine Essenz konnte ich mir nur aneignen, weil ich meinem Guru auf die richtige Art und Weise begegnet bin. Das musst du dir klarmachen. Anderenfalls bringt dir dieses Buch überhaupt nichts. Weil du dich dann nie wirst richtig fokussieren können. Und natürlich auch nicht von den unbezahlbaren Benefits der vollen Konzentration profitieren kannst.

Gehorsam

Im Kloster war eines der ersten Gelübde, die ich abgelegt habe, das des Gehorsams. Nun weiß ich natürlich, wie schwer sich viele damit tun. Das entrüstete »Du hast mir gar nichts zu sagen!« habe ich oft genug gehört. Gehorsam bedeutet aber nicht, dich jemandem blind zu unterwerfen.

Mein Guru hat immer zwischen zwei Formen unterschieden: blindem und intelligentem Gehorsam. Blinder Gehorsam besteht darin, jemandem zu folgen, ohne ihn je infrage zu stellen, Gegenargumente zu äußern oder seine Motive abzuklären. Intelligenter Gehorsam einer Person gegenüber, der dein Vertrauen gilt, wäre dagegen die Hingabe an die aus jahrelangem erfolgreichem Lernen und Lehren erwachsene Erfahrungsweisheit dieser Person, der du dich verschrieben hast. In diesem Fall wird man auch ausdrücklich aufgefordert, bei Bedarf stets um nähere Erklärung zu bitten. So jedenfalls hat es Gurudeva im Umgang mit uns Angehörigen des Klosters immer gehalten. Was für ein Glück!

Ein Herzkranker, der auf die Transplantation wartet, vertraut dem Operateur und seinem Team. Intelligenter Gehorsam. Tag für Tag vertrauen Millionen Reisende darauf, dass die Piloten gekonnt hundert Tonnen schwere geflügelte Metallkanister über die Weltmeere fliegen und sicher auf den Erdboden zurückbringen. Intelligente Entscheidung, intelligenter Gehorsam.

Sein Buch *Denke nach und werde reich* schrieb Napoleon Hill, nachdem er mehr als zwanzig Jahre lang die finanziell erfolgreichsten Menschen unserer Zeit studiert hatte. Und wenn jemand so intensiv, so ausgiebig forscht und schließlich die wichtigsten Erkenntnisse über die geistigen Gesetze des Erfolges präsentiert, muss man ihm einfach zuhören.

In den Jahren, in denen ich mit meinem Guru unter einem Dach lebte, haben ihn viele um Rat gebeten. Manche aus reiner Neugierde – einfach, um seine Meinung zu bestimmten Themen zu erfahren. Dabei hatten die meisten im Grunde ihre Antwort schon, bevor sie ihm gegenübertraten, oder wussten längst, was sie tun wollten. So solltest du solchen Persönlichkeiten aber nicht begegnen. Und auch ihren Rat solltest du nie ausschlagen.

Seit Jahrzehnten schon spüre ich äußerst erfolgreiche Menschen auf, also Leute, die es in ihrem Bereich bis ganz an die Spitze gebracht haben. Wann immer ich eine dieser Personen um Rat gefragt habe –

was ziemlich oft der Fall war –, habe ich mir ihre Bemerkungen zu Herzen genommen und nach Möglichkeit in meinen Alltag integriert.

Vor einigen Jahren stand ich während eines Events in Toronto backstage mit Marc Ecko zusammen, einem amerikanischen Designer und Unternehmer. Wir hatten beide unseren jeweiligen Vortrag schon gehalten und unterhielten uns nun ein wenig. Ich nutzte die Gelegenheit und erkundigte mich nach seinen wichtigsten Erkenntnissen in Sachen Unternehmertum. Zu der Zeit fing ich gerade erst an, mich mit solchen Fragen zu beschäftigen, und war scharf darauf, von den richtigen Leuten so viel wie möglich zu lernen. Also fragte ich ihn: »Wenn Sie einem ehemaligen Mönch einen einzigen Rat geben sollten, wie würde der lauten?«

Er sah mich an und sagte: »Am besten immer schmal bleiben und in die Tiefe gehen.« Nach einer Weile wiederholte er: »Schmal und tief. In dem Maße, in dem Sie weiterkommen und die ersten Erfolge sich einstellen, werden Sie versucht sein, ganz verschiedenartige Projekte anzufangen und alle möglichen Gelegenheiten zu ergreifen. Und genau an dem Punkt scheitern viele. Deshalb also: lieber schmal bleiben und in die Tiefe gehen.«

Über die Jahre war dieser Rat für mich von größtem Wert. Denn obwohl ich selbst ja Konzentration und Fokussierung lehre und nach Möglichkeit lebe, hat sich Marcs Tipp auch für mich bewährt. Im Laufe der Jahre boten sich mir zahlreiche Gelegenheiten, unter anderem auch einige, die zu ergreifen ich schwer versucht war. Dann ermahnte ich mich jedes Mal, mich auf meine Hauptaufgabe zu fokussieren, und wiederholte stumm das Mantra: »Lieber schmal bleiben und in die Tiefe gehen.«

Noch zu meiner Zeit als Mönch traf ich einmal eine hochtalentierte, sehr erfolgreiche Fotografin, deren Namen ich bedauerlicherweise vergessen habe. Aber ich weiß noch, dass ich sie gefragt habe: »Wenn Sie einem Mönch einen Rat geben sollten, was Fotografie angeht: Wie würde er lauten?«

»Sie sollten Ihr Motiv aus allen Perspektiven heraus betrachten und aufnehmen. Sie werden staunen, was Sie dabei alles entdecken.« Diese

Empfehlung befolge ich nun schon seit zwei Jahrzehnten, sie hat mein Fotografieren und die Bilder, die dabei entstanden sind, von Grund auf verändert.

Gehorsam bedeutet einfach, dem Rat von Fachleuten bis in alle Einzelheiten zu folgen. Wenn du von ihren Anleitungen irgendetwas nicht verstehst, solltest du um Erklärung bitten. Gehorsam bedeutet nicht, dass dir alles gelingt, was sie dir beizubringen versuchen, oder dass du auch wirklich in der Lage bist, den Empfehlungen bis ins letzte Detail zu folgen. Es kann gut sein, dass du viele Male scheiterst, bevor du die Tipps richtig gut umsetzen und leben kannst.

Mich amüsieren immer Leute, die erst um Rat bitten, ihn dann aber hernehmen und so modifizieren, dass er ihren Wünschen entspricht. Warum fragen sie erst, wenn sie sich dann doch nicht an die Antwort halten? Angenommen, du willst Balletttanz lernen, meldest dich bei einer hochprofessionellen, sehr erfahrenen Lehrerin an, hörst ihre Anweisungen und sagst dir dann: »Ich mach das aber auf meine Art.« Eine solche rebellische Grundhaltung ist ein eindeutiger Hinweis darauf, dass der instinktive Geist nicht genügend im Zaum gehalten wird.

Solltest du dich mit aller Sorgfalt nach einem Fokus-Instruktor umgeschaut und dich schließlich für mich entschieden haben, dann befolge bitte meine Ratschläge.

Wenn du dir in Florida einen Guide suchst, der dich in einem Boot durch die Everglades schippert, verlässt du dich darauf, dass er dir einen Einblick in das Sumpfgebiet verschafft und dich nicht irgendwo hinbringt und den Alligatoren zum Fraß vorwirft. Du vertraust deinem Guide. Und ich muss mich auf unserer Reise durch dieses Buch darauf verlassen können, dass du mir vertraust. Alligatoren lauern hier zwar nirgends, aber wenn du dich nicht so engagierst, wie es erforderlich ist, kann ich meiner Arbeit nicht ordentlich nachgehen. Die Absicht, die du mit der Lektüre dieses Buches verbindest, und das genaue Befolgen der Anweisungen bestimmen darüber, wie viel sie dir letztlich bringt.

LEKTION 2.6

DIE MACHT DER KLEINEN SCHRITTE

Anfangs kann allein die Vorstellung der Reise in ein fokussiertes Leben ganz schön erdrückend wirken. Ein solches Gefühl der Überforderung stellt sich oft ein, wenn sich der zum Ziel führende Weg noch nicht überblicken lässt. Darüber hinaus schürt diese Unklarheit eventuell auch Ängste, die dann häufig zur Aufgabe des Vorhabens führen.

Nun kann allerdings auch der Gedanke an eine Bergbesteigung einschüchternd wirken. Doch ein Guide, der dich Schritt für Schritt dem Gipfel entgegenführt, gibt dir Vertrauen und lässt das ganze Vorhaben gleich viel »machbarer« erscheinen.

Wie wir uns dem Studium der Fokussierung annähern werden, fragst du? Ganz einfach: geduldig, methodisch und in kleinen Schritten.

Das Verschlingen einer wagenradgroßen Pizza ist etwas vollkommen anderes als der genüssliche Verzehr einzelner Bissen von ihr. Abbeißen und langsam kauen scheint heutzutage nicht mehr sehr in Mode zu sein – so, wie wir Menschen inzwischen an das Leben herangehen. Stattdessen wollen wir alles – und das sofort. Wir sind zu einem ziemlich ungeduldigen Haufen geworden und werden, scheint's, mit der Zeit immer noch ungeduldiger. Ungeduldiger mit der Welt, die uns umgibt, mit uns selbst und im Hinblick auf unsere Fähigkeiten, Dinge anzupacken und zu Ende zu führen.

Angefeuert wird diese Ungeduld von der technologischen Entwicklung. Indem sie uns Dinge, die wir uns wünschen, in Sekunden-, ja: Millisekundenschnelle liefert. Alles, was aus einer Entfernung von Tausenden von Kilometern zum Download aufs Handy ein Quäntchen länger braucht, verleitet uns zu einem genervten Augenrollen. Die technisch mögliche sofortige Befriedigung verführt uns dazu, dieselbe Erwartungshaltung auch auf anderen Gebieten des Lebens an den Tag zu legen. In dem Maße, in dem wir solche fehlgeleiteten Erwartungen hegen und unwillkürlich reproduzieren, erhöht sich jedoch auch unsere Anfälligkeit für stets neue Enttäuschungen. Enttäuschung, Frust und Depression sind die Folge einer Denkweise, die nicht zwischen technologiegetriebener sofortiger Befriedigung und den natürlichen Rhythmen des Lebens unterscheiden kann.

Im hinduistischen Kloster meines Gurus dauerte es sechsunddreißig Jahre, in denen er zölibatär lebte, strikte Disziplin hielt und sich einer strengen Ausbildung unterzog, bis er den Titel *Acharya*, »spiritueller Lehrer«, verliehen bekam. Heute dagegen spucken die Institute Yogalehrer und -lehrerinnen im Tempo von Maschinengewehrsalven aus – nach einem oft nur zweihundertstündigen Trainingsprogramm. Ganz zu schweigen vom Wochenendkurs zur Gewichtsreduktion, den fünf todsicheren Tricks, im Handumdrehen Millionär zu werden, dem neuntägigen Schweige-Retreat zur Entdeckung des eigenen Selbst oder dem Kurs »Klavierspielenlernen in dreißig Tagen«. Eben all der Mist, der uns quickfixen Erfolg ohne größere Mühewaltung vorgaukelt.

Diese »Bestie der Ungeduld« wird Tag für Tag von all jenen gnadenlos gefüttert, die sich von deren Ungestüm etwas versprechen. Und das Ergebnis dieses Huschhuschs der sofortigen Belohnung wegen zeigt sich in immer mieser werdenden gesellschaftlichen Umgangsformen.

Ich kann dir gar nicht sagen, wie oft ich die Frage »Wie lang dauert es denn noch, bis ich mich richtig fokussieren kann?« schon gehört habe. Und meine Antwort darauf lautet oft: »Wenn du so anfängst, sehr, sehr lange.«

Mein Buch stellt die Antithese zu dieser Herangehensweise dar. Bei mir gibt es keine schnellen Tricks, Tipps oder irgendwelche Abkürzungen. Stattdessen nutzt der altbewährte Ansatz, den ich vertrete, Konsequenz und Geduld als Gehhilfinnen zum Erfolg.

Möchtest du eines Tages ein fokussiertes Leben führen können, sei bitte bereit, dir Zeit zu nehmen. Mir gefällt das Bill-Gates-Zitat »Wir überschätzen immer die Veränderungen, die in den nächsten zwei Jahren eintreten, und unterschätzen die des nächsten Jahrzehnts«. Damit ist natürlich nicht gemeint, dass du so lange brauchst, bis du gelernt hast, ein fokussiertes Leben zu führen. Der Punkt ist nur: Bei unserem Streben nach nachhaltigen Veränderungen – solchen, die sozusagen eine Neuverdrahtung des Geistes verlangen – sollten wir ebenso geduldig wie realistisch sein und dem Prozess der Wandlung genügend Zeit einräumen.

Haben wir erst einmal akzeptiert, dass die Reise in ein fokussiertes Leben eine Weile dauert, besteht der nächste Schritt darin, unsere Herangehensweise zu bejahen und zu akzeptieren. Das ist von entscheidender Bedeutung. Die Reise an sich ist lang, und wenn wir sie auch so betrachten, kann es ganz schön einschüchternd sein. Das verstehe ich gut. Wenn wir sie aber als Abfolge kleiner Schritte auffassen, fühlt sie sich gleich ganz anders an.

Dir sollte klar sein, dass der Weg zum Gipfel – dem fokussierten Leben – ein langer ist. Und dass du dich auf diese wie auf jede andere Reise auch mental, emotional und körperlich vorbereiten musst. Geh nicht davon aus, dass du den Gipfel des Mount Everest binnen eines Tages erreichst. Wichtig ist nur, dass du unseren Zugang zu dieser langen Reise nie aus dem Blick verlierst.

Würdest du mich auffordern, die Strecke New York City – Los Angeles zu Fuß zurückzulegen, würde mich die reine Vorstellung von einem solchen Gewaltmarsch schon erschlagen. Heißt es aber, ich solle einen einzigen Schritt in diese Richtung gehen, bin ich sofort Feuer und Flamme. Überzeugt, dass ich das locker hinbekomme.

Mein Job besteht nun darin, das Ziel festzulegen und den Weg dorthin in kleine Schritte zu unterteilen. Und deiner? Du brauchst dich allein auf den nächsten Schritt zu konzentrieren.

In dem Gespräch, von dem ich weiter vorn schon berichtet habe, stellte ich dem Extrem-Hindernisläufer Joe De Sena noch eine weitere Frage: »Was tun Sie, wenn Ihnen mitten in so einem Rennen der Gedanke ans Abbrechen kommt?«

Seine Antwort lautete: »Ich sage mir, dass ich es ja nur noch bis zum nächsten Baum da schaffen muss. Das, weiß ich, krieg ich hin. Habe ich den Baum dann erreicht, fasse ich als Nächstes den Felsen da hinten ins Auge. Und so gelange ich irgendwann an die Ziellinie.«

Das folgende Gurudeva-Zitat fasst die Macht der kleinen Schritte auch sehr gut zusammen: »Ein Tempel aus Ziegeln wird Stein für Stein errichtet.« Ein Stein, ein weiterer Stein … und viele Jahre später ist ein gigantisches spirituelles Bauwerk entstanden, das den Jahrtausenden trotzt. Unter König Suryavarman II. wurde in dreißigjähriger Arbeit Angkor Wat errichtet, mit seiner Fläche von 162,6 Hektar eine der größten Tempelanlagen der Welt. Die neunhundert Jahre später immer noch steht.

Auch die Natur lässt sich Zeit und bewegt sich in kleinen Schritten voran. Innerhalb von schätzungsweise sechs Millionen Jahren grub sich der Colorado River geduldig durchs Gestein und erschuf so eines der bedeutendsten Naturwunder, den Grand Canyon. Der Fluss ist übrigens bis heute tätig, Tag für Tag, allerdings in so winzigen Schritten, dass sie gänzlich unbemerkt bleiben. Und die Ehre? Nun, die gebührt natürlich Mutter Natur, die da voller Konsequenz und Beständigkeit am Werk ist.

Die Macht kleiner, konstanter Schritte wird vielfach unterschätzt. Dabei führen kleine Dinge doch zu ganz großen. Kleine Dinge sind machbar. Kleine Schritte gangbar. Bescheidene Ziele erzeugen keinen Druck. In der Praxis kleiner, konstanter Schritte kommen Verständnis, Liebe und Mitgefühl sowohl den körperlichen als auch unseren geistig-psychischen Bedürfnissen gegenüber zum Ausdruck.

Wie sagte die britische Unternehmerin, Menschenrechts- und Umweltaktivistin Anita Roddick doch so schön: »Wer meint, er oder sie sei zu klein, um Einfluss zu haben, sollte mal versuchen, mit einer Stechmücke im Zimmer einzuschlafen.« Wie wahr. So oft habe ich mir in der nächtlichen Dunkelheit schon ins Gesicht geschlagen, nur weil ich der festen Überzeugung war, ich könnte der frechen geflügelten Bestie, die sich da erdreistete, mich stechen zu wollen, mit einen einzigen Hieb den Garaus machen. Was für ein Irrtum.

Wir fangen immer mit dem Gesamtbild an. Was wollen wir? Worin besteht das Ziel? Napoleon Hill betonte oft, wie wichtig es sei, ein Anliegen zu haben – man muss sich einfach klar darüber sein, was man will. Beides muss deutlich artikuliert werden: der Blick in die Zukunft und die klare Vorstellung vom gesetzten Ziel. In unserem Fall: die unerschütterliche Fokussierung.

Ist dies gelungen, kommen wir in die Gegenwart zurück und beginnen, den Weg zu umreißen, der an dieses Ziel führt. Von dem Moment an, in dem du ihn betrittst, denkst du in kleinen, machbaren Schritten.

Ich behalte zwar stets das Gesamtbild im Kopf, fokussiere mich aber auf die kleinen Schritte, die nötig sind, um ans Ziel zu gelangen. Ich weiß, dass ich immer nur einen Schritt in die gewählte Richtung gehen muss. Liegt er hinter mir, brauche ich nur einen weiteren Schritt in derselben Richtung zu machen. Und so weiter.

Besteht mein Ziel darin, von New York nach Los Angeles zu gehen, weist mein erster Schritt gen Westen. Ich gehe einen Schritt in diese Richtung. Danach einen weiteren. Dabei müssen wir immer diszipliniert sein und der Versuchung widerstehen, den Prozess durch eine Abkürzung beschleunigen zu wollen. Viele schlagen sich Tag für Tag mit dem unstillbaren Bedürfnis herum, die Veränderung schneller herbeizuführen und die Zeit bis zur Belohnung zu verkürzen. Doch bis der Mensch vom Kind zum Erwachsenen wird, dauert es nun einmal eine Weile. Und auch innere Veränderungen brauchen ihre Zeit. Zunächst muss der Geist lernen, sich zu fokussieren. Und sich darin üben. Dasselbe gilt für Nervensystem, Muskulatur, Organismus. All das braucht Zeit. Geh also sanft und geduldig mit dir um.

Auf unserem Weg zum Gipfel gibt es viel Tolles zu sehen. Denn die Aussicht ist ja nicht nur von ganz oben atemraubend. Während des gesamten Aufstiegs kann man herrliche Eindrücke gewinnen. Und die sind allen zugänglich, die sich trauen und auf den Weg machen. Schon ganz am Anfang wirst du einige der Vorteile eines fokussierten Lebens erfahren können. Anders als im Gebirge gibt es hier nämlich gar keinen Gipfel, der erreicht werden sollte. Schließlich lässt sich das Konzentrationsvermögen stets noch weiter verbessern. Und je mehr das gelingt, desto bewusster wird uns, dass nach oben noch ganz viel Luft ist. Künftige Dividenden werden deine Investition in die Stärkung deiner Konzentrationsfähigkeit mehr als wettmachen.

TEIL 2

DER UNBESCHREIB-LICHE GEIST

Kapitel 3

Den Geist verstehen

LEKTION 3.1

DAS STÄRKSTE TOOL DER WELT

Unter all den tollen Dingen, die ich von meinem Guru lernen durfte, gibt es etwas, das weit großartiger ist als alles andere und von dem ich der Meinung bin, dass es jeder Frau, jedem Mann und jedem Kind auf dieser Erde vermittelt werden sollte: das Verständnis der Funktionsweise des Geistes.

Einen Geist haben wir alle, und viele von uns sind sogar mit einem gesegnet, der voll arbeitsfähig ist. Wir werden mit ihm geboren. Leben mit ihm. Und sind untrennbar mit ihm verbunden. Wie der Körper begleitet auch er uns in jeder einzelnen Sekunde unseres irdischen Seins.

Unser ganzes Leben lang existieren wir auf der Basis unseres Geistes, sowohl im Wachzustand als auch im Schlaf. Er gehört zu den wenigen Dingen, die rund um die Uhr an unserer Seite sind, auch wenn sich nur die wenigsten darüber im Klaren sind. So viel Zeit verbringen wir nicht einmal mit den Dingen oder Menschen, die wir lieben. Doch obwohl er sich als so treuer Kamerad erweist, bleibt der Geist für die meisten von uns bedauerlicherweise doch ein Fremder – ein Begleiter, dessen sich fast kein Mensch bewusst ist und den kaum jemand näher kennenlernen möchte. Wie ein Page bei Hofe, der dienen und bedienen darf, mit dem sich aber niemand intensiver beschäftigt.

Der Geist manifestiert die nichtnatürliche Welt, die uns umgibt. Und auch einen Großteil der natürlichen Umwelt gestaltet er um, nicht selten zum Schlechteren. Er hat die Computer und Smartphones erschaffen, Rover auf den Mars und Shuttles in den Weltraum geschickt, Therapien gegen Krankheiten entdeckt, uns gezeigt, wie wir die Energie der Sonne nutzen können. Ihm haben wir es zu verdanken, dass wir weit entfernte Länder in kürzester Zeit erreichen, und vieles mehr.

Eigentlich haben wir gerade erst angefangen, uns seiner unfassbaren Fähigkeiten zu bedienen.

Mit einer Funktionsvielfalt ausgestattet, die unser Verständnis weit übersteigt, stellt der Geist das machtvollste Tool der Welt dar. Und deiner gehört ganz allein dir. Du hast ihn gratis und zur freien Verfügung erhalten – mit einer Einschränkung: Wenn du ihn nicht verstehst und nicht steuern kannst, musst du unter Umständen für die Folgen eines ungezähmten Geistes aufkommen. Was im schlimmsten Fall zur vorzeitigen Beendigung deiner Stippvisite hier auf Erden führen kann.

Doch trotz all seiner – bekannten wie noch unentdeckten – Einsatzmöglichkeiten und Funktionen gibt es für den Geist keine Gebrauchsanweisung. Nicht einmal einen Quick-Start-Guide wie beim Neukauf fast aller elektronischen Geräte. Fast alles andere wird mit einem Handbuch geliefert. Schaffst du dir einen Mixer an, kommt er mit einer dreißigseitigen Gebrauchsanleitung, die dir in zwölf Sprachen erklärt, wie du das Teil handhabst – wenn auch in einer Schriftgröße, die selbst die Augen eines Adlers vor eine echte Herausforderung stellen würde. Oder nehmen wir eine Tüte Reis. Auf der Umverpackung steht, wie du ihn kochst. Einwegkaffeebecher warnen dich vor der hohen Temperatur ihres Inhalts. Tiefkühlmahlzeiten gibt es nicht ohne genaue Instruktionen zur Wiederbelebung der toten Speisen.

Bloß für den Geist existieren solche Anweisungen nicht. Leider. Und so haben die meisten von uns nie irgendwas über den Geist beigebracht bekommen: weder wie er funktioniert noch wie man ihn zähmt. Da ist es dann aber auch kein Wunder, wenn die Leute Probleme bekommen und zahllose mentale Störungen auftreten. Man gibt uns das stärkste Tool der Welt mit auf den Weg, aber keiner verrät uns, wie wir es bedienen sollen. Und warum sind wir bei all den psychomentalen Fragen und Problemen weltweit eigentlich nicht bereits vor Jahrzehnten auf die Idee gekommen, dass in den Schulen so etwas wie Information über und Erziehung des Geistes stattfinden muss – am besten als Pflichtfach? Selbst ein bisschen wäre auf diesem Gebiet schon eine ganze Menge. Jedenfalls besser als nichts.

Warum es eigentlich so wichtig sein soll, den Geist zu verstehen, fragst du? Weil er das Instrument ist, mit dessen Hilfe wir die uns bekannte Realität gestalten und manifestieren. Der Himmel oder die Hölle, die wir im Inneren oder in der Außenwelt erschaffen, haben ihren Ursprung im Geist. Sobald wir verstehen, wie er arbeitet, können wir ihn zähmen und so lenken, dass er uns das Leben beschert, das wir uns wünschen. Das alles aber hängt davon ab, dass wir verstehen, womit wir arbeiten. Sonst wird es echt schwierig. Die Unfähigkeit vieler Leute, sich das Leben zu erschaffen, das sie sich wünschen, resultiert allerdings nicht aus dieser Ursache als solcher, sondern eher aus dem Umstand, dass sie das Werkzeug nicht begreifen, mit dem sie arbeiten. Und das ist eben der Geist.

Ein Freund von mir schickte mir einmal ein Foto von einem am Straßenrand geparkten Mini Cooper. Dazu schrieb er: »Ich habe das Foto von dem Wagen ein bisschen mit Photoshop bearbeitet. Was sagst du dazu?« Das Bild war nicht schlecht, hat mich allerdings nicht groß beeindruckt. Also schrieb ich zurück: »Ganz gut, aber nichts Besonderes. Oder übersehe ich da irgendwas?« Dieser Freund fotografiert eigentlich recht gut, doch diesmal schien er mir unter seinem Niveau geblieben zu sein. Am nächsten Tag antwortete er: »Viertürige Minis gibt es nicht!« (Damals wurden sie tatsächlich noch nicht hergestellt.) Er hatte also einen Zweitürer aufgenommen und ihn am Rechner verlängert, zwei weitere Türen hinzugefügt und das Ganze so geschickt photogeshoppt, dass es mir überhaupt nicht aufgefallen war.

Mit dieser Geschichte will ich dir Folgendes klarmachen: Sobald wir die Funktionsweise unseres Geistes verstanden haben, können wir das daraus erwachsene Wissen nutzen, um unser Leben so zu gestalten, wie wir es uns wünschen. Dass dazu bislang nur wenige in der Lage sind, liegt daran, dass wir so wenig Ahnung von den inneren Abläufen im Kopf haben.

Obwohl ich schon seit vielen Jahren mit Photoshop arbeite, betrachte ich mich auf diesem Gebiet immer noch als Anfänger. Ich verstehe längst nicht so viel von diesem Programm und kann mit den zahlreichen Features, die es hat, nicht annähernd so gut umgehen wie mein Freund. Der hat sich so lange intensiv damit befasst, dass er es perfekt beherrscht und mit seiner Hilfe alles erschaffen kann, wonach ihm der Sinn steht. Ganz ähnlich verhält es sich mit dem Geist: Je besser wir über ihn Bescheid wissen, desto besser können wir uns seiner Fähigkeiten bedienen, um unser Leben optimal zu gestalten.

In den Anfängen meiner Zeit im Kloster fragte mich mein Guru einmal: »Weißt du, wie der Geist funktioniert?«

»Nein«, sagte ich darauf, »das hat mir nie jemand erklärt.«

Und er antwortete: »Dann fangen wir genau da an. Ich werde dir ein theoretisches Verständnis von der Arbeitsweise deines Geistes vermitteln.«

Aufgrund der tiefgründigen Erkenntnisse, die er sich im Laufe der Zeit angeeignet hatte, verfügte er über die große Fähigkeit, auch kompliziertestе Sachverhalte schnell und leicht verständlich zu erläutern. Um mehr Klarheit zu gewinnen und ihm die Essenz seines Wissens über den Geist zu entlocken, fragte ich oft nach. So erschlossen sich mir im Laufe der Zeit einige grundlegende Axiome.

Nachdem ich mir ein gewisses theoretisches Wissen angeeignet hatte, bestand mein nächstes Ziel darin, es auch praktisch zu erfahren. Denn lesen kann man ja über das Auf-einem-Berg-im-Himalaja-Stehen alles Mögliche, wie es sich aber real anfühlt, weiß man erst, wenn man es selbst erlebt.

Und hier kommen viele ins Straucheln. Ich weiß noch: Am Ende eines Wochenendkurses ist mal eine Teilnehmerin auf mich zugekommen und hat mir begeistert erzählt, dass sie es kaum erwarten könne, ihr neu erworbenes Wissen in eigenen Workshops zu vermitteln. Diese Art des Lernens und Weitergebens von Gelerntem hat sich schnell zu einem regelrechten Trend gemausert. Von »Lernen« würde ich in diesem

Zusammenhang allerdings nicht unbedingt sprechen. Sondern eher von »Informationensammeln«.

Manche Leute wollen den Geist einfach nur intellektuell begreifen – sie suchen Bücher und Online-Medien nach Einsichten ab, die sie einsacken können, um schließlich alles wie zu einem bunten Salat zusammenzuwerfen. So ist ihr Wissen zwar ausreichend, um die bedauernswerten Leute, die im Flugzeug neben ihnen sitzen, zu beeindrucken, reicht aber längst nicht aus, ihr eigenes Leben zu verändern.

Eines muss dir klar sein: Die reine Akkumulation von Wissenspartikeln hat mit Lernen nicht viel zu tun. Rede dir nicht ein, dass du dich als Persönlichkeit umso weiter entwickelst, je mehr Informationen du dir verschaffst. Von einer solchen Faktenhuberei kann ich dir nur abraten.

Am Anfang steht das intellektuelle Verständnis, diesem aber muss das Erfahrungslernen folgen. Und oft muss man manches auch wieder und wieder erleben, um es begreifen und etwas daraus lernen zu können.

In den nächsten Kapiteln und Lektionen werde ich dir eine Reihe theoretischer Erkenntnisse präsentieren. Anschließend gebe ich dir ein Rahmenkonzept an die Hand, damit du das, was sich dir intellektuell erschlossen hat, auch praktisch erleben kannst. Daran, inwiefern die von dir gemachten Erfahrungen mit dem zuvor Gelernten übereinstimmen, kannst du dann erkennen, wie gut du die Inhalte dieses Buches verstanden hast. Alles richtig begriffen und verinnerlicht hast du, sobald du in der Lage bist, dein Leben nachhaltig zum Besseren zu verändern. Und auch dabei möchte ich dir helfen.

LEKTION 3.2

DAS GROSSE GEHEIMNIS DES GEISTES

Ein elementares Verständnis des Geistes genügt schon, um eine Riesenveränderung zu ermöglichen und dich in die Lage zu versetzen, den Geist, das machtvollste Tool der Welt, zu begreifen, von ihm zu profitieren und ihn so klar zu fokussieren, dass du in deinem Leben die Regie übernehmen kannst.

Hab keine Angst, dass du die Aussagen, die ich in diesem Kapitel treffe, womöglich nicht nachvollziehen kannst. Was das betrifft, darfst du ganz beruhigt sein: Du brauchst hier weder einen mühsam erarbeiteten Universitätsabschluss noch einen besonders ausgebildeten Verstand. Auch wenn es irrigerweise oft anders dargestellt wird: Das Verständnis dessen, was es mit dem Geist auf sich hat, ist kein bisschen kompliziert. Und muss es auch gar nicht sein.

Die überragende Fähigkeit meines Gurus, die Funktionsweise des Geistes klar und allgemein verständlich zu beschreiben, bewies mir, dass er den Geist nicht nur theoretisch begriffen, sondern auch empirisch intensiv erfahren hatte. Darüber hinaus wurde mir klar, dass seine Intention darin bestand, anderen behilflich zu sein. Er wollte seinen Mitmenschen zu einem Verständnis seiner Lehren verhelfen, das es ihnen ermöglichte, ihr Leben positiv zu beeinflussen.

In diesem Buch berichte ich von den Erfahrungen, die ich persönlich gemacht habe. Mein Verständnis des Geistes entstammt weder der Lektüre und Auswertung Hunderter von Büchern, noch beruht es auf Forschungs- oder Laborergebnissen, die akribisch analysiert, gegenübergestellt und statistisch verarbeitet wurden. Kein Stück! Am Anfang stand ein intellektuelles Begreifen, das sich aus den Erklärungen meines Gurus speiste. Und das durch die zahllosen Gespräche intensiviert wurde, die ich im Anschluss mit ihm darüber führen durfte. Als ich in meinem Verständnis schon etwas weiter war, begleitete er mich durch das empirische Erfahren all dessen, was er mir theoretisch erklärt hatte. Und damit befasse ich mich nun schon seit mehr als zweieinhalb Jahrzehnten. Auf meinen persönlichen Erfahrungen und Beobachtungen beruht auch alles, was ich dir in diesem Buch über die inneren Funktionsmechanismen des Geistes mitteile.

Mein lieber Freund und Mentor Michael Lützenkirchen sagte einmal: »Ich mag auf dich wie ein Lehrer wirken; in Wirklichkeit aber lerne auch ich auf diesem Gebiet noch ständig hinzu. Und ich kann nur hoffen, dass das auch so bleibt.«

Diese Aussage beschreibt auch den Punkt gut, an dem ich mich bei meinen Versuchen, den Geist zu verstehen, befinde: Auch ich lerne ständig hinzu. Und bin noch weit davon entfernt, ein Meister – oder Experte – auf diesem Gebiet zu sein. Denn je mehr ich den Geist erlebe und über ihn erfahre, desto klarer wird mir, wie viel ich noch nicht weiß. Was du im Folgenden von mir bekommst, sind meine Erfahrungen mit dem Geist zum Zeitpunkt der Veröffentlichung dieses Buches – oder genauer gesagt: bis zu dem Moment, an dem das Manuskript in den Satz ging und mir keine größeren Veränderungen mehr möglich waren.

Du solltest immer die Haltung eines absoluten Anfängers oder einer Anfängerin einnehmen: voller Erwartungen, hoch engagiert, lernbereit und völlig ahnungslos.

Was ich dir als Nächstes erkläre, ist die absolute Basis, die Grundlage von allem, was du in diesem Buch noch lernen wirst. Und das Wichtigste, was du daraus mitnehmen solltest. Bitte gib dir größte Mühe, damit du den folgenden Abschnitt auch wirklich verstehst. Lies ihn dir vielleicht am besten mehrfach durch. Denn intellektuell durchdrungen und leibhaftig erfahren wird der Inhalt dein Leben auf eine Art und Weise verändern, die du dir nicht einmal vorstellen kannst. Mir jedenfalls ging es so: Nachdem ich diese Lektion seinerzeit begriffen hatte, blieb für mich absolut nichts mehr beim Alten.

Bewusstsein und Geist

Bei all seinen unfassbaren Möglichkeiten und seiner vermeintlichen Kompliziertheit lässt sich das machtvollste Tool der Welt letztlich doch auf nur zwei Komponenten herunterbrechen: *Bewusstsein* und *Geist*.

Bestimmt hast du die Begriffe »Bewusstsein« und »Geist« schon oft gehört und sie vermutlich sogar das eine oder andere Mal selbst in einem Gespräch fallen lassen. Doch weil sie für jeden Menschen etwas anderes bedeuten können, möchte ich sie für den Anfang erst einmal definieren. Auf diese Weise verschaffen wir uns ein gemeinsames Vokabular, einigen uns auf einen bestimmten Bedeutungshorizont und Sinnzusammenhang. Diese Rekalibrierung von Definition und Gebrauch dieser Wörter wird dir das Verständnis meiner Ausführungen erleichtern. Denn nicht unbedingt alle verwenden die beiden Begriffe genau wie du. Deshalb ist es so wichtig, gleich zu Beginn ein gemeinsames Verständnis zu etablieren.

Fangen wir mit dem Geist an: *Ich definiere Geist als einen unermesslich weiten Raum mit vielen verschiedenen Bereichen.*

Zum Beispiel: Ein Bereich des Geistes ist der Zufriedenheit, ein anderer der Eifersucht und einer dem Zorn gewidmet. Ein weiterer Bereich des Geistes ist Speicherort für Erinnerungen, ein anderer die Quelle von Intuition und Kreativität, wiederum ein anderer ist für alles zuständig, was mit Ernährung zusammenhängt. Es gibt Bereiche im Geist, in beziehungsweise mit denen du etwas über Tanz, Fotografie, Programmierung, Gartenarbeit und so weiter erfährst. Wie gesagt, der Geist ist ein unermesslich weiter Raum mit vielen verschiedenen Bereichen. Kannst du dich dieser Definition anschließen?

Weiter geht's mit dem Bewusstsein. *Ich definiere Bewusstsein als einen leuchtenden Lichtball. Eine Art schimmernde Kugel, die frei umherschwebt.*

Du erklärst dir diese beiden Wörter vielleicht anders, doch wie gesagt: Zum Zwecke eines gemeinsamen Wortschatzes bitte ich dich, dich an diese Definitionen zu halten. Mach sie auch nicht komplizierter, als sie sind, sondern nimm sie so, wie sie hier stehen. Zu Lernzwecken halte ich alles so einfach wie nur irgend möglich. Vertraue auf den Prozess. Ich schlage vor, dass du dir diese beiden Definitionen auf einem Zettel notierst und ihn irgendwo deponierst, wo du ihn täglich siehst. Präge dir die Sätze ein. Ich kann gar nicht genug betonen, wie wichtig es ist, dass du die Begriffe »Geist« und »Bewusstsein« genau so auffasst. Anderenfalls wirst du nie richtig begreifen können, wie der Geist wirklich funktioniert.

Nachdem wir die beiden Ausdrücke nun geklärt haben, wenden wir uns als Nächstes ihren Charakteristika und ihrem Zusammenwirken zu. Bewusstsein und Geist sind zwei gesonderte, eindeutig voneinander abzugrenzende Dinge. Denn das Bewusstsein bewegt sich – nicht so der Geist. Das Bewusstsein kann sich frei in jeden Bereich des Geistes begeben. In dem Moment, in dem sich dieser leuchtende Lichtball in einen bestimmten Bereich hineinbewegt, wird dieses Feld von der schimmernden Kugel beleuchtet. Das gilt für alle Bereiche.

Wann immer nun dieses Bewusstsein – der Lichtball – einen bestimmten Bereich des Geistes erhellt, wirst du dieses speziellen Areals gewahr. Und solange sich das Bewusstsein in diesem Bereich aufhält, bleibt er hell – und du bist dir seiner gewahr.

Ein Beispiel: Angenommen, die schimmernde Kugel, also das Bewusstsein, bewegt sich in einen Bereich des Geistes namens Glück und Zufriedenheit. In dem Moment, in dem das geschieht, wird ebendieses Areal vom Bewusstsein erleuchtet. Und dir wird klar, dass du glücklich und zufrieden bist. Du erlebst Glück und Zufriedenheit. Du befindest dich im glücklichen Bereich des Geistes.

Ob du in dem Moment allerdings glücklich und zufrieden *bist*? Nein. Du *bist* weder glücklich noch zufrieden. Vielmehr befindest du dich in einem Bereich des Geistes mit dem Namen Glück und Zufriedenheit. Und solange sich dein Bewusstsein in ebendiesem Areal aufhält, *empfindest* du Glück und Zufriedenheit. *Du bist reines Bewusstsein, das in einem Bereich des Geistes operiert, der Glück und Zufriedenheit genannt wird.*

Verlässt das Bewusstsein dieses Areal und tritt in ein Feld namens Traurigkeit ein, wird dieser Bereich von ihm beleuchtet. Und du stellst fest, dass du dich traurig fühlst.

Bist du dann aber wirklich traurig? Nein. Du bist reines Bewusstsein, das sich vorübergehend in einem Bereich des Geistes namens Traurigkeit befindet, und du erfährst Traurigkeit. Diese Empfindung währt so lange, wie sich dein Bewusstsein in diesem Areal aufhält. Aber glücklicherweise kannst du es ja jederzeit in einen anderen Bereich lenken.

Wie du das bewerkstelligst? Mithilfe von Willenskraft und Konzentrationsvermögen. Näheres darüber erfährst du in den nächsten Kapiteln.

Was ist die Schlussfolgerung aus all dem? Du bist nicht dein Geist. Sondern reines Bewusstsein, das durch die verschiedenen Bereiche des Geistes mäandert. Das Bewusstsein bewegt sich, der Geist nicht. Jedes Areal, in das sich dein Bewusstsein begibt, wird beleuchtet. Ist das der Fall, wirst du dieses Bereiches gewahr. Du erlebst und erfährst ihn.

Nimm dir einen Moment, um dich eingehend mit diesem Gedanken vertraut zu machen. Auf ihm beruht nämlich alles Weitere in diesem Buch. An dieser Stelle erkläre ich dir theoretisch, wie Bewusstsein und Geist funktionieren. In den folgenden Lektionen zeige ich dir anhand praktischer Beispiele, wie sie im Alltag am Werk sind.

Aus all dem können wir noch einen weiteren Schluss ziehen: Wenn du dich im zornigen Bereich des Geistes befindest, bist du dessen traurigen Areals nicht mehr gewahr, genauso wenig wie des glücklichen, des ängstlichen oder irgendeines anderen Bereiches des Geistes. Und auch dass du dich in der zornigen Sphäre aufhältst, ist dir nur so lange bewusst, wie du dich nicht in einen anderen Teil des Geistes bewegst und dessen gewahr wirst.

Stell dir vor, du erkundest mit einer Laterne in der Hand eine dunkle Höhle. Wobei die Höhle dem Geist entspricht und die Laterne deinem Bewusstsein, dem leuchtenden Lichtball. Gehst du in eine Ecke der

Höhle, wird sie von der Laterne erhellt; zugleich kannst du alles dort sehen und diese Ecke der Höhle erfahren. Begibst du dich dann auf die gegenüberliegende Seite der düsteren Höhle, wird es in der hinter dir liegenden Ecke wieder dunkel, du kannst dort nichts mehr sehen oder erfahren. Das geht nur überall dort, wo du dich mit deiner Laterne befindest. Mit Bewusstsein und Geist verhält es sich genauso, nur dass du selbst die Laterne bist.

Dasjenige Gebiet, dem dein Bewusstsein gilt, entscheidet darüber, wessen du in dem Moment gewahr bist.

Hier unsere bisherigen Erkenntnisse in der Zusammenfassung:

1. Bewusstsein und Geist sind zwei unterschiedliche Paar Schuhe.
2. Du bist nicht dein Geist. Du bist reines Bewusstsein, das durch verschiedene Bereiche deines Geistes mäandert.
3. Das Bewusstsein bewegt sich, der Geist nicht.
4. Gewahr wirst du jedes Bereiches des Geistes, dem sich das Bewusstsein zuwendet.
5. Mithilfe von Willenskraft und Konzentrationsvermögen kannst du dein Bewusstsein, diesen leuchtenden Lichtball, nach Belieben in jeden Bereich des Geistes lenken.

Diese einfache, tiefgründige und zeitlose Charakterisierung des inneren Wirkens des Geistes verdanke ich meinem Guru. In den spirituellen Lehren seiner Traditionslinie ist sie seit mehr als zwei Jahrtausenden von großer Bedeutung und stellt einen der zentralen Eckpfeiler der hinduistischen Metaphysik dar.

Diese Erkenntnis allein hat für mich alles verändert. Der Umstand, dass ich pures, durch die verschiedenen Bereiche des Geistes reisendes Bewusstsein bin, führte mir vor Augen, dass ich die Freiheit habe zu wählen, in welchem ich mich aufhalten möchte. Und sobald ich frei über den Bereich des Geistes entscheiden kann, in dem ich sein möchte, bestimme ich zugleich, was ich erlebe und erfahre.

Diese Offenbarung, die mir in klaren und einfachen Worten präsentiert wurde, stärkte mich sehr. Und zwar insofern, als sie mir verdeutlichte, dass ich die volle Kontrolle über mein Erleben und Erfahren habe. Das war von großer befreiender Wirkung. Die Realisierung dieser Einsicht eröffnete mir unendlich viele Möglichkeiten, mir dieses neu erworbene Wissen zunutze zu machen und von ihm zu profitieren.

Ich hoffe, dass dir die Wichtigkeit dieser Lektion mittlerweile bewusst geworden ist. Dabei besteht der erste Schritt in der intellektuellen Durchdringung der Arbeitsweise von Bewusstsein und Geist. Der nächste ist das Erleben und Erfahren. Zur wahren Realisierung dieser tiefgreifenden Einsicht gelangst du, nachdem du dich wiederholt davon überzeugt hast, dass du selbst bestimmen kannst, wohin dein Bewusstsein wandert.

Was den Ausschlag gibt

Ein einziges Erlebnis reicht meist nicht, um eine nachhaltige innere Veränderung zu bewirken. Oft brauchen wir mehrere ähnliche Erfahrungen, bis ein Wandel eintreten kann. Stell dir eine Waage vor, deren Schalen nicht auf gleicher Höhe sind. Auf der rechten liegen die Erfahrungen von dir, die zu deiner bisherigen Auffassung vom Geist geführt haben. Je mehr neue Erfahrungen du aufgrund deiner frisch gewonnenen Erkenntnisse machst, desto stärker wird die linke Waagschale belastet. So wird sie immer schwerer, je deutlicher du erkennst, dass du selbst darüber bestimmst, worauf du dein Bewusstsein lenkst. An einem bestimmten Punkt hast du so viele Erfahrungen gesammelt, dass die linke Waagschale absinkt. Das ist der Moment, in dem eine Veränderung eintritt und du den Geist aus einem ganz neuen Blickwinkel siehst. Du beginnst zu erkennen, dass du tatsächlich die Richtung steuern kannst, die das Bewusstsein in deinem Geist einschlägt. Und dann gilt, was mein Guru damals zu mir sagte: »Hast du einmal etwas erkannt, kannst du es nie wieder ent-kennen.«

Von nun an bestimmen die Erfahrungen, die aus deiner wiederholt erprobten Fähigkeit zur Steuerung deines Bewusstseins resultieren, den Gebrauch, den du im Alltag von deinem Geist machst.

In den folgenden zwei Lektionen werde ich dich mit weiteren Analogien versorgen, die dir zu einem besseren Verständnis von Bewusstsein und Geist verhelfen sollen. Denn für deinen Erfolg ist das Verständnis dieses Konzepts so entscheidend, dass du ihm entsprechend Zeit und Aufmerksamkeit widmen solltest.

LEKTION 3.3

DER GEIST ALS HERRENHAUS

Lass uns den Geist zum besseren Verständnis nun als Herrenhaus betrachten. Stell dir ein schlossartiges Gebäude vor. Am Ende einer langen gepflasterten Auffahrt, die von einer üppigen Gartenanlage eingefasst ist, steht es auf einem majestätischen Anwesen. Mächtige Doppeltüren öffnen sich zu einem marmorgefliesten Foyer, von dem aus eine Freitreppe in das obere Stockwerk führt. Von der hohen Decke hängt ein großer Kronleuchter herab. Die Wände sind mit Holz getäfelt. Das ganze Ensemble aus Gängen, Treppen, Etagen und Räumen wirst du jetzt erkunden. Denn das Herrenhaus ist dein Geist. Und dich selbst stellst du dir bitte als dein Bewusstsein vor.

Du kannst dich frei in dem Gebäude bewegen, alle Räume betreten, die du sehen möchtest. Von ihnen steht jeder für einen Bereich des Geistes: Freude, Glück und Zufriedenheit, Zorn, Eifersucht und so weiter. Stell dir vor, wie du, reines Bewusstsein, durch das Haus flanierst.

Du steigst die Stufen empor; auf dem großen Treppenabsatz wendest du dich nach links und betrittst den Flur, der dort abgeht. Du öffnest die erste Tür, die du siehst, betrittst den Raum und schließt die Tür hinter dir.

Dir wird klar, dass der Raum, in den du hineinspaziert bist, einen Bereich des Geistes repräsentiert, der den Namen Glück und Zufriedenheit trägt. Du merkst, dass du dich glücklich und zufrieden fühlst. Was im nächsten Zimmer los ist, weißt du dagegen nicht. Auch von den Zimmern am Ende des Flures, im Ober- oder Erdgeschoss hast du keine Ahnung. Das Bewusstsein, also du, ist ganz darin vertieft, in diesem Raum namens Glück und Zufriedenheit zu sein und Glück und Zufriedenheit zu erleben. Ob du in diesem Moment aber auch glücklich *bist*? Nein, bist du nicht. Du bist reines Bewusstsein, das sich vorübergehend in einem Bereich des Geistes befindet, der als Glück und Zufriedenheit bezeichnet wird. Du erfährst Glück und Zufriedenheit.

Du verlässt diesen Raum jetzt wieder, schließt die Tür hinter dir und gehst den Flur entlang bis zu dessen Ende. Dort entscheidest du dich, eine weitere Tür zu öffnen. Du gehst hinein und machst die Tür hinter dir wieder zu. Wie du feststellst, befindest du dich jetzt im Raum des Zorns – also einem Bereich des Geistes, der als Zorn bekannt ist. Deshalb erlebst du jetzt auch Zorn. Ob du allerdings zornig *bist*? Nein. Du befindest dich zwar in einem Zorn genannten Bereich des Geistes, *bist* aber nicht dieser Zorn. Du bist reines Bewusstsein, das sich zeitweilig in einem Bereich des Geistes befindet, der als Zorn bezeichnet wird.

Während du dich im zornigen Bereich des Geistes aufhältst – also dem Raum des Herrenhauses, der für Zorn steht –, erlebst du kein Glück, keine Zufriedenheit. Nicht das, was du in dem Zimmer wahrgenommen hast, in dem du zuvor warst. Warum? Weil du dich in diesem Raum nun eben nicht mehr aufhältst. Jetzt befindest du dich in einem anderen Zimmer. In dem erlebst du nur genau das, was dieser Raum zu bieten hat. Und das ist nun einmal Zorn. Während du noch hier bist, ist dir auch klar, dass du zuvor im Bereich Glück und Zufriedenheit warst und dich bewusst dafür entschieden hast, in den Zorn überzuwechseln.

Das Zimmer, in dem du dich zurzeit noch befindest, lässt du alsbald wieder hinter dir und setzt deine Erkundung des Herrenhauses fort. Jeder Raum wartet mit einem anderen Erleben auf. Und während du dich in einem befindest, bist du keines der Zimmer gewahr, die du bereits besucht hast.

Genauso verhält es sich mit Bewusstsein und Geist. Betrachtest du den Geist als Herrenhaus mit vielen Räumen, von denen jeder einen anderen Bereich des Geistes repräsentiert, erkennst du, dass du frei entscheiden kannst, in welchen Teil des Hauses du dich begeben und wo du vielleicht sogar einziehen möchtest. Je länger du dich in einem Bereich des Geistes aufhältst, desto gemütlicher findest du es dort. Und es spricht absolut nichts dagegen, sich einen Bereich des Geistes oder einen bestimmten Raum auszusuchen, um auf Dauer dort zu verweilen. Vorausgesetzt, dieser Bereich baut dich auf und bringt dir was.

Kennst du jemanden, der schon so lange an ein und demselben Ort wohnt, dass er sich fast symbiotisch an sein Zuhause gebunden hat? Vielleicht lebt die betreffende Person mit sechs Kindern in einem winzigen Dreizimmerhaus, hängt aber so an ihm, dass ein Umzug für sie nicht infrage kommt, selbst wenn sie sich was Größeres leisten könnte oder das Haus längst nicht mehr ihren Bedürfnissen entspricht. Das ist nur ein Beispiel, um dir zu zeigen, dass man sich schon sehr eng an ein Haus und genauso an einen Bereich des Geistes binden kann. Ich kenne Leute, die so am Feld der Angst hängen, dass sie sich permanent dort ansiedeln. Sie sind in das entsprechende Zimmer eingezogen, haben, weil sie ja nie mehr von dort fortwollen, sogar ihren Pass weggeworfen, die Erlaubnis zum Daueraufenthalt beantragt und die Staatsbürgerschaft im Land der Angst erworben. Seither leben sie in einem permanenten Zustand der Furcht.

Wie aber gelang es einem Menschen wie Nelson Mandela, der siebenundzwanzig Jahre hinter Gittern verbrachte, trotzdem immer guten Mutes zu bleiben? Lag es womöglich daran, dass er mithilfe seiner Willenskraft und Konzentrationsfähigkeit in der Lage war, sein Bewusstsein in dem Bereich des Geistes zu verankern, dem seine Vision der Befreiung von Südafrika entstammte? Gut möglich. Denn hätte er sein Bewusstsein nicht steuern können, wäre es wohl aufgrund der schrecklichen Umstände im Gefängnis in die düstersten, entsetzlichsten Bereiche des Geistes abgedriftet. Und ein Ende der Apartheid wäre vielleicht jetzt noch nicht in Sicht.

Mandela verschloss keineswegs die Augen vor der Realität seines langfristigen Eingesperrtseins. Dass er auf seine äußeren Lebensbedingungen keinen Einfluss hatte, wusste er natürlich. Eines war ihm jedoch ebenfalls klar: Seinen Gemütszustand konnte er völlig ungehemmt wählen. Die Haft fesselte zwar seinen Körper, nicht aber den

Geist. Mandelas persönliche Lichtkugel beleuchtete den Raum der Freiheit strahlend hell. Während er selbst die Emanzipation von Millionen seiner Landsleute plante.

Hörst du jemanden »Mein Geist geht auf Wanderschaft« sagen, weißt du, dass sich die betreffende Person falsch ausdrückt. Denn der Geist geht überhaupt nirgendwo hin. Wer wandert? Das Bewusstsein. Es bewegt sich von einem Bereich des Geistes in einen anderen. Oder in der Analogie dieses Kapitels: Das Herrenhaus ist immobil. Es bleibt an Ort und Stelle. Was sich dagegen bewegt, bist du, das reine Bewusstsein. Du schlenderst von einem Zimmer des Gebäudes zum nächsten und erlebst in jedem etwas anderes.

Nun wohnst du vielleicht nicht in einem Herrenhaus, machst aber wahrscheinlich ganz ähnliche Erfahrungen. Angenommen, du hast zu Hause eine Küche, ein Bad, ein Wohn- und ein oder möglicherweise auch mehrere weitere Räume. Jeder von ihnen dient einem bestimmten Zweck und bietet ein ganz eigenes Erleben. Wenn du zum Beispiel die Küche betrittst, dann etwa, um dir eine Speise warm zu machen, etwas zu trinken zu holen oder zum hundertsten Mal an den Kühlschrank zu gehen und zu schauen, ob sich der Inhalt in der Zwischenzeit eventuell auf wundersame Weise vermehrt hat. Im Geist repräsentiert die Küche den Bereich der »Ernährung«. In die Küche gehst du nicht, weil du duschen oder ein Nickerchen machen möchtest. Dafür gibt es andere Zimmer. Jeder Raum in deinem Zuhause erfüllt eine Funktion und verschafft dir ganz eigene Erfahrungen. Mit dem Geist verhält es sich genauso.

Der Vergleich des Geistes mit einem Herrenhaus stellt eine zweite Möglichkeit dar, den Unterschied zwischen Geist und Bewusstsein zu veranschaulichen. Geist bist du keinesfalls. Sondern reines Bewusstsein, das durch die verschiedenen Bereiche des Geistes mäandert. Was aber das Entscheidende ist: Du hast die Wahl, in welchem Bereich des Geistes du Zeit verbringen möchtest.

Wann immer ich diesen Punkt anspreche, schallt mir lautes Gejammer entgegen: »Och, das ist doch aber so was von schwer!« Aber nichts, was du nicht gelernt hast und nie übst, fällt dir leicht. Die Herstellung einer hausgemachten Pizza zum Beispiel, ja, die *ist* schwer – wenn du kein Rezept hast, nicht weißt, wie's geht; wenn es dir nie jemand gezeigt hat und du dich zum ersten Mal daran versuchst. Warum sollte die Steuerung des Bewusstseins einfacher sein? Eines kann ich dir jedoch versichern: Der Nutzen der Bewusstseinssteuerung ist weit größer als die Mühe, die du dir geben musst, um sie zu erlernen.

LEKTION 3.4

DAS BEWUSSTSEIN AUF REISEN

Lass uns zur weiteren Vertiefung das Bewusstsein jetzt als Reisenden betrachten und den Geist als die Welt. Bei dieser Analogie handelt es sich um einen Vergleich, den mein Guru oft verwendet hat.

Stell dir vor, dass du, reines Bewusstsein, am JFK-Airport in New York in ein Flugzeug steigst und nach einer Überquerung der Vereinigten Staaten in San Francisco landest. Eine Stunde später hast du die City erreicht und erlebst alles, was diese Stadt zu bieten hat. Doch obwohl du dich an einem Ort namens San Francisco befindest und San-Francisco-Erfahrungen machst, *bist* du nicht San Francisco. Vielmehr bist du reines Bewusstsein, das San Francisco erlebt. Und ganz sicher hältst du dich nicht mehr in New York auf.

Am nächsten Tag verlässt du San Francisco wieder und steigst in eine Maschine nach New Delhi. Stunden später kommst du, völlig erledigt von den Folgen der Zeitverschiebung, aus dem Flughafengebäude getaumelt. Umgeben von zahllosen Menschen. In dem Maße, in dem sich neue Bilder, andere Geräusche und Gerüche ungebeten in deine Sinne schleichen, wird dir zweifelsfrei klar, dass du dich nicht mehr in San Francisco befindest.

Vielmehr bist du jetzt in New Delhi und machst New-Delhi-Erfahrungen. Ob du aber auch New Delhi *bist*? Nein. Du befindest dich zwar an einem Ort namens New Delhi, bist aber nicht New Delhi. Vielmehr bist du reines Bewusstsein. Die Erfahrungen, die du in dieser Stadt machst, unterscheiden sich erheblich von denen in San Francisco. Sobald du dich in New Delhi befindest, machst du keine San-Francisco-Erfahrungen mehr, weil du dich dort nicht mehr aufhältst. Sondern du erlebst, was New Delhi zu bieten hat.

Lass uns an dieser Stelle schon mal das Wichtigste zusammenfassen:

1. Genau wie ein Reisender Städte überall auf der Welt besuchen und verschiedenste Erfahrungen machen kann, ist das Bewusstsein in deinem Geist unterwegs und erlebt allerlei Unterschiedliches.
2. Als Tourist, der die Welt bereist und sich verschiedene Städte anschaut, kannst du in jedem gegebenen Moment nur an einem bestimmten Ort sein. Dasselbe gilt für das Bewusstsein. Es kann ebenfalls nur je einen Bereich des Geistes erleben.
3. Welches Feld das Bewusstsein auch besucht, identisch ist es nicht mit ihm. Es erlebt und erfährt den jeweiligen Bereich lediglich. Genau wie du nie die Stadt bist, in der du dich aufhältst.

Irgendeinen Bereich des Geistes erlebst du immer. Halte dich aber keinen Moment lang für identisch mit ihm. *Du bist reines Bewusstsein* und machst Erfahrungen, die dem jeweiligen Areal entsprechen, das du besuchst.

Solltest du demnächst mal wieder Zorn empfinden, denk oder sag nie mehr: »Ich bin sauer.« Denn diese Behauptung ist falsch. Sag dir lieber: »Ich befinde mich im zornigen Bereich des Geistes und erfahre, wie es ist, sauer zu sein. Ich bin nicht zornig, sondern reines Bewusstsein, das Zorn erlebt.« Genauso, wenn du das Gefühl hast, glücklich und zufrieden zu sein. Dann kannst du sagen: »Ich habe mich in den glücklichen Bereich des Geistes begeben und mache die Erfahrung von Glück und Zufriedenheit.«

So wird dir klar, dass du nicht dein Geist bist, sondern reines Bewusstsein, das im Geist umherdüst. Du bist eine freie Bürgerin, ein freier Bürger des Geistes und kannst dich gänzlich ungezwungen in jeden seiner Bereiche begeben, in den es dich zieht. Das ist dein gutes Recht. Nimm es in Anspruch. Doch nutze diese Freiheit weise und vergiss nicht, dass die Reisen des Bewusstseins auch Konsequenzen haben können.

Gut vorbereitet reisen

Zur Analogie mit dem Touristen möchte ich noch etwas sagen, was du dir merken solltest: Als Reisende oder Reisender bist du in der Wahl deiner Ziele vollkommen frei. Du suchst dir aus, welche Stadt du besichtigen willst, und fliegst oder fährst los. Diese Wahlmöglichkeit hat auch dein Bewusstsein. Du selbst kannst darüber befinden, wohin du möchtest. Diesen Entscheidungsprozess überlassen die meisten aber ihrem Umfeld. Wobei ich in diesem Zusammenhang unter Umfeld alle Dinge und Menschen verstehe, die jemanden umgeben. Von diesem Umfeld also lassen sie sich diktieren, in welchen Bereich des Geistes ihr Bewusstsein geht, und infolgedessen auch, welcher Art ihre Erfahrungen sein werden.

Wenn du die Wahl hast, in welche Stadt du reist, kannst du dich entsprechend vorbereiten. Würde ich zum Beispiel beschließen, nach Anchorage in Alaska zu fliegen, wäre es wahrscheinlich keine schlechte Idee, warme Klamotten einzupacken. Was nicht nötig wäre, wollte ich im April ins indische Madurai, mitten im dortigen Hochsommer.

Möchte ich mit meiner Tochter über etwas sprechen, was ihr das Herz schwer macht, sollte ich mein Bewusstsein vermutlich am besten in den empathischen Bereich des Geistes verlagern, weil ich ihr so ein Höchstmaß an Mitgefühl vermitteln kann. Derart präpariert bin ich in der Lage, ihr die Emotionen entgegenzubringen, die für sie in dem Moment am hilfreichsten sind. Könnten wir in einer solchen Situation unser Bewusstsein nicht lenken, würde es sich wahrscheinlich in den Bereich der Problemanalyse begeben. Und ich würde dem Mädchen statt Empathie Lösungen anbieten – wahrscheinlich zur völlig falschen Zeit und längst nicht so hilfreich.

Sobald du in der Lage bist, dein Bewusstsein zu lenken, kannst du dich auf kommende Erfahrungen vorbereiten – ähnlich wie Reisende, die genau wissen, wohin sie unterwegs sind.

Kapitel 4

Die Energie folgt dem Bewusstsein

LEKTION 4.1

DIE BEDEUTUNG DER TERMINOLOGIE

Bevor wir weitermachen, möchte ich noch einmal betonen, wie wichtig es ist, die korrekte Terminologie zu verwenden: Bitte benutze die Wörter »Bewusstsein« und »Geist« exakt so, wie ich sie in diesem Buch definiere. Das ist deshalb von so großer Relevanz, weil wir unser Unterbewusstsein auf die spezifische Bedeutung dieser Wörter trainieren wollen. Ein »Wort« wird als eigenständiges bedeutungstragendes Element der gesprochenen oder geschriebenen Sprache definiert. Auf dieser Grundlage und der Klarheit wegen ist es unerlässlich, nur eine Bedeutung für ein Wort zu haben und nicht mehrere. Das würde das Unterbewusstsein unnötig verwirren.

Damit du verstehst, was ich meine, hier ein Beispiel: Geben wir einem Hund das Kommando »Sitz!«, weiß er aufgrund der Erziehung, die wir ihm haben angedeihen lassen, dass er den Hintern absenken und sich setzen soll. Benutzen wir dasselbe Kommando nun aber, um ihn zum Laufen zu bewegen, bringt ihn das durcheinander. Denn wann immer wir in Zukunft »Sitz!« sagen, weiß er nicht, ob er sich setzen oder loslaufen soll. Verbinden wir jedoch jedes Kommando mit nur einem einzigen Befehl, besteht kein Raum für derartige Missverständnisse.

Mit dem menschlichen Geist verhält es sich nicht anders. Oft hört man Bemerkungen wie: »Meine Meditation ist der Abendspaziergang mit dem Hund.« Oder auch: »Kochen ist meine Meditation.« Andere wiederum setzen sich mit gekreuzten Beinen und geschlossenen Augen gerade hin, während sie sich auf ihre Atmung konzentrieren, und nennen das Meditieren. Wer hat denn nun recht? Diese ganzen verschiedenen Aktivitäten – vom Häufchen-Aufklauben in freier Natur über die Zubereitung von Mahlzeiten bis hin zum bewussten Atmen: Wie können die alle Meditation genannt werden?

Wenn wir einem Wort so viele Bedeutungen zuweisen, schwindet jede Klarheit, und unser Unterbewusstsein gerät in Verwirrung. Dann kann es uns jedoch nicht mehr wirksam beistehen.

Kennt das Unterbewusstsein dagegen nur die eine – eindeutige – Bedeutung eines Wortes und weiß genau, wofür es steht, ist es viel besser in der Lage, uns zu führen und zu unterstützen.

Für unsere Zusammenarbeit ist es wichtig, dass sich dein Unterbewusstsein auf die von mir benutzten Definitionen der Wörter »Bewusstsein« und »Geist« einstellt. Dann kann dort keinerlei Missverständnis in puncto Bedeutung und Verwendung dieser Begriffe aufkommen. Das Unterbewusstsein beruht ja auf den Informationen, die ihm gegeben werden. Auf Gelesenem, Erfahrenem, Gesehenem, Wiederholtem und so weiter. Um das Unterbewusstsein aber nicht zu überfordern, müssen diese Informationen definiert und organisiert werden. Anderenfalls kann es sie nicht so verwenden, dass es uns weiterbringt.

Wir versorgen das Unterbewusstsein also mit klaren Definitionen und Vorstellungen, damit es weiß, wie das alles funktioniert. Anschließend kann es uns seinerseits helfen, zu einem besseren Verständnis von Dingen wie Bewusstsein und Geist zu gelangen.

Für den Fall, dass du an dieser Stelle etwas tiefer einsteigen möchtest, habe ich hier noch eine Nebenbemerkung für dich: Wird das Unterbewusstsein wie beschrieben trainiert, ist das Überbewusstsein besser in der Lage, sich seiner zu bedienen. Optimal arbeitet das Überbewusstsein nämlich mit einem organisierten, strukturierten, disziplinierten und abgeklärten Unterbewusstsein zusammen.

Ein wesentlicher Teil der Ausbildung, die ich bei meinem Guru genossen habe, bestand darin, mein Unterbewusstsein neu zu programmieren, damit ich leichter Zugang zu meinem Überbewusstsein fand. In der Mönchsausbildung nahmen deshalb bestimmte Routinen und Rituale zur besseren Strukturierung des Unterbewusstseins großen Raum ein.

Nun aber wieder zurück zur korrekten Terminologie. Sobald du anfängst, sie zu benutzen, verstärkst du das Gelernte und trainierst dein

Unterbewusstsein auf ein klares Verständnis dieser neuen Konzepte. So bilden sich in deinem Unterbewusstsein neue Muster, die dich wiederum über kurz oder lang führen und leiten werden.

Ein Beispiel: Statt »Mein Geist ist ständig auf Wanderschaft« zu sagen, verwendest du nun die korrekte Formulierung »Mein Bewusstsein ist ständig auf Wanderschaft«. Und zwar weil du weißt, dass nicht der Geist wandert, sondern dass vielmehr dein Bewusstsein im Geist unterwegs ist. Und durch die Verwendung der korrekten Terminologie bringen wir dem Unterbewusstsein bei, wie Bewusstsein und Geist arbeiten. Damit unterrichten wir es gleichzeitig über deren Eigenschaften, die Gesetze, denen sie folgen, und so weiter.

Doch was, wenn wir nicht diszipliniert genug sind, uns korrekt auszudrücken? Dann tauschen wir die Wörter beliebig gegeneinander aus. Wir sagen zum Beispiel einmal: »Mein Geist war gerade ganz woanders« und bei anderer Gelegenheit: »Entschuldigung, könnten Sie das bitte noch mal wiederholen? Mein Bewusstsein … also ich war gerade abgelenkt.« Mit der Folge, dass wir unser Unterbewusstsein verwirren. Wir behandeln es quasi wie den Hund aus meinem vorherigen Beispiel, dem wir für zwei unterschiedliche Befehle ein und dasselbe Kommando gaben.

Die richtigen Formulierungen sind also von allerhöchster Bedeutung. Achte von nun an bitte stets darauf, die korrekten Termini zu verwenden.

LEKTION 4.2

DAS BEWUSSTSEIN IM ALLTAG

Nachdem ich dir nun einen gewissen theoretischen Einblick in die Arbeitsweise von Bewusstsein und Geist ermöglicht habe, möchte ich dir nun auch ein paar praktische Beispiele aus dem Alltag geben.

Fangen wir mit einem Kinobesuch an. An einem ruhigen Samstagnachmittag hängst du allein zu Hause rum, als ein Freund von dir anruft und dir vorschlägt: »Lass uns doch in den neuen James-Bond-Film gehen. Mal schauen, was er diesmal draufhat.«

»Bin dabei«, sagst du erfreut.

Eine Stunde später sitzt du neben deinem Freund im Kino. Während noch die Werbung läuft, unterhaltet ihr euch. Zuvor wolltet ihr euch unbedingt gute Plätze sichern, eine Portion Popcorn kaufen, die genügt hätte, um in einem Land des globalen Südens ein ganzes Dorf zu ernähren, und dazu ein Getränk in einer Größenordnung, die deine Blase das Fürchten lehrt. Und nun tauschst du dich mit deinem Freund über die politische Fernsehdebatte vom Vorabend aus. Dein Bewusstsein ist in dem Moment fest in diesem Bereich des Geistes verankert. Noch während eures Gesprächs wird die Beleuchtung gedimmt, und im Zuschauerraum wird es still. Da der Film, den ihr euch anschauen werdet, von einem herausragenden Regisseur stammt, wird die Geschichte, die er erzählt, dein Bewusstsein mit Sicherheit von einem Bereich des Geistes in den nächsten lotsen.

Die Anfangsszene ist in jedem James-Bond-Streifen faszinierend. Den wildesten Fantasien der Filmemacher entsprungen, verfügt sie definitiv über das Potenzial, dein Bewusstsein in den Bereich »Aufregung« des Geistes zu verlagern. Bond legt irgendeinen Akt wundersamer Befreiung hin, der dir den Atem verschlägt und dich total an die Leinwand fesselt.

An die Eingangsszene schließt sich der Vorspann an. Faszinierende Musik und eine kunstvoll gestaltete Titelsequenz mit den Silhouetten tanzender Frauen verfügen mit Sicherheit über die Kraft, das Bewusstsein aller männlichen Jugendlichen, die auch davon träumen, Geheimagent zu werden, in den sinnlichen Bereich des Geistes zu begleiten. Von da aus könnte es in dessen technologischen Teil vordringen: sobald nämlich Bond die neuesten Waffen und Gerätschaften begutachtet, die Q für ihn bereithält. Schließlich dürfte sich das Bewusstsein in dem Moment in den »ängstlichen« Bereich verlagern, in dem M Bond in die geheimdienstlichen Erkenntnisse über die mörderischen Pläne des Schurken einweiht, die Weltherrschaft zu übernehmen.

Und so geht das immer weiter. Bis der Film zu Ende ist. Angefeuert von den geschickt zusammengestellten Szenen wird das Bewusstsein von einem Bereich des Geistes in den nächsten katapultiert. Mit ihrer magnetischen Kraft dockt die Macht der Emotionen an deinem Bewusstsein an und verschiebt es in jenen Bereich des Geistes, der für das jeweilige Gefühl zuständig ist. Während im Saal das Licht wieder angeht und deine Emotionen allmählich abklingen, wendest du dich an deinen Freund und seufzt begeistert: »Ach, war das geil! Ich *liebe* Bond!«

Je besser ein Film ist, desto weniger bekommst du mit, dass du ihn siehst. Besonders spannende Streifen können dein Bewusstsein so absorbieren, dass du darüber nicht nur die Zeit vergisst, sondern auch alles um dich herum. Während dich das Unterbewusstsein wiederholt dazu bringt, dir mechanisch Popcorn in den Mund zu schaufeln, befindet sich dein Bewusstsein auf einer von den Filmemachern sorgfältig orchestrierten wilden Fahrt durch die diversen Bereiche des Geistes. Und in jedem, den du auf diesem Weg besuchst, erlebst du auch die mit diesem Bereich verbundenen Emotionen.

Nun, genau zu diesem Zweck hast du dir die Kinokarte gekauft. Du wolltest unterhalten und in all diese Bereiche und Erlebniswelten geführt werden. Mithin hast du dem Regisseur und der Story des Filmes *erlaubt*, mit deinem Bewusstsein im Geiste Karussell zu fahren und dir all diese verschiedenen Erfahrungen zu verschaffen.

Genauso geht es den meisten Menschen den ganzen Tag über. Und das ist das Entscheidende: Fast alle geben faktisch ihrem Umfeld, den Dingen und Menschen in ihrer Nähe, die Erlaubnis, ihr Bewusstsein von einem Bereich des Geistes in den nächsten zu schubsen. Täglich. Den ganzen Tag über.

Im Leben der meisten werden die sie umgebenden Menschen und Dinge zum Regisseur ihrer alltäglichen Erfahrungen. Dieses Umfeld bestimmt darüber, wo ihr Bewusstsein hingeht, und lässt sie zahllose Erfahrungen machen. Dabei werden von den Betreffenden keineswegs alle gutgeheißen. Denn während manche dieser inneren Erlebnisse durchaus erbaulicher Natur sind, trifft dies beileibe nicht auf jedes zu. Die einen wirken emotional verstörend, andere hingegen erfreulich. Das alles ist ebenso unvorhersehbar wie die Stelle, an der ein vom Baum fallendes Blatt auf dem Boden aufkommt.

Es ist anders als bei Filmen. Bei ihnen weißt du schon im Vorhinein ungefähr, welche Art von Emotion sie bei dir auslösen werden. Im wirklichen Leben können dich die zutage tretenden Gefühle – auf die du ja nicht vorbereitet bist und die du auch nicht unbedingt willkommen heißt – so durcheinanderbringen, dass der weitere Verlauf des Tages ebenso unvorhersehbar wird.

Wann immer wir uns von unserem Umfeld diktieren lassen, wo unser Bewusstsein hingeht, machen wir uns im Grunde zu Sklaven von allem und jedem, das uns umgibt. Besagtes Bewusstsein wird zum Darsteller in einer beliebigen Impro-Show. Diese komplette Unvorhersehbarkeit liefert unseren Geist und das Nervensystem dem Umfeld aus – was gut ausgehen oder in einer Katastrophe enden kann.

Ich möchte dir ein Beispiel geben. Priya ist Unternehmerin, verheiratet und Mutter zweier Kinder. Wacht sie morgens auf, wird ihr Bewusstsein zum größten Teil von der Familie absorbiert, die sie sehr liebt. Doch obwohl in der Frühe immer ein gewisses Chaos herrscht, wenn sie die Kinder für die Schule fertig macht und bei Laune hält, bewegt sich ihr Bewusstsein doch hauptsächlich im glücklichen Bereich des Geistes.

Nachdem sie den Nachwuchs an Schule und Kindergarten abgesetzt hat, fährt sie weiter in Richtung ihres Büros. Auf der Autobahnabfahrt wird sie von einem Wagen überholt, der viel zu dicht vor ihr einschert, wodurch es um ein Haar zu einem Auffahrunfall gekommen wäre. Das bringt Priya, die sich der Gefahr sehr wohl bewusst ist, vollkommen durcheinander. In dem Moment, in dem sie von dem anderen Auto geschnitten wurde, ist ihr Bewusstsein kurz in den ängstlichen Bereich des Geistes geschleudert worden. Um gleich darauf in den zornigen zu flutschen. Der glückliche Bereich, in dem sie sich noch vor gar nicht langer Zeit befunden hat, ist jetzt bestenfalls eine ferne Erinnerung. Schäumend vor Wut flucht sie über den Fahrer des gegnerischen Wagens und sieht zu, dass sie ihr Büro schnell erreicht.

Immer noch ziemlich aufgebracht stellt sie ihr Auto auf dem Parkplatz vor dem Gebäude ab. Dann wird ihr klar, dass sie ihren Arbeitstag besser nicht in der Verfassung beginnt, in der sie sich aktuell befindet. Und weil sie zudem weiß, wie sehr sich ihr Gemütszustand auf das Team auswirkt, dem sie vorsteht, versucht sie mit aller Kraft ihr Bewusstsein in einen positiveren Bereich des Geistes zu verschieben. Auf dem Weg durch das schön gestaltete Großraumbüro in ihr Privatoffice im ersten Stock sagt sie ihren Mitarbeiterinnen und Mitarbeitern hallo.

Sie sitzt kaum an ihrem Schreibtisch, als schon eine Angestellte hereinkommt und mit schuldbewusster Miene sagt: »Tut mir furchtbar leid, Priya, aber ich habe leider vergessen, das Teil, das wir für unser Projekt gebraucht hätten, rechtzeitig zu bestellen. Jetzt kommt es erst morgen, sodass wir den Job nicht, wie von Ihnen geplant, heute schon abschließen können.«

Als Priya das hört, gerät ihr Bewusstsein in den frustrierten Bereich des Geistes. Augenblicklich hebt sie den Blick und sagt verärgert: »Wie konnten Sie die Bestellung vergessen? Wir haben doch erst letzte

Woche darüber gesprochen, und ich habe ausdrücklich gesagt, dass wir das Teil heute brauchen.«

Nachdem die beiden kurz versucht haben, eine Lösung zu finden, verlässt die Angestellte den Raum, und Priya lehnt sich in ihrem Schreibtischsessel zurück. Langsam atmet sie aus. Denn eigentlich fängt ihr Arbeitstag ja jetzt erst an. Einen Moment später klingelt ihr Telefon, und sie hebt ab. Am Apparat ist ein potenzieller Kunde, den sie schon seit sieben Monaten versuchen, für sich zu gewinnen. »Wir finden Ihr Angebot ganz toll«, sagt die Stimme am anderen Ende der Leitung. »Wir sind mit allem einverstanden und rundum glücklich mit Ihren Vorschlägen. Wir würden uns freuen, Ihre Firma mit diesem Auftrag betrauen zu dürfen.«

Priya ist völlig aus dem Häuschen. Sie haben sich extrem bemüht, diesen Kunden an Land zu ziehen, und nun hat sich die ganze Arbeit gelohnt. An diesem Punkt wird ihr Bewusstsein jäh in den freudig erregten Teil des Geistes geschossen.

Sie öffnet ihren Laptop, will ihre E-Mails checken. Und findet: dreiundfünfzig neue Nachrichten, unter anderen Erinnerungen an vier Meetings noch vor Mittag. Ihr Bewusstsein begibt sich langsam, aber sicher auf die Reise in den überforderten Bereich ihres Geistes. Das Hoch, in dem es eben noch war, schwindet. Nach einem für Priyas Empfinden viel zu kurzen Aufenthalt in der freudigen Erregung wird es schon wieder abberufen und an einen anderen Ort zitiert.

Und das waren gerade mal die ersten Stunden des Tages. Priyas Bewusstsein ist in ihrem Geist herumgewirbelt wie die Kugel im Flipperautomaten. Und der Rest des Tages sieht kein bisschen anders aus. Bis in den Abend hinein erlebt sie ein Kreuzfeuer der Emotionen. Und das nur, weil sie sich den größten Teil des Tages über von Menschen und Dingen diktieren lässt, wohin ihr Bewusstsein geht. Das aber ist nicht nur mental und körperlich äußerst anstrengend, sondern belastet auch ihr Nervensystem erheblich, das ein solches Wechselbad der Gefühle schließlich verarbeiten muss.

Die Folge: Priya wird zur Sklavin von allem und allen. Über weite Strecken bestimmt ihr Umfeld ihr Erleben. Denn unbewusst hat sie es ihm gestattet, ihr Bewusstsein nach Belieben von einem Bereich des Geistes in den anderen zu schubsen. Infolgedessen ist sie abwechselnd nicht nur himmelhoch jauchzend und zu Tode betrübt, sondern auch alles Mögliche dazwischen.

Bedauerlicherweise ergeht es den allermeisten Menschen so: Die große Mehrheit überlässt allen und jedem Hergelaufenen die Kontrolle über das eigene Bewusstsein. Was diese Leute den lieben langen Tag über erleben, wird ihnen von ihrer Umgebung vorgegeben. Ein Katzenvideo aus den sozialen Medien zaubert ihnen ein verzücktes Lächeln auf die Lippen. Eine Textnachricht kann sie für Stunden in wütende Raserei versetzen. Die Nachrichten machen sie depressiv und lassen sie am Lauf der Welt (ver)zweifeln. Und so geht es immer weiter … Ihr Bewusstsein ist im Grunde nichts anderes als eine Puppe, die nach der Pfeife ihres Umfeldes tanzt. Die Unfähigkeit, die Wege, die das Bewusstsein im Geist nimmt, gut genug zu steuern, führt zu einem Leben als Sklave.

Aber wir müssen nicht so leben. Denn indem wir uns vor Augen führen, dass wir in der Lage sind, unser Bewusstsein exakt zu steuern, können wir es genau dort hinführen, wo wir es haben wollen. Wenn wir uns dafür entscheiden, gewinnen wir enorm an Freiheit, denn sobald wir den jeweiligen Standpunkt unseres Bewusstseins selbst wählen, bestimmen wir auch darüber, was wir erleben und erfahren. Sobald wir unser Bewusstsein steuern, kann uns niemand vorgeben, wie wir uns fühlen – es sei denn, wir lassen es zu.

LEKTION 4.3

EIN HUND NAMENS BEWUSSTSEIN

Ein Bewusstsein, das von seiner Umwelt beliebig hin- und hergezerrt wird, können wir mit einem Hund beim Gassigehen vergleichen. Wobei das Bewusstsein der Hund ist und dieser in drei Kategorien auftritt: ausgebildet; unausgebildet, aber an der Leine; und unausgebildet und unangeleint.

Wahrscheinlich haben wir alle schon einmal einen unausgebildeten Hund frei umherlaufen sehen. Es ist der, der wild im Park herumscheucht und ein bisschen Angst erzeugt, wenn er mit seinem wilden Blick und der im Wind flatternden Zunge auf dich zurennt. In einem von überbordender Energie getriebenen unberechenbaren Zickzackkurs.

Viel braucht es nicht, um die Aufmerksamkeit und das Interesse dieses Hundes zu wecken – die Duftspur einer Katze, eines Artgenossen oder einer Stadttaube genügt vollkommen. Unter Kontrolle ist dieser Vierbeiner kaum zu bringen. Die Rufe von Frauchen oder Herrchen scheitern öfter an ihm, als dass er sie erhört. Und zur Rückkehr zu bewegen ist dieser Hund praktisch nie, es sei denn, er hat Lust auf was zu fressen und ein Nickerchen.

Das Bewusstsein mancher Menschen ist diesem freilaufenden unausgebildeten Hund durchaus ähnlich. Uneingeschränkt von jeglicher Willenskraft lässt sich ihr leuchtender Lichtball beliebig auf alles und jeden in ihrem Umfeld ein. Das führt jedes Mal zu einer Reaktion und expediert das Bewusstsein in ein weiteres Feld des Geistes, in dem es zu neuen Emotionen kommt. Ist nun die Außenwelt nicht bereit oder in der Lage, sich um dieses unausgebildete Bewusstsein zu kümmern, springt es weiterhin wild im Geist umher wie der Hund in unserem Vergleichsbeispiel. Es hört gar nicht mehr auf, dort herumzuspringen.

Zum Ausdruck kommt das unter anderem in endlosen Gedankenschleifen, inneren Dialogen, Streitigkeiten oder Entscheidungsschwäche.

Über kurz oder lang macht sich unweigerlich Erschöpfung breit; der Körper sucht den Schlaf, doch das Bewusstsein tobt nach wie vor im Geist umher, was zu Ruhelosigkeit, seltsamen Träumen und nach dem Aufwachen zu fortgesetzter Schläfrigkeit führt. Für den nimmermüden Hund beginnt ein weiterer wechselhafter Tag.

Schauen wir uns jetzt den unausgebildeten, aber angeleinten Vierbeiner an. Er ist zwar in seiner Bewegungsfreiheit eingeschränkt, seine Verhaltensmuster sind aber immer noch die des Hundes, den ich gerade beschrieben habe. Er möchte sich nach Lust und Laune austoben, wird von der Leine aber in klar definierten Schranken gehalten.

In den mehr als zehn Jahren, die ich in New York City gelebt habe, konnte ich viele Hunde beim Gassigehen mit ihrem Herrchen oder Frauchen beobachten. Vorneweg geht dabei fast immer der Vierbeiner. Und der zerrt seinen menschlichen Begleiter querfeldein, je nachdem, wo die Düfte der Stadt den Hund hinziehen und in abenteuerlustige Stimmung versetzen. Unter diesen Umständen ist das Tauziehen zwischen Mensch und Fellnase unvermeidlich.

Ganz ähnlich verhält es sich mit Menschen, die ein Mindestmaß an Kontrolle über ihr Bewusstsein haben. Sie können zwar nicht in jedem Moment sagen, wo es sich gerade befindet. Wenn aber doch einmal, dann verfügen sie meist über hinreichend Willenskraft, es zu zügeln. Das sind so Momente wie der, in dem du bemerkst, dass dein Hund seine Nase in etwas gesteckt hat, was dir gar nicht behagt, und du ihn an der Leine zurückziehst. Der Hund hat zwar irgendwelches Zeug an der Schnauze, das du ihm wirst abwischen müssen, eine Katastrophe aber hast du durch deine schnelle Reaktion wenigstens verhindern können.

Anderes Beispiel: Wenn diese Leute – also die, die eine gewisse Kontrolle über ihr Bewusstsein haben – merken, dass sie in eine zunehmend schlechtere mentale Verfassung geraten, sind sie immerhin in der

Lage, ihr Bewusstsein woandershin zu verschieben und so zu vermeiden, dass die Situation eskaliert.

Die dritte Kategorie ist der ausgebildete Hund. Um ihn zu beschreiben, möchte ich dir von einem Erlebnis berichten, das ich einmal auf den Virgin Islands hatte. Dort lernte ich einen Mann kennen, der der K9-Einheit, also der Hundestaffel, des FBI angehörte. Zugeordnet war ihm ein abgerichteter Deutscher Schäferhund. Dieser ging, wie mir der Mann erzählte, auch ohne Leine immer bei Fuß. Und stets exakt in der vorgegebenen Distanz zu seinem Hundeführer. Einmal demonstrierte mir der Mann die Selbstbeherrschung seines vierbeinigen Kollegen. Er stellte dem Hund einen großen Napf voller Futter vor die Nase und gab die Kommandos für Sitzen und Warten. Speichel tropfte auf den Boden, und dem Tier muss es wie eine Ewigkeit vorgekommen sein. Es warf seinem Herrchen flehende Blicke zu, machte jedoch in der ganzen Zeit keinerlei Anstalten, über das Futter herzufallen. Dabei dauerte es fast eine Minute, bis das Kommando »Jetzt« gegeben wurde. Woraufhin der Hund auf den Napf zustürzte und gierig zu fressen begann.

Es gibt einige wenige, die ihr Bewusstsein abrichten wie einen Diensthund. Zu Gehorsam. Dazu, dass es sich brav hinsetzt und auf Befehle wartet. Nicht mehr nach Gusto umherdüst. Sondern nur noch auf zwei Herrinnen hört: Willenskraft und Weisheit. Freiheit und innerer Frieden beruhen auf der Fähigkeit zu wählen, worauf man sich einlässt und wann. Für diese seltenen Individuen stellt ihr Geist, das Epizentrum der Kontrolle über das eigene Leben und Erleben, ein Heiligtum dar, das es unter allen Umständen zu schützen gilt. Und sie wissen, dass ein ungezügeltes Bewusstsein zwangsläufig zu mentaler Überlastung führt.

Mir ist natürlich vollkommen klar, dass ich hier so schreibe, als wäre das Bewusstsein etwas von uns Getrenntes. Das tue ich mit voller Absicht. Damit ich dir meine Vorstellungen mit größtmöglicher Klarheit darlegen kann. Bitte wisse, dass du reines Bewusstsein bist. Und wenn sich das Bewusstsein seiner selbst bewusst wird – worauf wir noch kommen werden –, kann es sich selbst lenken, führen und leiten.

Das Bewusstsein wie einen unausgebildeten Hund sein zu lassen ist schrecklich anstrengend. Zudem vergeudet es einen viel zu großen Teil deiner Ressourcen – deiner Zeit und Energie, die unglaublich kostbar, jedoch auch endlich sind. Letztlich wollen wir, dass sich unser Bewusstsein verhält wie jener Polizeihund beim FBI: dass er also gehorsam ist und auf unser Kommando wartet, bevor er losstürmt und sich mit irgendwem oder auf irgendwas einlässt.

Das Gute an der Kontrolle über das Bewusstsein ist, dass sie dir auch zu mehr Einflussmöglichkeiten auf die Gestaltung deines Lebens verhilft: unter anderem darauf, wie du mit deinem Umfeld interagierst, auf Erfahrungen ansprichst und reagierst oder Entscheidungen triffst. Also praktisch auf alles, was das Leben ausmacht.

LEKTION 4.4

DIE GESCHICHTE MIT DER ENERGIE

In der ersten Hälfte des 20. Jahrhunderts prägte mein Guru die Redensart »Where awareness goes, energy flows« – die Energie folgt dem Bewusstsein. Sie entstammte seinen vielen tiefsinnigen Erkenntnissen über die Funktionsweise des Geistes – Erkenntnissen, die ihm zu seiner Selbstverwirklichung verhalfen und im Laufe der Jahrzehnte das Leben zahlloser Menschen veränderten. Der Satz fasst das Verhältnis von Bewusstsein und Energie aufs Treffendste zusammen.

Leider wurden seine einzelnen Bestandteile mittlerweile jedoch von vielen verändert, von denen einige sogar die Urheberschaft an dem Satz für sich in Anspruch nehmen. Plagiate sind jedoch kein Kompliment. Wer sich seiner Erkenntnisse sicher sein kann, wird selbstverständlich auch die Ideen anderer voller Respekt anerkennen.

Die Energie verdient genauso viel Aufmerksamkeit, wie ich sie in diesem Buch dem Bewusstsein widme. Energie ist schließlich alles. Und für den Geist spielt sie eine ganz entscheidende Rolle. Lass uns unseren Ausflug ins Reich der Energie wie gehabt mit einer Definition beginnen. Das Wort ist buchstäblich in aller Munde, aber ich wüsste nur zu gern, wie viele in der Lage sind, seine Bedeutung präzise auszuformulieren.

In den Naturwissenschaften versteht man unter Energie die Fähigkeit zur Verrichtung von Arbeit. In Lexika findet man weitere Definitionen; eine von ihnen lautet schlicht: »physische oder mentale Kraft, Dinge zu tun«. Darüber hinaus wissen wir aus der Wissenschaft noch um folgende Eigenschaften der Energie:

- Sie kann weder erschaffen noch zerstört werden.
- Energie lässt sich von einem Ort an einen anderen transportieren.
- Energie kann von einer Form in eine andere umgewandelt werden.

Ich betrachte Energie im Kern als eine reine intelligente Kraft, von der alles Existierende durchdrungen wird. Sie ist in dir, in mir, in den Bäumen, deren Zweige sich im Wind bewegen, im Wasser, das fließt und verdampft, in den Wolken, die uns Schatten geben, in den Sternen, die am Nachthimmel funkeln, sowie in allem anderen, was sicht- und unsichtbar ist. Sie verändert sich zwar, ist aber trotzdem die einzige Konstante im Leben. Sie erst macht Leben überhaupt aus. Und ist nichts Geringeres als unsere Essenz.

Der kroatisch-amerikanische Erfinder und Physiker Nikola Tesla trug Entscheidendes zur Erforschung der Energie bei. So schrieb er etwa, dass man, wenn man die Geheimnisse des Universums aufdecken möchte, in Energie, Frequenz und Schwingung denken müsse. Diese Aussage bringt auch präzise die hinduistische Philosophie auf den Punkt, der ich mich verpflichtet fühle.

Wenn ich sage, dass alles aus Energie besteht und diese eine bestimmte Schwingungsfrequenz hat, verfeinere ich die Aussage Teslas nur ein wenig. Manche von uns können Energie spüren, und je nach ihrer Frequenz ist sie im Einklang mit uns oder nicht. An diesem Punkt hören wir oft Äußerungen wie »Da ist gute Energie« oder »Ich spüre hier jede Menge schlechter Energie«.

Letztlich gibt es jedoch weder gute noch schlechte Energie. Das Einzige, was existiert, ist Energie. Und die schwingt in einer Frequenz, die entweder mit uns im Einklang ist oder eben nicht. Die Frequenz von Heavy Metal zum Beispiel empfinden manche als energetisierend und andere als nervig.

In einer der vorherigen Lektionen habe ich kurz erwähnt, dass sich Energie gut mit Wasser vergleichen lässt, und daran erinnert, dass alles, was im Garten gewässert wird, anfängt zu wachsen, unabhängig davon, ob es sich um Unkraut handelt oder um Blumen. Mit der Energie verhält es sich genauso. Will heißen: Alles, worin du Energie investierst, sei es positiv oder negativ, wird zu wachsen anfangen und sich in deinem Leben manifestieren. Wichtig ist hier die Feststellung, dass Energie nicht über die Fähigkeit verfügt, zwischen gut und schlecht zu unterscheiden.

Und unser Leben? Es ist eine Manifestation dessen, worin wir unsere Energie investieren. Wenn wir das im Kopf haben und zudem an Gurudevas »Die Energie folgt dem Bewusstsein« denken, drängt sich folgender Schluss auf: Die Energie folgt dem Bewusstsein und alles, wohin unsere Energie fließt, manifestiert sich in unserem Leben. Dieses Gesetz musst du unbedingt begreifen. Denn es bildet unter anderem die Grundlage jeglicher Manifestation, erklärt die Entstehung und Verstärkung von Denk- und Verhaltensmustern und vieles mehr.

Die Energie folgt dem Bewusstsein. Präg dir diesen Satz bitte gut ein.

Lass uns jetzt schauen, wie Geist, Bewusstsein und Energie zusammenwirken. Wenn sich das Bewusstsein, jener leuchtende Lichtball, in einen bestimmten Bereich des Geistes bewegt, schließt die Energie sich ihm an. Eben genau wie Gurudeva sagte: Die Energie folgt dem Bewusstsein. Begibt sich das Bewusstsein in den glücklichen Bereich des Geistes, fließt die Energie auch dorthin. Und sobald die Energie in den glücklichen Bereich des Geistes fließt, wird dieser gestärkt.

Je öfter ich meinen Lichtball in den glücklichen Bereich des Geistes schicke, desto mehr Energie fließt dorthin, umso größer ist also die Energie, die ich in diesen Bereich investiere.

Der Geist als Garten

Stell dir den Geist als herrlichen großen Garten mit vielen Beeten vor. Diese Beete bestehen aus kerngesunder schwarz glänzender Erde in einem Rahmen aus recyceltem Hartholz. In einigen der Beete wachsen Tomaten, in einem anderen Grünkohl, im dritten Bohnen und so weiter. In diesem großen Garten gibt es mindestens vierzig solcher Beete mit Gemüse oder Kräutern, und alle sind, durch schmale Kieswege getrennt, gleich weit voneinander entfernt.

Stell dir vor, du würdest einen Monat lang ausschließlich die Tomatenbeete gießen. Die Tomatenpflanzen würden groß und schön, während alle anderen – Bohnen, Grünkohl, Kürbisse – verdorren, welk werden und schließlich eingehen würden. Gedeihen würde nur das Gemüse in den reichlich mit Wasser versorgten Beeten.

Stell dir nun deinen Geist als einen großen Garten mit vielen Rabatten darin vor. Nur dass jedes Beet einen anderen Bereich deines Geistes repräsentiert: zum Beispiel Mitgefühl, Glück und Zufriedenheit, Eifersucht. Daneben befindet sich der Zorn (Zorn und Eifersucht sind nämlich Nachbarn, musst du wissen), Freude und so weiter.

Begibt sich dein Bewusstsein nun in das ärgerliche Beet, schließt sich deine Energie ihm an. Will heißen: Du gießt dieses Beet und alles, was darin wächst, beginnt zu gedeihen. Und während die Energie in das Beet des Ärgers fließt, wird dieser Bereich des Geistes gestärkt. Dabei gilt: Je mehr Energie du hier reinsteckst, desto kräftiger wird er.

Begibt sich dein Bewusstsein in das glückliche Beet, den glücklichen Bereich des Geistes, geht auch deine Energie dorthin. Und je mehr davon in dieses Beet fließt, desto besser entwickeln sich die Pflanzen darin – weil sie ja viel Energie bekommen.

Befindet sich dein Bewusstsein ständig in einem bestimmten Beet beziehungsweise Bereich des Geistes, fließt deine Energie genau dorthin und du »wässerst« ihn damit. Je intensiver du diesen Bereich mit Energie versorgst, desto mehr wird er gestärkt. Was nicht ohne Folgen bleibt, aber darauf kommen wir gleich.

Wie du steuern kannst, wohin deine Energie fließt, fragst du? Nun, die Antwort dürfte inzwischen eigentlich auf der Hand liegen. Wenn du dein Bewusstsein steuerst, steuerst du auch die Richtung, in der deine Energie fließt. Steuere, wo deine Energie hinfließt, und du bestimmst, welcher Bereich deines Geistes gestärkt wird; und im Kern auch, was sich in deinem Leben manifestiert. Dieses Grundprinzip der Beziehungen zwischen Geist, Bewusstsein und Energie musst du unbedingt verstehen. Erst theoretisch und dann auch praktisch, empirisch, anhand deines Erlebens und Erfahrens.

Wahrscheinlich kannst du mittlerweile schon sagen, welche Beete, also Bereiche deines Bewusstseins, du im Laufe deines Lebens besonders intensiv gießt. Manche davon repräsentieren das Beste in dir und andere vielleicht die knorrigen, dornigen Pflanzen, mit denen wir alle fertigwerden und die wir loswerden müssen.

LEKTION 4.5

DIE MAGNETKRAFT DER EMOTION

Je häufiger das Bewusstsein in einen bestimmten Bereich des Geistes geht, desto mehr Energie fließt auch dorthin und stärkt diesen Bereich. Das habe ich in der vorherigen Lektion erklärt. Was ich genau meine, wenn ich sage, dass ein Bereich des Geistes gestärkt wird, möchtest du wissen? Um diese Frage beantworten zu können, müssen wir die Beziehungen von Energie, Emotion und Bewusstsein verstehen.

Starke Bereiche entstehen aufgrund eines stetigen Investments von Energie. Wobei »stark« nicht unbedingt bedeutet, dass es sich um positive Bereiche handelt. Dadurch, dass sich das Bewusstsein immer und immer wieder dorthin begibt und die Energie nachzieht, können alle Bereiche des Geistes gestärkt werden, auch ausgesprochen negative.

Wir schauen uns hier ja einige die Energie betreffende Grundgesetze an. Und in diesem Zusammenhang möchte ich dich jetzt mit einer wichtigen Eigenschaft von Energie bekannt machen: Sie ist magnetisch. In dem Maße, in dem sich die Energie in einem bestimmten Bereich des Geistes aufbaut, wird dieser stärker und gewinnt an Anziehungskraft. Und je magnetischer er wird, desto stärker wird das Bewusstsein von ihm angezogen.

Sobald die Energie in einen bestimmten Bereich des Geistes fließt, nimmt sie dessen Eigenschaften an. Zum Beispiel: Fließt die Energie in den für Zorn zuständigen Bereich des Geistes, nimmt sie die Form von Zorn an. Und genauso wandelt sich die Energie, wenn sie in den glücklichen Bereich des Geistes vordringt, in Glück und Zufriedenheit.

Die Deko auf der Torte

Ich definiere Emotion als sich selbst zum Ausdruck bringende Energie. Du zum Beispiel hast Energie in dir, und wenn die aus dir herauskommt, zeigt sie sich als Emotion, etwa als Glück und Zufriedenheit, Zorn, Traurigkeit oder Freude und so weiter. Doch damit das von vornherein klar ist, möchte ich hinzufügen: Energie kann sich statt als Emotion auch in anderer Form äußern.

Geht dein Bewusstsein in den glücklichen Bereich des Geistes, folgt ihm die Energie dorthin. Und während die Energie durch ebendieses Areal fließt, wandelt sich ihre Frequenz in die, die gemeinhin mit Glück und Zufriedenheit assoziiert wird. Bringt sich diese neu schwingende Energie nun zum Ausdruck, dann in der Form von Glücksgefühlen.

Hast du je eine Torte dekoriert? Dafür gibst du deine Lieblingsglasur in die Dekorationsspritze. Deren Spitze wählst du dem Muster entsprechend, für das du dich entschieden hast. Und dann kann's auch schon losgehen. Die Glace, also der Zuckerguss, passt sich der von dir gewählten Spitzenform an und kommt im entsprechenden Muster aus der Spritze. In dieser Analogie repräsentiert die Spritze den Geist. Die Glace darin stellt die Energie dar. Und die verschiedenen Spitzen stehen für die verschiedenen Bereiche des Geistes.

Die Glace in der Spritze ist die Glace in der Spritze. Eben einfach Zuckerguss. Vom Muster in der Spitze der Spritze hängt die jeweilige Form der austretenden Glace ab. Und auch Energie ist einfach Energie. Wann immer sie durch einen bestimmten Bereich des Geistes hindurchfließt, nimmt sie dessen Schwingungsmuster an.

Energie, die durch eine Spritzenspitze des Geistes fließt, welche die Form von Glück und Zufriedenheit hat, äußert sich als Empfinden von Glück und Zufriedenheit. Energie, die durch eine Spritzenspitze des Geistes fließt, welche die Form von Zorn hat, kommt als Gefühl des Zorns zum Ausdruck.

Letztlich aber handelt es sich immer um dasselbe: Energie. Nur dass sie in je unterschiedlichen Frequenzen schwingt. Deshalb gefällt mir der Spruch von Nikola Tesla auch so gut: weil er das Wesen der Energie perfekt auf den Punkt bringt und zum Verständnis des Universums vorschlägt, in Energie, Frequenz und Schwingung zu denken. Wer das versteht und das Verhältnis von Bewusstsein und Geist kennt, ist schon ein großes Stück vorangekommen.

Emotion ist Energie, und Energie ist magnetisch. Je größer die Emotion, desto größer sind auch die Energie und deren Anziehungskraft für das Bewusstsein.

Manche Leute investieren seit Jahrzehnten Energie in dieselben Bereiche des Geistes. Diese stecken dermaßen voller Energie, dass das Bewusstsein ihrem gravitativen (magnetischen) Feld kaum entgehen kann. Sodass sich diese Leute praktisch immer in diesen Bereichen des Geistes aufhalten. Die können übrigens genauso gut positiv sein wie negativ, und wahrscheinlich kennst du den einen oder die andere, die ständig negativ, traurig oder depressiv ist. Im Laufe der Jahre hat eine solche Person so viel Energie in den jeweiligen Bereich investiert, dass dessen Magnetkraft jetzt enorm ist und sie das Bewusstsein deshalb den ganzen Tag über in ihrer Nähe fixiert. Triffst du einen solchen Menschen, denkst du womöglich so etwas wie: »Meine Güte, was für ein Trauerkloß!« Denn weil sich sein Bewusstsein ständig in einem negativen Bereich aufhält, ist es nur folgerichtig, dass er kaum mehr positiv reagiert. So mit Energie angefüllt, wie diese Bereiche des Geistes sind, werden sie zur permanenten Wirkungsstätte des Bewusstseins.

Dieses wird aber auch von anderen Dingen angezogen: Im Unterbewusstsein vieler Menschen schlummern unaufgelöste emotionale Erfahrungen – längst vergangene Erlebnisse, die aber nie verarbeitet wurden. Stattdessen verbinden sie sich mit Emotionen und agieren als starke Magneten, die permanent Aufmerksamkeit auf sich ziehen, sodass die Betroffenen ihre Vergangenheit wieder und wieder durchleben. Je stärker oder intensiver die mit diesem Ereignis verbundenen Emotionen sind, desto größer ist ihre Anziehungskraft auf das Bewusstsein. Auch das ist eine Form akkumulierter Energie im Geist, die

Einfluss darauf nimmt, wo das Bewusstsein hingeht. Im Unterbewusstsein bilden unverarbeitete emotionale Erlebnisse lähmend wirkende mentale Leviathane unermesslichen Ausmaßes heraus.

Ein Beispiel: Angenommen, du hast eine hitzige Auseinandersetzung mit einer dir nahestehenden Person, entscheidest dich jedoch dafür, den Konflikt auf sich beruhen zu lassen. Damit schiebst du diese Erfahrung – verbunden mit Emotionen – in dein Unterbewusstsein ab. Da der Streit, hitzig, wie er war, eine Menge Gefühle ausgelöst hat, ist seine magnetische Kraft in deinem Unterbewusstsein sehr stark. Wann immer sich dein Bewusstsein dieser emotional unverarbeiteten Erfahrung zuwendet, tauchst du erneut in die damalige Situation ein und erlebst die Auseinandersetzung ein weiteres Mal.

Solange die mit dieser Erfahrung verbundene Emotion nicht effektiv von ihr abgelöst werden kann, übt sie weiterhin ihre Anziehungskraft auf das Bewusstsein aus. Wird die Emotion jedoch von der im Unterbewusstsein angesiedelten Erfahrung getrennt, verfügt sie nicht länger über die magnetische Kraft, das Bewusstsein auf sich zu ziehen. Und an diesem Punkt kann sie dich auch emotional nicht mehr beeinflussen.

Würdest du deinen Geist beobachten, würdest du bemerken, dass alle Erlebnisse, die in deinem Unterbewusstsein mit einer starken Emotion welcher Art auch immer verbunden sind, dein Bewusstsein mehr auf sich ziehen als die übrigen. Nehmen wir zum Beispiel negative Erfahrungen. Manche von ihnen können Jahrzehnte alt und trotzdem, da bislang unverarbeitet, so emotionsgeladen sein, dass sie bis auf den heutigen Tag Macht über dein Bewusstsein haben. Die Aufarbeitung einer emotional unaufgelösten Erfahrung bringt das Problem ans Licht des Verstehens, in dem uns die damit verbundenen Emotionen nichts mehr anhaben können. So kommen wir in die Lage, das Erlebte objektiv betrachten und etwas daraus lernen zu können. Gelingen kann dies mithilfe verschiedener Formen von Therapie oder spiritueller Praxis. Aus einer Erfahrung zu lernen, auf die wir emotional reagieren, ist nämlich ziemlich schwierig.

Die verschleierte Wahrheit

Die Energie folgt dem Bewusstsein. Was das heißen soll? Na, dass sich die Energie dem Bewusstsein anschließt. Liegt doch eigentlich auf der Hand, oder? Der Satz hat aber noch eine tiefgründigere Bedeutung. Ahnst du schon, worauf ich hinauswill?

Die Energie folgt also dem Bewusstsein. Könnte man daraus vielleicht schließen, dass Bewusstsein und Energie ein und dasselbe sind? Stimmt genau. *Bewusstsein ist konzentrierte Energie. Und wenn du dein Bewusstsein fokussierst, fokussierst du auch deine Energie. Ist die Energie dagegen wild verstreut, gilt dies auch fürs Bewusstsein.*

Das ist der Grund, warum du dich zentrierter fühlst, sobald du den Atem steuerst und deine Energie bündelst. Sobald du deine Energie von irgendeinem Punkt abziehst, zieht sich auch das Bewusstsein zurück. Und wenn du deine Energie zentrierst, zentrierst du auch dein Bewusstsein.

Manifestationskraft

Möchtest du etwas in deinem Leben manifestieren, steck Energie rein. Vergiss nicht: Dein Leben ist die Manifestation der von dir investierten Energie. Die Leute um dich herum, die Dinge, von denen du umgeben bist, die Chancen, die sich dir bieten – all das sind Manifestationen deines energetischen Invests und Belege für die Bereiche des Geistes, in denen du deine Zeit verbringst. Denn alles, in das du Energie investierst, wird sich über kurz oder lang in deinem Leben manifestieren.

Indem du dein Bewusstsein steuerst, lenkst du zugleich deine Energie und kontrollierst damit auch, was sich in deinem Leben manifestiert. Genau das ist der Grund, weshalb ich ständig betone, wie wichtig das Verständnis von Bewusstsein und Geist ist und warum es so sehr darauf ankommt, die Wege im Blick zu haben, auf denen das Bewusstsein im Geist unterwegs ist.

Dass das mit dem Manifestieren oft nicht so recht klappen will, liegt zum größten Teil an der Unfähigkeit, die Energie zu kanalisieren. Wenn du nicht imstande bist, genügend Energie in etwas zu investieren, darfst du auch mit keinem günstigen Ergebnis rechnen. Natürlich bedarf es für den Prozess der Manifestation noch weiterer Dinge; Zügelung und Konzentration des Bewusstseins und der Energie stellen jedoch wesentliche Voraussetzungen dar.

Viele haben keinen blassen Schimmer, wohin ihr Bewusstsein den lieben langen Tag über so wandert. Dabei bietet sich ihm minütlich die Gelegenheit, in einen ungünstigen Bereich des Geistes vorzudringen, dort Energie zu investieren und mit der entsprechenden Manifestation zu beginnen. Aber genauso bieten sich natürlich auch Chancen, gezielt und klug günstigere Bereiche anzusteuern und dort Energie zu deponieren.

Du kannst frei über die Richtung befinden, die dein Bewusstsein im Geist einschlägt. Diese Wahlmöglichkeit kann dir auch niemand nehmen. Denn was das betrifft, bist und bleibst du Boss beziehungsweise Chefin im Ring. Die Kontrolle des Bewusstseins ist unerlässlich. Denn bevor sich etwas auf der physischen Ebene manifestiert, manifestiert es sich im Geist. Und mit den Wegen, die das Bewusstsein regelmäßig geht, fängt alles an.

Ganz Ähnliches gilt, wenn du etwas aus deinem Leben entfernen möchtest. Entzieh ihm die Energie, und es beginnt zu schwinden. Ganz von selbst. Wie das geht: Energie von etwas abzuziehen, fragst du? Durch Abzug des Bewusstseins. Denn sobald du beginnst, dein Bewusstsein woandershin zu lenken, zieht sich auch die Energie zurück, und das Wachstum stoppt. So geht das mit dem Bewusstsein und der Energie.

Bitte lies dir alles, was ich hier über Bewusstsein und Energie geschrieben habe, noch ein paarmal durch, denk gut darüber nach und gibt dir alle Mühe, es zu verstehen.

LEKTION 4.6

DAS MYZEL DES GEISTES

Die furchtlosen Reisenden unter uns lieben es, die Welt zu erkunden – neue Orte zu sehen, Erfahrungen mit anderen Kulturen und Traditionen zu machen, mit Essen, Kunst, Musik und so weiter. Doch so gern wir auch Fremdes erforschen, einige Örtlichkeiten gibt es, an die wir immer wieder gern zurückkehren. Und sobald wir dort sind, fühlen wir uns wie zu Hause. Das Vertraute an ihnen – das Wissen um die besten Restaurants und Cafés, hübsche Einkaufsstraßen, bekannte Gesichter – gibt uns ein gutes Gefühl.

Ähnliches ließe sich über den Geist sagen. Viele von uns lieben es, den Geist zu erkunden, was sich zum Beispiel in Form von Wissbegier, Lernbegeisterung oder Faszination von allem Neuem niederschlägt. Und unter anderem diese Eigenschaften bringen das Bewusstsein dazu, die verschiedenen Bereiche des Geistes zu erforschen. Manche dieser Bereiche steuern wir auch regelmäßig an. Weil sie uns vertraut sind. Einige davon wirken aufbauend, andere haben eher den gegenteiligen Effekt. Zu Lieblingsplätzen werden sie dadurch, dass wir uns oft dorthin begeben. Mitunter über einen sehr langen Zeitraum hinweg. Diese Örtlichkeiten kennen wir gut. Und wir wissen, was wir dort zu erwarten haben. Vertrautes gibt Sicherheit. Wo immer wir uns gut auskennen, fühlen wir uns wohl – sogar, wenn eigentlich klar ist, dass uns der Aufenthalt dort nicht guttut.

Manche dieser Örtlichkeiten suchen wir gezielt auf und sind uns dessen gewahr, wenn wir dort sind. An andere jedoch begeben wir uns unwissentlich. Alte Muster, die tief in unserem Unterbewusstsein verankert sind, führen uns dorthin oder auch der Einfluss von Menschen oder Dingen, die uns umgeben. Beispiel: Jemand wird von einem Elternteil ständig runtergemacht, Jahr für Jahr. Diese fortwährende Aushöhlung des Selbstbewusstseins führt dazu, dass sich dieser Mensch häufig in den depressiven Bereich des Geistes begibt.

Zu den Bereichen des Geistes, die sich wie zu Hause anfühlen, führen bestimmte Wege, Pfade, die das Bewusstsein über die Jahre in den Geist getrampelt hat. Stell dir einen Forscher im Dschungel von Costa Rica vor. Nachdem er sich ein paar Tage lang durch den dichten Regenwald geschlagen hat, kommt er an einen herrlichen, etwa neun Meter hohen Wasserfall. Jetzt möchte er seine Erlebnisse unbedingt mit anderen teilen. Um jedoch Leute zum Wasserfall bringen zu können, weiß er, muss zunächst ein Weg her. Also begibt er sich an seinen Ausgangspunkt zurück und hinterlässt unterwegs der Orientierung wegen diverse Markierungen. Einen Monat später kehrt er mit einer Gruppe zurück. Derweil ist der Dschungel weiter gewuchert, die Markierungen sind nicht mehr so gut zu erkennen. Auf der Strecke zum Wasserfall, die sie wandernd zurücklegen, müssen sie also einiges Grün wegräumen, damit der Weg navigierbar und deutlich erkennbar wird.

Fünf Jahre später haben schon Tausende von Leuten den Wasserfall besucht. Wie der Weg, der dort hinführt, inzwischen wohl aussieht? Was meinst du? Noch genau wie bei der ersten Gruppenreise? Garantiert nicht. Mittlerweile führt ein klar definierbarer Pfad von anderthalb Meter Breite zum Wasserfall. Für jeden, der in den Genuss der Sehenswürdigkeit kommen möchte, ist die Strecke jetzt schnell und ungehindert passierbar.

Bewusstsein und Geist funktionieren genauso. Wobei das Bewusstsein der Forscher ist und der Geist dem Dschungel entspricht. Dadurch, dass das Bewusstsein einen bestimmten Bereich immer und immer wieder aufsucht, trampelt es einen Pfad in den Geist. Und je häufiger es sich auf ihm bewegt, desto eindeutiger wird der Weg. Irgendwann entsteht eine richtige Spurrinne. In ihrer Gestalt geformt wird sie durch die Beständigkeit und Häufigkeit der Wanderungen des Bewusstseins. Je tiefer die Furche, der mentale Trott, desto leichter ist es für das Bewusstsein, auf dem Weg in den bevorzugten Bereich in der Spur zu bleiben. Es muss nicht jedes Mal ein neuer Pfad erschaffen werden. So kann das Bewusstsein einfach auf den altbekannten Bahnen ans Ziel gelangen.

Kennst du Leute, die schnell aufbrausen? Die bei der geringsten Gelegenheit hochgehen und total sauer werden? Ein solcher Mensch hat sich, könnte man sagen, eine Rinne beziehungsweise einen tiefen mentalen Pfad der Gewohnheit in den zornigen Bereich des Geistes gepflügt. Und weil der nicht nur gut definiert ist, sondern auch schnurgerade, wird das Ziel in null Komma nichts erreicht.

Das Bewusstsein gelangt mit größter Leichtigkeit und ohne den geringsten Widerstand in diesen Bereich. Ist es erst einmal dort angelangt, stellt sich auch die Energie umgehend ein. Ihre Schwingung nimmt die Frequenz des Zornes an und zum Ausdruck bringt sie sich als Emotion erbitterten Ärgers. Leute, die schnell in die Luft gehen, haben sich eine Autobahn in ebendiesen Bereich des Geistes gebaut.

Es gibt aber auch Leute, bei denen eine Spurrinne in erbauliche Bereiche des Geistes führen. Der eingangs erwähnte Mann aus Mauritius, dessen Bewusstsein immer ganz schnell in das glückliche Areal switcht, verfügt mit Sicherheit über eine tiefe Furche Richtung Glück und Zufriedenheit. Schon der bloße Anblick eines bekannten Gesichts reichte ihm, um sein Bewusstsein in den glücklichen Bereich des Geistes zu katapultieren. Infolgedessen nahm seine Energie die Schwingung der Glückseligkeit an, die sich in Form eines Gefühls der Zufriedenheit und mit einem ansteckenden Lächeln ausdrückte.

Der Geist ist voller Pfade, die wir bewusst oder unbewusst angelegt haben. Vergleichbar einem Myzel, dem unterirdischen Netzwerk von Pilzfäden im Wald, besteht im menschlichen Geist ein Geflecht von Pfaden, die wir in diesem und vielleicht auch schon vorherigen Leben erschaffen haben. Würdest du dich genau beobachten, würden dir vielleicht tiefe Spurrillen auffallen, die nicht aus deinem gegenwärtigen Leben stammen können. Bei näherer Überlegung würde dir klar werden, dass du in deiner bisherigen Existenz längst nicht genug Erfahrungen gemacht hast, die das Entstehen derartiger Pfade im Geist ermöglichen würden. Das sage ich dir nur, damit du dir klarmachst, dass sie nicht unbedingt alle aus diesem Leben stammen.

Die meisten der Besuche, die das Bewusstsein den verschiedenen Bereichen abstattet, gehen auf die etablierten Wege im Geist zurück. In deren Willkür gelangen Schicksal, Zielrichtung und Erleben des Bewusstseins in dem Moment, in dem es nicht gezielt kontrolliert wird.

Lass uns diese Erkenntnis jetzt mit den beiden vorherigen Lektionen über Energie und Emotion zusammenbringen. Reist das Bewusstsein wiederholt in einen bestimmten Bereich des Geistes, können wir davon ausgehen, dass dabei mit Sicherheit Folgendes geschieht:

1. Wo immer sich das Bewusstsein aufhält, sammelt sich die Energie.
2. Gestärkt von der geballten Energie ist dieser Bereich magnetisch.
3. Es entsteht ein klar definierter Pfad, der in diesen Bereich führt.

Der Kombination eines gut definierten Pfades mit einem Bereich des Geistes, der stark magnetisch ist, kann das Bewusstsein nur schwer widerstehen. Es fühlt sich zu diesem Bereich, von dem ein ständiger Sog ausgeht, wie magisch hingezogen. Und in dem Moment, in dem wir die Kontrolle über das Bewusstsein lockern, begibt es sich sofort auf den ausgetretenen Pfad in den getriggerten Bereich.

Eine Person dagegen, die gleich nach dem Aufstehen eine Stunde auf die bewährte Technik der Meditation verwendet, bahnt sich natürlich einen Weg in höhere Bewusstseinszustände. So ist sie in der Lage, ihr Bewusstsein blitzschnell durch das Unterbewusstsein in den überbewussten Bereich des Geistes zu schleusen.

Je konsequenter sie sich ihrer Praxis der Meditation widmet und regelmäßig bestimmte Rituale durchführt, desto tiefer gräbt sich dieser Pfad ihrem Geist ein. An seinem Zielpunkt sammelt sich mehr Energie denn je. Auf diese Weise wird der betreffende Bereich auch im Nu hoch magnetisch.

Dieser hoch magnetisierte Bereich am Ende eines gut definierten Pfades steht dem Bewusstsein jederzeit zur Verfügung. Der von ihm ausgehende Sog ist unwiderstehlich. Würde die betreffende Person also in eine schwierige Situation geraten, könnte ihr Bewusstsein über diesen Pfad ohne Weiteres in den dazugehörigen aufbauenden Bereich des Geistes gelangen. Mit der Folge, dass sie ihre Erfahrung von der Warte einer höheren Bewusstseinsebene aus neu betrachten und so zu einer weiseren Entscheidung gelangen kann, was ihre Reaktion auf den Vorfall betrifft.

Einige mir bekannte Unternehmerinnen und Unternehmer haben Pfade zu höheren Bewusstseinszuständen angelegt, die ihnen zu besseren Entscheidungen in privaten oder geschäftlichen Fragen verhelfen. Werden sie mit einem Problem konfrontiert, kann ihr Bewusstsein umstandslos den viel benutzten Weg auf eine höhere Bewusstseinsebene nehmen, die sie sich seit Jahren erschaffen. Ist dieses Ziel erreicht, hat die Person einen besseren Überblick über die Situation gewonnen und findet womöglich bedeutend günstigere Lösungen als andere. Für ihr Bewusstsein wird dieser hochmagnetische Bereich zur Standarddestination. Und davon dürfen es gut und gern auch mehrere sein.

Andererseits scheinen es manche Leute jedoch auch richtiggehend zu feiern, wenn ihr Bewusstsein beim samstäglichen Horrorfilmgucken in den ängstlichen Bereich des Geistes abdüst. Durch die Wiederholung dieses Vorgangs entsteht ein klar definierter Pfad, der in den ängstlichen Sektor des Geistes führt. In der Folge werden große Mengen Energie dort deponiert, wodurch dieser Bereich enorm magnetisiert wird. Daraufhin wird die »normale« Perspektive und Reaktionsweise der betreffenden Person in Richtung »Angst« gehen, weil dieser Weg im Geist bei ihr mit dem geringsten Widerstand verbunden ist. Und wenn sie nicht sehr gut aufpasst, schlägt ihr Bewusstsein diesen Weg auch tatsächlich sehr oft ein.

Mein Guru war der Erste, der mir von diesen Pfaden im Geist berichtete. Er selbst hatte mehrere angelegt, die in verschiedene Areale führten, insbesondere ins Überbewusstsein. So konnte er seinen Mönchen helfen, Erfahrungen in präzise voneinander abgegrenzten Bereichen zu machen. Je mehr Reisen wir dorthin unternahmen, desto klarere Konturen nahmen diese Pfade bei uns an und umso leichter gelangten wir ans Ziel.

Im Anlegen von Straßen und Wegen sind wir Menschen sehr geschickt. Sie alle sind auf ein bestimmtes Ziel hin ausgerichtet. Denn keine Behörde wäre ja bereit, Zeit, Energie und Geld in eine Autobahn zu investieren, die im Nirgendwo endet. Deshalb führen etwa ein Trekkingpfad auf den Gipfel des Mount Everest, eine Autobahn von New York nach Los Angeles, Wanderwege in Nationalparks zu Wasserfällen und anderen Sehenswürdigkeiten und Notausgänge aus Kinosälen heraus.

Aber auch im Geist können wir neue Pfade anlegen. *Der Pfad ist entscheidend, entscheidender aber noch sein Zielort. Denn das Ziel bestimmt den Weg.* Du müsstest also als Erstes dein Ziel festlegen. Ist das erfolgt, kommt alles darauf an, dass du die Kontrolle über deinen Geist besitzt, denn nur dann kannst du mit dem Bau von Pfaden beginnen. Zugleich solltest du dir im Klaren darüber sein, dass jede mehrfach wiederholte Aktion, sei sie dir bewusst oder nicht, einen solchen Bauprozess im Geist initiieren kann.

Fassen wir zusammen: Ein stark magnetisierter Bereich des Geistes, zu dem ein aufgrund häufiger Benutzung gut ausgebauter Pfad führt, stellt für das Bewusstsein das Ziel der Wahl dar. Was ein weiterer Grund dafür ist, dass wir zunächst verstehen müssen, wie Bewusstsein und Geist funktionieren, und dann versuchen sollten, das Bewusstsein unter Kontrolle zu bekommen.

Kapitel 5

Die Beherrschung des Bewusstseins

LEKTION 5.1

ZWECK UND ZIEL DEFINIEREN

Welchen Zweck und welches Ziel das Verständnis der Funktionsweise von Bewusstsein und Geist denn haben sollte, fragst du dich? Nun, das Ziel besteht darin, die Kontrolle über das Bewusstsein zu gewinnen – also mit Bedacht entscheiden zu können, wohin es im jeweiligen Moment wandert.

Und die Zwecke? Die können ganz unterschiedlich sein: ein besseres Konzentrationsvermögen, die Bewältigung von Ängsten und Sorgen, das Abmildern von Stress und innerer Unruhe, das Erleben höherer Bewusstseinszustände und so weiter.

Zunächst einmal ist es jedoch wichtig, dass du verstehst, was mit der »Kontrolle über das Bewusstsein« überhaupt gemeint ist, nämlich das Vermögen, den Aufenthaltsort des Bewusstseins jederzeit frei wählen zu können. Dazu gehört auch die Fähigkeit zur Überwindung aller inneren oder äußeren Kräfte, die versuchen könnten, das Bewusstsein woandershin zu locken.

Nehmen wir ein praktisches Beispiel. Die Geschichte, die ich dir jetzt erzählen möchte, habe ich in New York so oder so ähnlich viele Male erlebt.

Als ich noch dort lebte, bin ich ziemlich viel U-Bahn gefahren. Bei einer dieser Fahrten las ich gerade einen Artikel auf meinem Telefon, als mir nicht weit entfernt ein Pärchen auffiel, das in Streit geriet. Der Waggon war nicht besonders voll, was in New York heißt, dass zwar alle Sitzplätze besetzt sind, aber nur wenige Leute stehen müssen. Während die beiden Streithansel unfreundliche Worte austauschten, hielten sie sich an dem Metallpfosten fest – jener Petrischale für den bakteriellen Tourismus aus aller Welt –, der für sie an dem Punkt ihrer Beziehung das einzig Unerschütterliche zu sein schien.

Während die Bahn auf den nächsten Halt zuraste, wurden die Stimmen so laut, dass alle, die in der Nähe saßen, ihre Auseinandersetzung mitverfolgen konnten.

»Ich kann immer noch nicht glauben, dass du das getan hast. Das ist so dermaßen was von daneben«, empörte sie sich.

»Ich kann verdammt noch mal tun und lassen, was ich will. Auch ohne deine Erlaubnis«, hielt er dagegen.

Mit dieser Bemerkung goss er Öl in ihr schon ordentlich loderndes Feuer. Beide wurden spürbar ärgerlicher aufeinander, und der Streit eskalierte. Beider Bewusstsein war total von ihrer Auseinandersetzung absorbiert, keiner verschwendete auch nur einen Gedanken daran, dass inzwischen fast der ganze Waggon mithörte. Als sie immer aggressiver aufeinander losgingen, bemerkte ich den Effekt des lautstark ausgetragenen Konflikts auf die anderen Fahrgäste.

Eine hervorragende Gelegenheit für ein Studium von Bewusstsein und Geist, dachte ich mir und steckte mein Telefon weg, um der nächsten Episode von »Leben in der U-Bahn« beizuwohnen. Das wird bestimmt amüsanter als der Artikel, und der läuft mir ja auch nicht weg.

Inzwischen hatten die Stimmen der beiden die Aufmerksamkeit fast aller Passagiere auf sich versammelt. Als Erste reagierten die, die am nächsten dran waren. Anhand ihrer Resonanz konnte man erkennen, inwieweit sie ihr Bewusstsein unter Kontrolle hatten. Und auch, wohin es sich bewegte. Eine Dame, die neben dem Pärchen stand, rollte seufzend mit den Augen, griff zu ihrer Einkaufstasche und ging ans andere Ende des Wagens. Ihr Bewusstsein hatte sich zweifellos in den Frustbereich des Geistes zurückgezogen.

Ein junger Mann, der zu ohrenbetäubend lauter Musik aus seinen In-Ears mit dem Kopf im Rhythmus nickte, lächelte breit. Sein Bewusstsein befand sich eindeutig im amüsierten Bereich. Er wartete gespannt, was da wohl noch alles kommen würde. Und dachte gar nicht daran, seinen Logenplatz zu räumen. Dafür war hier noch mit viel zu viel Spaß zu rechnen.

Ein mir gegenübersitzender Mann rief laut »Ja, Scheiße, jetzt ist aber auch mal genug!«, bevor er von seinem Platz aufsprang und sich auf den Weg zur Tür machte, die diesen Waggon mit dem davor verband. Er hatte die Schnauze voll. Der Streit des Pärchens hatte ihn so aufgebracht, dass er eine körperliche Reaktion zeigte und sich aus der Situation herausbegeben musste.

Meine Sitznachbarin, eine ältere Dame, wandte sich mit enttäuschter Miene mir zu und sagte: »So mit jemandem zu sprechen … dafür gibt es keinen Grund, nie. Und erst recht nicht mit der Partnerin. Der hat nicht den geringsten Respekt vor ihr. Was für ein schrecklicher Mensch!« Sie hatte ihrem Bewusstsein gestattet, sich von ihren persönlichen Belangen ab- und den Angelegenheiten anderer Menschen zuzuwenden. Mit dem Ergebnis, dass sie nun aus demselben Bereich des Bewusstseins heraus agierte wie die beiden Streitenden. Sie war emotional stark betroffen und bestürzt von den Dingen, die sie so nah an sich heran- und in ihr Bewusstsein hineingelassen hatte.

Es hatte also nicht lang gedauert, und die meisten Passagiere in diesem U-Bahn-Waggon reagierten auf das Paar. Manche sprachen leise mit sich selbst, kommentierten die Auseinandersetzung, die sie sich inzwischen quasi zu eigen gemacht hatten. Die meisten schienen sich auf die eine oder andere Weise gestört zu fühlen. Wie die ältere Dame hatten auch sie ihrem Bewusstsein gestattet, sich in denselben Bereich des Geistes zu begeben wie das Pärchen – in den Hoheitsbereich von Verärgerung und Zorn –, und waren deshalb ebenfalls sauer.

So zu leben ist aber überaus anstrengend. Wenn du kaum in der Lage bist, dein Bewusstsein zu steuern, hängt dein Gemütszustand auf Gedeih und Verderb von den Menschen und Dingen in deinem Umfeld ab. Du kannst in Sekundenschnelle von glücklich und zufrieden auf wutschnaubend zornig umgeschaltet werden.

Aber vielleicht saß in jenem U-Bahn-Wagen ja auch ein klügeres Individuum, eine reifere Seele, die mehr Kontrolle über ihr Bewusstsein hatte – sodass sie den Streit einfach betrachten konnte, ohne sich emotional in denselben Bereich des Geistes zu begeben, in dem sich das Pärchen befindet. Das Bewusstsein dieser Person würde bleiben, wo es ist, und einfach nur zugucken. Mit dieser reinen Beobachtung werden wir uns später eingehend befassen. Wer hätte gedacht, dass ausgerechnet die U-Bahn in Sachen Geist ein so geeignetes Studierfeld darstellen würde?

Wenn du gestattest, dass sich dein Bewusstsein in Ereignisse außerhalb deiner selbst verwickeln lässt, erklärst du dich zugleich bereit, deren emotionale Konsequenzen zu tragen. Deshalb ist die Kontrolle über das Bewusstsein ja auch so bedeutsam. Denn sie gibt dir die Freiheit zu entscheiden, ob du dich auf eine bestimmte Situation einlassen möchtest oder nicht. Diese Wahlmöglichkeit erstreckt sich selbstverständlich auch auf deine Reaktionen.

Wenn zum Beispiel irgendetwas Lustiges passiert, kannst du bewusst die Wahl treffen, dich darauf einzulassen, und deshalb glücklich und zufrieden reagieren. Ist dagegen etwas Unangenehmes im Gange, kannst du dich dafür entscheiden, dein Bewusstsein nicht dorthin zu lenken und infolgedessen auch nicht emotional zu reagieren. Das alles geht aber erst, wenn du in der Lage bist, die Kontrolle über das Bewusstsein in deinem Geist auszuüben.

Für das Bewusstsein ist die Welt ein einziger Vergnügungspark wenn auch nicht jede Fahrt mit einem der Geschäfte große Freude auslöst. Für diejenigen, die nur wenig Kontrolle über ihr Bewusstsein haben, reduziert sich der ganze Rummel auf die Achterbahn mit ihren endlosen Hochs und Tiefs. Diese extremen emotionalen Gegensätze können sich durchs ganze Leben ziehen. Denn die Unfähigkeit zur Bewusstseinssteuerung bleibt nicht ohne Folgen, als da wären: Erschöpfung, Schwächung des Nervensystems und Mangel an Energie. Für die Erfüllung des eigenen Lebenszwecks sind Zähmung und Fokussierung des Bewusstseins unerlässlich.

LEKTION 5.2

DIE BEWEGUNGEN DES BEWUSSTSEINS IM GEIST

Nun, da ich dir Bewusstsein und Geist theoretisch sowie anhand einiger Beispiele erklärt habe, wollen wir uns der praktischen Umsetzung zuwenden. Ich bin nämlich fest davon überzeugt, dass man Theorien unbedingt auf den Prüfstand stellen, sie in der Praxis erproben und selbst sehen muss, ob sie funktionieren.

Für die folgende Übung nimmst du bitte auf einem Stuhl oder dem Boden Platz. Entscheidest du dich für den Stuhl, wähle bitte einen mit einer festen Sitzfläche; auf dem Boden kannst du dir, wenn du magst, ein kleines, nicht zu weiches Kissen unterlegen. Sieh einfach zu, dass du es dir schön bequem machst, damit dich ja keine Unannehmlichkeit von der Übung ablenkt.

Du sitzt gut? Fein, dann konzentrieren wir uns jetzt auf deine Haltung. Sitz bitte gerade, der Kopf sollte schön auf der Wirbelsäule ruhen. Achte darauf, dass auch er gerade ist und sich nicht in die eine oder andere Richtung neigt. Entspann den Mund, indem du deinen Kiefer lockerst und den Unterkiefer leicht fallen lässt – nach dem Motto: Lippen zusammen, Zähne auseinander.

Atme langsam tief ein … Und aus … In deinem ganz eigenen Tempo.

Atme nun noch viermal langsam und tief ein und aus. Normalerweise würde ich dich bitten, die Augen zu schließen, während ich dich durch die Übung führe, aber da du ja weiterlesen musst, machen wir es folgendermaßen:

Lies dir bitte den nächsten Absatz durch, mach dann die Augen zu und tu einen Moment lang, was ich beschrieben habe.

Schließ die Augen. Mach dir den Raum bewusst, in dem du dich befindest. Fang mit dem Körper an. Spür den Stuhl oder Fußboden, auf dem du sitzt. Nimm deine Füße oder Beine auf dem Boden wahr. Werde dir deiner Haut bewusst. Ist dir kalt? Warm? Oder empfindest du die Zimmertemperatur als gerade richtig? Weite deine Wahrnehmung nun über deinen Körper hinaus aus. Hörst du irgendwelche Geräusche im Raum? Oder draußen? Riechst du etwas?

Nimm mit geschlossenen Augen einen Moment lang alles im Raum bewusst wahr. Schlag dann die Augen wieder auf und lies den nächsten Block der Anleitung.

Bitte lies dir die nächsten zwei Absätze durch, mach dann wieder die Augen zu und tu etwa drei Minuten lang, was ich dir gerade aufgetragen habe.

Erinnere dich bitte so detailliert wie möglich an die letzte Hochzeit, zu der du eingeladen warst. Dabei kannst du dich an folgenden Fragen orientieren: Wer hat geheiratet? Warst du allein auf der Feier? Wer hat dich begleitet: dein Partner, deine Partnerin oder die ganze Familie? Weißt du noch, was du anhattest? Hast du dich für die frisch Angetrauten gefreut? Erinnerst du dich an das Kleid der Braut? Hat sie damit eine gute Wahl getroffen?

Wie war das Essen? Gab es Alkohol, und wenn ja: Hast du viel getrunken? War die Musik gut und wurde viel getanzt? Warst du auch auf der Tanzfläche? Hattest du Spaß? Versuch dir so viele Einzelheiten der Hochzeit in Erinnerung zu rufen wie nur möglich. Meine Fragen sollten lediglich als Anregung dienen. Mach die Übung jetzt drei Minuten lang. Solltest du merken, dass dein Bewusstsein abdriftet, führ es ganz sanft zu deinen Erinnerungen an die Hochzeit zurück.

Lies dir nun die nächsten zwei Abschnitte durch, schließ dann die Augen und tu drei Minuten lang, worum ich dich gebeten habe.

Jetzt möchte ich, dass du dich an deine letzten Ferien erinnerst. Was für ein Urlaub war das? Ein Yoga-Retreat? Ein Surftrip? Skiferien? Camping? Rundreise mit dem Auto? Wo warst du? Wie war das Wetter dort? Heiß? Kühl? Herrschte eine hohe Luftfeuchtigkeit? Hat es viel geregnet? Oder war es eher trocken?

Wie war das Essen? Scharf? Eher lasch? Hast du dir den Magen daran verdorben? Für den Fall, dass du an verschiedenen Orten warst: Wo hat es dir am besten gefallen? Warst du öfter shoppen? Welches deiner Mitbringsel ist dir das liebste? Hast du viel unternommen? Versuch dir so viele Einzelheiten deines Urlaubs in Erinnerung zu rufen wie nur möglich. Bei geschlossenen Augen circa drei Minuten lang. Solltest du merken, dass dein Bewusstsein abdriftet, führ es ganz sanft zu deinen Erinnerungen an die Ferien zurück.

Im letzten Schritt dieser Übung möchte ich, dass du dir jetzt den nächsten Absatz durchliest, dann die Augen schließt und einige Momente lang tust, was ich dir aufgetragen habe.

Nimm deine Körperhaltung bewusst wahr. Sitzt du immer noch gerade da? Hast du es nach wie vor bequem? Ruht dein Kopf weiterhin schön auf der Wirbelsäule? Werde dir jetzt noch einmal der Temperatur im Raum bewusst. Ist es dir zu warm, zu kalt oder empfindest du die Temperatur als gerade richtig? Weite deine Wahrnehmung jetzt über deinen Körper hinaus aus. Mach dir den Raum bewusst, in dem du dich befindest. Hörst du draußen irgendwelche Geräusche? Schließ dann die Augen und bleib die nächsten ein, zwei Minuten mit deiner Aufmerksamkeit so konzentriert wie möglich bei deiner Umgebung.

Bevor du deinen Fokus mit wieder geöffneten Augen erneut auf dieses Buch lenkst, nimm dir einen Moment Zeit, um im Hier und Jetzt anzukommen.

Lass uns jetzt mal schauen, was du im Hinblick auf Bewusstsein und Geist da gerade getan hast: Zunächst hast du dich auf den Raum besonnen, in dem du warst. Dabei wurdest du dir zunehmend deiner Umgebung bewusst. An diesem Punkt – der Betrachtung der Außenwelt – warst du ganz im Bewussten, in deinem bewussten Geist.

Von da aus begab sich dein Bewusstsein auf eine Reise ins Unterbewusstsein, wo als Ziel die Erinnerung an die Hochzeit geschlummert hat. Dort angekommen nahm diese Erinnerung immer klarere

Konturen an. Je mehr es dir gelang, dein Bewusstsein in diesem Bereich des Geistes zu parken, desto mehr Einzelheiten der Feier fielen dir ein. Nach und nach drang Erlebtes an die Oberfläche, verbunden mit Emotionen. Manches davon brachte dich zum Lächeln oder zauberte dir vielleicht sogar ein Freudentränchen in den Augenwinkel. Während dein Bewusstsein in diesem Bereich verweilte, zog die gesamte Hochzeit noch einmal lebhaft an dir vorbei.

Bevor ich dich bat, diese bestimmte Erinnerung in deinem Unterbewusstsein aufzusuchen, hast du wahrscheinlich keinen Gedanken an dieses Fest verschwendet. Und solange dein Bewusstsein Hochzeit feierte, warst du des Raumes, in dem du warst, nicht mehr gewahr. Nicht der Zimmertemperatur, deiner Körperhaltung und so weiter. All dieser Dinge warst du nicht mehr gewahr, weil dein Bewusstsein nicht länger in diesem Raum war. *Was das Bewusstsein in deinem Geist wahrnimmt, dessen wirst du gewahr.*

Dann zog dein Bewusstsein aus dem Bereich des Unbewussten, in dem die Erinnerung an die Hochzeit geschlummert hatte, weiter in den mit deinem letzten Urlaub. Dort angelangt waren dir diese Ferien plötzlich wieder ganz präsent. Solange sich dein Bewusstsein in diesem Bereich aufhielt, kamen dir immer mehr Einzelheiten dieser Auszeit vom Alltag in den Sinn. Und während du gedanklich von einer Episode zur anderen gesprungen bist, ist ein Potpourri von Emotionen in dir aufgestiegen. Der ganze Urlaub zog noch einmal an dir vorbei.

Derweil warst du weder des Raumes gewahr, in dem du dich befandst, noch der Hochzeit. Dann verblasste bald auch die hübsche Erinnerung an die Ferien wieder. Du hast die Augen aufgeschlagen, dieses Buch hier wahrgenommen und dich gefragt: »Und was kommt jetzt?« Woraufhin ich dich aufgefordert habe, dein Bewusstsein wieder auf das Zimmer zurückzulenken. Und während du das tatest, nahmst du immer mehr Details des Raumes wahr.

Plötzlich bemerktest du, dass deine Wirbelsäule nicht mehr gerade, dein Kopf aber leicht zur Seite geneigt war. Du korrigiertest auf der

Stelle deine Körperhaltung und warst auch all der anderen Dinge gewahr, von denen ich gesprochen habe. Sobald dein Bewusstsein in diesen Bereich des Geistes zurückkehrte, waren Hochzeit und Urlaub wie ausgelöscht. In deinem Geist waren weder Erinnerungen an die eine noch an den anderen präsent, solange dein Bewusstsein fest im Hier und Jetzt – der Beobachtung deiner unmittelbaren Umgebung – verankert war. Schließlich öffnetest du die Augen und kamst wieder ganz in die Gegenwart zurück.

Während du meinen Anweisungen gefolgt bist, hast du dein Bewusstsein aus dem Zimmer- in den Heiratsbereich deines Geistes geführt, von da aus in den Ferien- und wieder zurück in den Zimmerbereich. Mittels Willenskraft hast du dein Bewusstsein von einem Bereich in den anderen bewegt und dann dein Konzentrationsvermögen darauf verwendet, das Bewusstsein längere Zeit am jeweiligen Ort zu halten.

Warum ich wollte, dass du diese Übung machst? Ganz einfach: damit du ein paar der Grundprinzipien von Bewusstsein und Geist, über die ich in den vorherigen Lektionen gesprochen habe, am eigenen Leib erlebst und dich selbst von ihnen überzeugen kannst. Hier sind sie noch einmal:

1. *Das Bewusstsein bewegt sich, nicht der Geist.* Die Tatsache, dass du dein Bewusstsein in ganz verschiedene Bereiche des Geistes verlagern kannst, zeigt, dass es das Bewusstsein ist, das sich im Geist bewegt, dass der Geist selbst jedoch immobil ist.
2. *Bewusstsein und Geist sind zwei ganz unterschiedliche Paar Schuhe.* Die Tatsache, dass man sein Bewusstsein im Geist beliebig verlagern kann, beweist, dass Geist und Bewusstsein nicht identisch sind. Sie bewegen sich nicht gemeinsam. Vielmehr bewegt sich das eine im anderen; zwischen Bewusstsein und Geist besteht also eine distinkte Trennung.
3. *Du bist nicht dein Geist.* Du bist nicht identisch mit deinem Geist. Vielmehr bist du reines Bewusstsein, das die verschiedenen Bereiche des

Geistes aufsucht. Und von dem Bereich, in dem es sich gerade aufhält, hängen sein Erleben und Erfahren ab. Gewahr wird dir alles, was in die Zuständigkeit des geistigen Bereiches fällt, in dem sich dein Bewusstsein im jeweiligen Augenblick befindet.

LEKTION 5.3

VOM BEWUSSTSEIN ZUR AUFMERKSAMKEIT

Nun, da du verstanden hast, dass Bewusstsein und Geist zwei ganz unterschiedliche Dinge sind und du reines Bewusstsein bist, das sich durch die verschiedenen Bereiche des Geistes bewegt, soll es im Folgenden darum gehen, wie du dein Bewusstsein steuern kannst.

Der erste Schritt besteht darin, das Bewusstsein in den Bereich Aufmerksamkeit zu lenken.

In einem Lexikon wird Aufmerksamkeit als der Akt definiert, in dem der Geist dazu gebracht wird, zu lauschen, genau hinzugucken, etwas zu verstehen, zur Kenntnis zu nehmen. Diese Definition lässt sich perfekt auf das Bewusstsein übertragen: Wird das Bewusstsein dazu gebracht, aufmerksam zu werden, könnte man demnach sagen, dass es auf sich selbst aufmerksam wird. Oder wie es mein Guru ausgedrückt hätte: »Das Bewusstsein wird seiner selbst bewusst.«

Lass mich dir zur Verdeutlichung ein Beispiel geben. Stell dir vor, deine Freundin sitzt auf der Couch und sieht sich einen Film an. Bis zum Hals in eine weiche Decke voller Kekskrümel gehüllt, ist sie in eine Ecke des Möbels gekuschelt, und ihr Bewusstsein wird so von dem Film in Anspruch genommen, dass sie für alles, was sie sonst umgibt, blind und taub ist.

Um ihre Aufmerksamkeit zu erregen, musst du ihr Bewusstsein in den aufmerksamen Bereich schubsen. Dafür wiederum ist es erforderlich, dass du ihr Bewusstsein aus dem Bereich abziehst, in dem es sich aktuell befindet – also von dem Film, der sie so fasziniert –, und auf dich lenkst.

Dafür gibt es viele Möglichkeiten. Du könntest zum Beispiel den Fernseher ausschalten, deiner Freundin ein Kissen an den Kopf werfen oder laut ihren Namen sagen. Genau dafür entscheidest du dich:

»Amira!« Beim Klang ihres Namens löst sich ihr Bewusstsein vom Film, und sie wendet dir den Kopf zu. Jetzt hast du die Aufmerksamkeit ihres Bewusstseins erregt. Du hast ihr Bewusstsein in den Zustand der Aufmerksamkeit versetzt.

Ist dir das gelungen, kannst du überlegen, wo du (ihr Einverständnis vorausgesetzt) ihr Bewusstsein hinlenken möchtest. Nun, da du ihre Aufmerksamkeit hast, kannst du ihr Augenmerk auf ihr Weinglas leiten und so etwas sagen wie: »Dein Glas ist leer. Darf ich dir nachschenken?« Amira blickt zu ihrem Glas, schaut wieder hoch und sagt: »Ja, danke, das wäre super.« In der Erwartung, dass du ihr Glas nachfüllst, widmet sie ihre Aufmerksamkeit wieder ganz dem Film.

Um dich bei Amira bemerkbar zu machen, musstest du zunächst ihr Bewusstsein in den Zustand der Aufmerksamkeit bringen. Nachdem das geklappt hat, hättest du es überallhin lenken können. Eltern machen derartige Erfahrungen ständig. Erinnerst du dich an die Lektion mit dem Titel »Die Bedeutung der Terminologie«? Nachdem du zum hundertsten Mal an diesem Tag versucht hast, das Bewusstsein deines Kindes auf Aufmerksamkeit zu polen, machst du dir unter Zuhilfenahme der korrekten Begriffe mental klar, was du da eigentlich tust. Denn dadurch, dass du die richtige Wortwahl triffst, hilfst du deinem Unterbewusstsein zu verstehen, wie Bewusstsein und Geist überhaupt funktionieren.

Meine dreijährige Tochter stellt sich liebend gern in einer Entfernung von nur gut einem halben Meter vor den Fernseher. Um sie dazu zu bewegen, dass sie ein paar Schritte zurücktritt, versuche ich zunächst immer, ihr Bewusstsein vom Fernseher abzuziehen. Manchmal funktioniert das, indem ich ihren Namen sage. Dann dreht sich ihr Köpfchen blitzartig zu mir um. Und ich versuche, sie für mein Anliegen zu gewinnen.

»Könntest du dich bitte wieder auf die Couch setzen?«, sage ich ein weiteres Mal, jetzt der Verzweiflung schon etwas näher, während tief in mir der sehnliche Wunsch aufkeimt, ich könnte unsere Glotze mit einem Burggraben umgeben.

Töchterchen hört meine Bitte, wendet sich zum Sofa und stürzt sich darauf. Sofort taucht sie wieder in die Geschehnisse auf dem Bildschirm ein – und lässt sich von ihnen mit einer Kraft fesseln, die die Erdanziehung zum schlechtesten Witz der Galaxis macht.

Mit diesen Beispielen wollte ich dir zeigen, wie sich die Aufmerksamkeit von jemandem gewinnen lässt. Das kannst du aber auch mit dir selbst tun. Weil du nämlich genauso gut in der Lage bist, dein eigenes Bewusstsein auf Aufmerksamkeit zu trimmen.

Sobald dein Bewusstsein abzudriften beginnt, rufst du es zur Ordnung – das heißt, du forderst seine Aufmerksamkeit ein. Ist dir das gelungen, kannst du es mithilfe deiner Willenskraft zu der Sache zurückführen, auf die es zuvor fokussiert war. Wie du deine Willenskraft steigerst, erfährst du im weiteren Verlauf des Buches.

Wie genau du nun aber dein Bewusstsein dazu bringen kannst, aufmerksam zu sein? Nun, zunächst einmal muss es sich seiner selbst bewusst werden. Und ebendarum soll es in unserer nächsten Lektion gehen.

LEKTION 5.4

DAS BEWUSSTSEIN ABLÖSEN

Versetzen wir unser Bewusstsein in den Zustand der Aufmerksamkeit, impliziert das einen Akt der Loslösung. Da wir über diesen Schritt bislang noch nicht gesprochen haben, möchte ich es an dieser Stelle nachholen. In einer der vorherigen Lektionen hatten wir das Beispiel von einem Kinofilm und dem Regisseur, der das Bewusstsein der Zuschauenden je nach Handlung von einem Bereich des Geistes in einen anderen expediert. Aber bist du von einem Movie schon einmal dermaßen mitgerissen worden, dass du alles um dich herum vergessen hast? Und dabei so intensiv bei der Sache warst, dass du auf jede Szene genauso reagiert hast, wie es den Wünschen der Filmemacher entsprach? In einem solchen Moment ist das Bewusstsein komplett von dem erfüllt, dessen es sich gewahr ist. *Bewusstsein und Bewusstes sind eins.*

Wichtig ist die Erkenntnis, dass sich das Bewusstsein in zwei unterschiedlichen Zuständen befinden kann: Im ersten ist es der Dinge gewahr, die es wahrnimmt. Im zweiten wird es vom Wahrgenommenen vollkommen absorbiert und in Anspruch genommen.

Den ersten Zustand möchte ich anhand der U-Bahn-Fahrt in New York erklären. Wie du dich erinnern wirst, stritt sich in einem der Waggons ein Pärchen. Mit der Folge, dass mein Bewusstsein in den Zustand der Aufmerksamkeit geriet. In dem Moment hatte ich die Wahl: die Auseinandersetzung einfach zu beobachten oder mein Bewusstsein total von ihr vereinnahmen zu lassen. Ich entschied mich dafür, bei mir zu bleiben, statt mein Bewusstsein zu den beiden Streithähnen wandern zu lassen und mich emotional zu engagieren oder einzumischen. In diesem Fall war mein Bewusstsein des Beobachteten gewahr. Genauso sieht das ideale Szenario aus: Das Bewusstsein ist sich des

Beobachteten bewusst und kann frei entscheiden, ob es sich ganz davon absorbieren lassen möchte oder nicht.

Was den zweiten möglichen Zustand des Bewusstseins betrifft, beziehe ich mich auf eines der anderen Beispiele, die du schon kennst: die Kinoszene. In ihr kann das Bewusstsein des auf der Leinwand laufenden Films gewahr sein und entscheiden, ob es sich von ihm mitreißen lassen möchte oder nicht. In diesem Fall ergibt die komplette Absorption durchaus Sinn, schließlich hat man die Kinokarte ja genau dafür gekauft – für ein bestimmtes genreabhängiges Erlebnis. In diesem Fall wird das Bewusstsein vom Wahrgenommenen beschlagnahmt.

Der Schluss, der sich daraus ziehen lässt, lautet also: Das Bewusstsein kann sich des Wahrgenommenen bewusst sein oder von ihm absorbiert werden. Die Entscheidung liegt ganz bei dir. Diese Wahlmöglichkeit kann dir niemand nehmen, auch wenn sie nicht immer leicht ist. Dieser Punkt ist sehr wichtig. Vielleicht nimmst du dir deshalb jetzt etwas Zeit, um darüber nachzudenken.

Betrachten wir dann noch einmal den zweiten Zustand: den, in dem das Bewusstsein von dem, was es wahrnimmt, gekidnappt wird. Ein Teil des Prozesses, in dem sich das Bewusstsein zu Aufmerksamkeit zuspitzt, besteht in der Abtrennung des Bewusstseins von dem Objekt, dessen es gewahr ist oder von dem es okkupiert wird. Das ist wichtig, denn wenn du wirklich lernen möchtest, dich zu fokussieren, ist dies einer der ersten Schritte.

In unserem Kinobeispiel etwa ginge es darum, das Bewusstsein vom Film abzuziehen, damit beide – Bewusstsein und Film – nicht länger eins sind. Dafür musst du erstens dein Bewusstsein in Aufmerksamkeit verwandeln, um es zweitens von der Leinwand abziehen und wieder auf dich lenken zu können.

Die folgende Übung kannst du machen, wenn du das nächste Mal ins Kino gehst: Während der Film schon läuft, siehst du auf deine Füße hinab und wackelst einige Sekunden lang mit den Zehen. Auf diese Weise wird dein Bewusstsein von den Geschehnissen auf der Leinwand abgezogen und begibt sich in den Bereich deiner unteren Extremitäten. Lenk es danach wieder auf den Film. Diesmal allerdings so, dass dein Bewusstsein nicht von der Handlung absorbiert wird. Vielmehr sitzt du einfach in deinem Sessel und siehst in dem Streifen nicht mehr als Licht auf einer großen weißen Wand. Das klappt am besten, wenn du dich zum Projektor an der hinteren Kinowand umdrehst und dem gebündelten Licht mit den Blicken folgst. Dabei machst du dir klar, dass es sich um nicht mehr als elektromagnetische Strahlung handelt, die auf eine glatte Fläche fällt.

Gelingt dir das, hast du dein Bewusstsein erfolgreich von dem abgezogen, dessen es gewahr war. Du hast die Kunst der Beobachtung angewandt, die darin besteht, das Bewusstsein bei sich zu behalten und nicht zuzulassen, dass es von dem Beobachteten absorbiert wird.

Sobald sich das Bewusstsein von dir löst und wieder der Leinwand zuwendet, wird es erneut vom Film gekapert, und du fängst an, auf die Handlung zu reagieren. Ist das der Fall, fallen du und das, was du siehst, in eins. Über eine lustige Szene lachst du vielleicht und bei einer traurigen kommen dir die Tränen. Das Bewusstsein ist wieder auf den Kinozug aufgesprungen und lässt sich unter der Regie der Filmemacher bereitwillig von einem Bereich des Geistes in den nächsten transportieren.

Sobald du dein Bewusstsein allerdings wieder auf Aufmerksamkeit trimmst und das Bewusstsein von dem ablöst, dessen es gewahr ist (des Films), wirst du zur Beobachterin oder zum Beobachter. Jetzt beobachtet dein Bewusstsein die Geschehnisse auf der Leinwand und lässt sich nicht mehr von ihnen absorbieren.

Was für ein super Spiel: zulassen, dass das Bewusstsein von einem Film absorbiert wird, die der jeweiligen Szene entsprechenden Emotionen erleben, das Bewusstsein dann wieder gezielt abziehen und als beobachtende Person weiterschauen.

Je mehr du dich darin übst, desto klarer wird dir, dass du die Richtung, die dein Bewusstsein einschlägt, selbst bestimmen und es auch aus jeder Erfahrung herauslösen kannst, in die es verwickelt ist.

Zwar sprechen wir hier vom Kino, genauso funktioniert es aber auch im Alltag. Wenn du dich zum Beispiel mit jemandem unterhältst, dessen Bewusstsein sich in einem echt düsteren Bereich des Geistes befindet, und feststellst, dass dich diese Person da mit hineinzieht, kannst du dein Bewusstsein jederzeit auf Aufmerksamkeit polen. Du kannst es von der anderen Person ablösen und in angenehmere Gefilde lenken. So verhinderst du, dass sich dein Bewusstsein dem deines Gegenübers anschließt und du so auch Negatives erlebst. Denn wenn du weißt, wie du dein Bewusstsein von den Dingen abziehst, die es gerade okkupieren, und es erfolgreich in Aufmerksamkeit ummünzt, hast du immer das Ruder in der Hand und kannst frei entscheiden, wie du dich verhältst.

Jetzt aber noch mal zurück in den Kinosaal. Schau dich um. Fällt dir auf, dass das Bewusstsein all der Leute identisch ist mit dem Film, den sie sehen? Sie werden von ihm derart in Anspruch genommen, dass sie alles andere ausblenden und auf jede Szene reagieren. Eben weil sie zulassen, dass ihr Bewusstsein und das Movie in eins fallen. Ist das der Fall, hat der Regisseur die Kontrolle über ihr Bewusstsein. Er kann mit diesen Menschen Karussell fahren und sie alles erleben lassen, was der Film zu bieten hat. Wofür sie natürlich ihr Ticket auch gekauft haben.

Zu dem Beispiel meiner New Yorker U-Bahn-Fahrt muss man sagen, dass diejenigen Fahrgäste, die emotional auf den Streit des Pärchens reagiert haben, nicht in der Lage waren, ihr Bewusstsein ausreichend zu steuern. Sie haben sich von den aufgebrachten Stimmen der beiden dazu bewegen lassen, ihr Bewusstsein von woher auch immer abzuziehen und in Aufmerksamkeit umzumünzen. Von dem Moment an war es des sich zankenden Paares gewahr. Die Leute konnten entscheiden, ob sie ihr Bewusstsein wieder einfangen oder den Streithähnen gestatten wollten, es auf sich und ihre Auseinandersetzung zu lenken. Da die meisten jedoch nicht genügend Kontrolle über ihr Bewusstsein hatten, haben sie sich in die Einflusssphäre des Paares hineinziehen lassen.

Im Idealfall hätte die Lautstärke des Paares bewirkt, dass die Fahrgäste ihr Bewusstsein von was auch immer ablösen und dann in Ruhe entscheiden, ob sie sich emotional in die Auseinandersetzung hineinziehen lassen oder nicht.

Die beiden Beispiele unterscheiden sich insoweit, als das Bewusstsein in dem einen von außen veranlasst wurde, sich von was auch immer abzulösen. Im anderen hast du dies kraft deiner Beobachtungsgabe selbst getan. Die Ablösung des Bewusstseins ist eine Kunst – in der du versuchen solltest, es zur Meisterschaft zu bringen.

Die Ablösung des Bewusstseins – eine Übung

Im Grunde handelt es sich um dieselbe Übung, die ich dir schon fürs Kino vorgeschlagen habe, nur dass du sie diesmal zu Hause durchführst. Schau dir am Wochenende einen Film an; ob im Fernsehen oder gestreamt spielt keine Rolle. Nun möchte ich, dass du übst, dein Bewusstsein von ihm abzulösen. Das geht so: Versuche, während der Film läuft, dein Bewusstsein von der Handlung abzuziehen und auf deine Füße zu lenken. Dann wackle etwa sieben Sekunden lang mit den Zehen und beobachte dich dabei. Auf diese Weise wandert dein Bewusstsein vom Screen in deine Zehen.

Verlagere dein Bewusstsein anschließend wieder auf den Bildschirm. Diesmal allerdings so, dass dein Bewusstsein nicht von der Handlung absorbiert wird. Vielmehr sitzt du einfach auf der Couch oder wo auch immer und siehst in der Sendung lediglich Licht auf einem Bildschirm.

Lenk dein Bewusstsein dann ein weiteres Mal auf deine Füße und wackle ein paar Sekunden lang mit den Zehen. Jetzt bist du wieder ganz bei deinen unteren Gliedmaßen. Lass dein Bewusstsein daraufhin zu dem Film zurückkehren – diesmal so, dass es voll von ihm absorbiert wird. Lass dich in den nächsten Minuten ganz auf den bewegten Streifen ein und hab Spaß dabei.

Mach aus deinem Bewusstsein dann Aufmerksamkeit. Und zwar, indem du dein Bewusstsein von dem Objekt ablöst, dessen es eben noch gewahr war – dem Film. Nimm es wieder für dich selbst in Anspruch.

Wiederhole diesen Prozess – je öfter, desto besser. Spielst du auf diese Weise nur oft genug mit deinem Bewusstsein, übst du dich schon bald in der Kunst der Ablösung des Bewusstseins von dem Objekt, auf das es gerichtet ist.

Sobald du dein Bewusstsein dadurch isolieren kannst, dass du es vom Objekt seines Interesses abziehst, kannst du dich zurücklehnen und das Wahrgenommene gezielt beobachten. Denn Dinge, in die sich dein Bewusstsein verwickelt hat, kannst du nicht beobachten.

Beobachtung ist Bewusstsein, das gewahr ist, wessen es sich bewusst ist. Solltest du dich je gefragt haben, wie aufmerksam sein geht oder was Beobachtung eigentlich genau heißt, nun, jetzt weißt du es. Beobachtung ist die Fähigkeit, das Bewusstsein von allem abzulösen, dessen es gewahr ist, und sich dieser Erfahrung bewusst zu sein, ohne sich in ihr zu verlieren. Doch über das Phänomen der Beobachtung kannst du dich erst dann schlau machen, wenn du über das Bewusstsein und den Geist Bescheid weißt.

Das sich seiner selbst bewusste Bewusstsein

Damit sich das Bewusstsein von was auch immer ablösen kann, dessen es gewahr ist, muss es sich zunächst seiner selbst bewusst werden. Diese Fähigkeit ergibt sich aus der Beobachtungsgabe. Und Beobachtung ist nichts anderes als ein Nebenprodukt längerer Phasen der Konzentration. Mit diesen beiden Themen – Beobachtung und Konzentration – beschäftigen wir uns in den folgenden Kapiteln.

Das Bewusstsein kann sich nur dann seiner selbst bewusst werden, wenn es über genügend Beobachtungsgabe verfügt. Ist es sich seiner selbst dann aber erst einmal bewusst, kann es sich auch in den Zustand der Aufmerksamkeit versetzen oder anders ausgedrückt: dafür sorgen, dass es sich selbst zur Kenntnis nimmt. Sobald das der Fall ist, kann es sich überall hinlenken, wo es hinmöchte.

Je besser du lernst, dich zu fokussieren, desto aufmerksamer wirst du. Und je aufmerksamer du wirst, desto besser kann sich dein Bewusstsein seiner selbst bewusst werden. Dann kann es sich auch besser von den Dingen ablösen, in die es gerade versunken ist.

Menschen, die sich nicht gut fokussieren können, verfügen über keine gut entwickelte Beobachtungsgabe. Wenn sie geistig abdriften, kann es eine Weile dauern, bis sich ihr Bewusstsein seiner (und sie sich ihrer) selbst bewusst wird und es erkennt, dass es abgelenkt ist.

Ein Beispiel: Jemand arbeitet am Computer, als ihm einfällt, dass seine Lieblingsmannschaft einige Stunden zuvor ein Spiel hatte. Also switcht er von seinem Tabellentool um in den Internetbrowser, um nach dem Ergebnis zu gucken, und stellt fest, dass sein Team klar den Sieg davongetragen hat. Jetzt interessieren ihn die Highlights des Spiels. Auf YouTube findet er eine Zusammenfassung. Nachdem er die gesehen hat, klickt er auf das Thumbnail eines ihm vorgeschlagenen Videos und schaut sich das auch noch an. Eine halbe Stunde später fällt ihm auf, dass ein Video nach dem anderen an ihm vorbeigerauscht ist. Nachdem sich sein Bewusstsein seiner selbst bewusst geworden ist – beziehungsweise sobald er dies erkannt hat –, zieht er es von YouTube ab und lenkt es wieder auf die Tabellenkalkulation.

Aufgrund seiner mangelnden Konzentrationsfähigkeit war er nicht sehr präsent. Dies wiederum führte dazu, dass es viel länger dauert, bis sich sein Bewusstsein seiner selbst bewusst wurde. In dieser Zeit verlor er viel Zeit und Energie. Seine Produktivität ging in den Keller, während die Werbeeinnahmen der YouTuber stiegen. Denn es gibt immer Leute, die von der geringen Konzentrationsfähigkeit anderer profitieren.

Sobald du lernst, dich zu fokussieren, und es darin zur Meisterschaft bringst, gelingt es auch deinem Bewusstsein immer besser, sich seiner bewusst zu werden.

LEKTION 5.5

KAPITÄNIN DES BEWUSSTSEINS

In den letzten Lektionen haben wir anhand zweier Szenarios gesehen, wie sich das Bewusstsein im Geist bewegt. Das erste Szenario: Etwas oder jemand verschiebt dein Bewusstsein von einem Bereich des Geistes in einen anderen. Die Beispiele, die ich dafür genannt habe, waren der Kinobesuch, die Unternehmerin Priya und das zankende Paar in der U-Bahn. In allen diesen Fällen wurden die Wege des Bewusstseins von einer Reihe äußerer Faktoren bestimmt.

Das zweite Szenario: Du selbst verschiebst dein Bewusstsein von einem Feld des Geistes in einen anderen. Demonstriert habe ich das anhand der Übung, in der du dein Bewusstsein vom Zimmer, in dem du gesessen hast, auf die Hochzeitsfeier, in den Urlaub und wieder in das Zimmer zurück verlagert hast. Zwar habe ich dabei den Pfad festgelegt, dem du folgen solltest, trotzdem hast du dein Bewusstsein gezielt von einem Bereich des Geistes in die jeweils anderen verlagert.

Vereinfacht können wir sagen, dass es zwei Kräfte gibt, die dein Bewusstsein steuern: du und dein Umfeld. Du erinnerst dich? Dein Umfeld habe ich als die Menschen und Dinge definiert, die dich umgeben. In jedem Moment des Lebens können diese Faktoren den Aufenthaltsort deines Bewusstseins im Geist bestimmen.

Bist *du* es, die oder der die Richtung vorgibt, die es einschlägt, übernimmst du gezielt die Herrschaft über dein Bewusstsein. Die meisten überlassen dies jedoch ihrem Umfeld. Folglich können die Menschen und Dinge, von denen sie umgeben sind, ihr Bewusstsein in erbauliche Bereiche schubsen oder in welche, in denen ein ganz anderer Wind weht. Sobald du die Steuerung deines Bewusstseins deinem Umfeld überlässt, überlässt du ihm zugleich dein Erfahren, Erleben und in der Folge auch deinen Gemütszustand.

Du gibst damit aber noch viel mehr aus der Hand. Nämlich die Kontrolle darüber, wo deine Energie hinfließt. Denn solange deine Umgebung diktiert, wo sich dein Bewusstsein hinbewegt, steuert sie auch, in wen oder was du deine Energie investierst. Und infolgedessen, was sich in deinem Leben manifestiert und was nicht.

Weil sie kaum Kontrolle über die Wege haben, die ihr Bewusstsein tagtäglich einschlägt, sind die wenigsten in der Lage, sich das Leben zu erschaffen, das sie sich wünschen. Im Kopf geht es bei ihnen ständig drunter und drüber; heutzutage geben Social-Media-Algorithmen und generell Technologisches ihrem Bewusstsein die Sporen. Statt gebündelt und fokussiert zu sein, verstreut sich die endliche Energie solcher Menschen beliebig überallhin. Infolgedessen gelingt es ihnen nie, ihre Ziele zu verwirklichen. Der dadurch entstehende Frust kocht bald über und gerinnt zu Entmutigung. Ständige Entmutigung wiederum schwächt die Willenskraft und führt zum alsbaldigen Tod jeglicher Hoffnung.

Die gezielte Beherrschung des Bewusstseins setzt Training voraus und stellt eine Fähigkeit dar, die jedem Menschen beigebracht werden sollte. Denn sie ist der Grundbaustein der für ein wirklich lohnendes Leben erforderlichen Selbstbeherrschung. Könntest du deinen Kindern nur eine Tatsache über den Geist mit auf den Weg geben, sollte es diese sein. Denn das Verständnis des Wirkens von Bewusstsein und Geist bringt viel mehr als eine Anleitung zum Meditieren. Wie sollten sie auch effektiv meditieren können, solange sie die Funktionsweise des Geistes nicht kennen?

Nun, da du darüber Bescheid weißt, frag dich bitte, wer oder was steuert, wo *dein* Bewusstsein hingeht. Du selbst? Oder die Menschen und Dinge, von denen du umgeben bist? Zu wie viel Prozent deines Tages bestimmst nicht du selbst darüber, wo sich dein Bewusstsein befindet, sondern jemand oder etwas anderes?

Du musst dich entscheiden. Und diese Wahl kannst nur du allein treffen. Solltest du zu dem Entschluss kommen, Regie über dein Bewusstsein führen zu wollen, musst du dir jetzt sofort klarmachen, dass du die Kapitänin oder der Kapitän deines Bewusstseins sein und durchgehend seine Richtung bestimmen möchtest. Du musst noch heute beschließen, dass du ab sofort unermüdlich daran arbeitest, das Bewusstsein deinem Willen zu unterwerfen, selbst wenn es Jahre dauern sollte, bis du dieses Ziel erreicht hast.

Wenn du das wirklich willst, kannst du es auch. Du musst nur beschließen, dass du ab heute mittels Willenskraft und Konzentrationsvermögen steuerst, wohin sich das Bewusstsein in deinem Geist hinbewegt. Das wird dir an manchen Tagen schwerfallen und mitunter auch misslingen. Macht nichts. Das gehört dazu und ist völlig normal. Wirklich scheitern wirst du nur, wenn du es gar nicht erst versuchst. Deshalb: Gib nicht auf und verlier nie die Hoffnung.

In diesem Zusammenhang noch ein herrliches Zitat von Gurudeva: »Euch, die ihr euch ständig mit dem Geist herumschlagt, indem ihr versucht, euch zu konzentrieren, zu meditieren, ruhig zu werden, euch zu entspannen … euch sage ich: Hört nicht auf, es zu versuchen. Keine eurer Mühen ist vergebens.«

Sag dir jeden Morgen gleich nach dem Aufstehen und abends vor dem Zubettgehen: »Ich bin die Kapitänin, der Kapitän meines Bewusstseins!«

TEIL 3

DIE FLÜGEL DES GEISTES

Kapitel 6

Unerschütterliche Fokussierung

LEKTION 6.1

GEBT UNS BITTE KEINE DROGEN

Ich kann nur hoffen, dass ich dir eindringlich genug erklären konnte, warum das Wissen um die Funktionsweise von Bewusstsein und Geist für dein Leben von allerhöchster Bedeutung ist. Denn diese Kenntnis ebnet den Weg zum nächsten entscheidenden Meilenstein, der darin besteht, dass du lernst, dein Bewusstsein zu zähmen und zu steuern.

Konzentration und Wille beflügeln das Bewusstsein auf seiner Reise durch den Geist. Und für jeden, der diese Flügel entfaltet und sich ihrer bedient, gibt es im gesamten Geist kein einziges Fleckchen, in das sich sein Bewusstsein nicht emporschwingen kann.

Lass uns mit dem Fokussieren anfangen: Eine hohe Konzentrationsfähigkeit gehört zu den großartigsten Eigenschaften, die du kultivieren und ausbauen kannst – zumal eine, die dich bei der Steuerung der Reisen, die dein Bewusstsein durch den Geist unternimmt, unterstützen wird. Manche Leute werden mit einem hervorragenden Konzentrationsvermögen geboren, andere tun sich ihr Leben lang schwer mit dem Fokussieren. Zwischen diesen Extremen liegt natürlich ein breites Spektrum unterschiedlich ausgebildeter Fähigkeiten auf diesem Gebiet. Was wahrscheinlich schon immer so war.

Im schulischen Lehrplan war die Konzentration leider bei kaum jemandem von uns vorgesehen. Was nichts daran ändert, dass wir wohl alle im Laufe des Lebens das eine oder andere Mal aufgefordert wurden, uns zu konzentrieren. Im Zuge meiner langjährigen Tätigkeit als Speaker zum Thema Fokussierung führe ich seit Langem in vielen Teilen der Welt eine kleine informelle Studie durch. Meistens stelle ich den Leuten im Publikum die folgenden zwei Fragen:

1. Hat Ihnen jemals jemand beigebracht, wie man sich konzentriert?
2. Hatten Sie in der Schule neben Mathe-, Physik- oder Geschichtsunterricht auch Konzentrationsstunden?

Tausende von Menschen haben mich diese Fragen stellen gehört, und kein einziger hat sie je mit Ja beantwortet.

Anschließend erkundige ich mich jedoch: »Und wurden Sie je aufgefordert, sich zu konzentrieren?« Worauf die Antwort stets ein vielstimmiges Ja ist – gefolgt von: »Ständig.«

Eingefordert, nicht gelehrt

Dass sich die meisten nicht konzentrieren können, hat meiner Meinung nach vor allem zwei Gründe: Erstens haben sie es nie gelernt. Und wie soll man sich konzentrieren können, wenn es einem nie jemand beigebracht hat? Zweitens üben sie es nicht. Aber kann man in etwas gut werden, wenn man es nicht trainiert? Aber man kann eben auch das Konzentrieren nicht üben, wenn man nie darin unterrichtet wurde.

Ständig fordern wir Leute dazu auf. Wir erklären ihnen aber nie, wie es überhaupt geht. Als Erwachsene hören wir die Aufforderung am Arbeitsplatz. Vorgesetzte und Unternehmer sagen oft so was wie: »Dieses Projekt muss in den nächsten zehn Tagen fertiggestellt werden. Bis dahin müssen Sie alle hundertprozentig bei der Sache sein.« Nicht viel anders hört es sich bei Sporttrainern an: »Jungs, uns bleiben nur noch drei Minuten, und wir sind mit fünf Punkten im Rückstand. Wenn wir jetzt rausgehen, müsst ihr auch kopfmäßig alles auf eine Karte setzen.«

Kindern wird die Aufforderung zur Fokussierung noch seltener erspart. Wie oft hört man Eltern so etwas sagen wie: »Kannst du dich nicht mal eine Minute lang konzentrieren?« Mir jedenfalls wurde bis in meine Teenagerjahre ständig befohlen, mich auf alles Mögliche zu konzentrieren: »Dandapani, konzentrier dich auf deine Hausarbeiten!«, »Dandapani, konzentrier dich aufs Essen!« Pausenlos musste ich mich auf irgendwas konzentrieren, aber nie hat mir jemand verklickert, wie ich das anstellen sollte. Ist das nicht merkwürdig? Da fordert man Kinder auf, sich zu konzentrieren, zeigt ihnen aber nicht, wie es geht.

In der Schule ertönte alle Naselang der Befehl zur Konzentration. Zum genauen Aufpassen. Zur Fokussierung. Wir waren immer schnell abgelenkt. Und das wurde mit dem guten alten Am-Ohr-Ziehen, einer Kopfnuss oder aber – wenn wir richtig Glück hatten – mit dem Rohrstock quittiert. Für dich hört sich das vielleicht hinterwäldlerisch oder gar barbarisch an, trotzdem würde ich dem, was heutzutage so auf dem Programm steht, den Rohrstock allemal vorziehen.

Nicht auszudenken, was gewesen wäre, hätte ich das Licht der Welt dreißig Jahre später in den Vereinigten Staaten erblickt. Da wäre mir bestimmt die Diagnose einer psychischen Störung um die Ohren gehauen worden, geschlagen hätte man mich mit einem ausgrenzenden Akronym, und zu allem Überfluss würde ich in Medikamenten ertränkt worden sein. Frei nach dem Motto: Spart euch den Rohrstock, betäubt eure Kinder.

Bei mir hat der Rohrstock eine bleibende Narbe auf dem Oberschenkel hinterlassen, größeren physischen Schaden habe ich nicht erlitten. Und emotional hat diese »Erziehungsmethode« bei mir eine Null-Toleranz-Einstellung in puncto Gewalt gegen Kinder bewirkt. Die chemischen Drogen, die Kindern heute in vielen Teilen der Welt verschrieben werden, sind körperlich und psychisch-mental bei Weitem desaströser. Sie wirken bedeutend länger nach und vieles an ihnen ist immer noch völlig unerforscht.

ADHS – die Aufmerksamkeitsdefizit-Hyperaktivitätsstörung – gehört bei Kindern und Erwachsenen zu den meistverbreiteten psycho-mentalen Krankheitsbildern. Nach Informationen der US-amerikanischen *Centers for Disease Control and Prevention* (CDC) können die Medikamente, die gegen ADHS verabreicht werden, mit Nebenwirkungen einhergehen wie etwa Appetitlosigkeit, Magenschmerzen, Reizbarkeit, Schlaf- und Wachstumsstörungen. Der *National Health Service* (NHS), der Dachverband der staatlich finanzierten Körperschaften des britischen Gesundheitswesens, listet auf seiner Homepage die häufigsten Nebenwirkungen der von ihm zugelassenen ADHS-Medikamente auf, unter anderen: geringer Anstieg des Blutdrucks und der Herzfrequenz, Appetitverlust, Schlafstörungen, Kopfschmerz, Stimmungsschwankungen, Durchfall, Übelkeit und Erbrechen, innere Unruhe und Aggressivität. Ich könnte noch viele weitere Nebenwirkungen zitieren, möchte aber die mir vom Verlag für dieses Buch auferlegte Umfangsbeschränkung damit nicht strapazieren.

Der Homepage der CDC zufolge halten sich die US-amerikanischen Gesundheitsdienstleister zur Diagnostizierung von ADHS an die fünfte Ausgabe des *Diagnostic and Statistical Manual of Mental Disorders* (den diagnostischen und statistischen Leitfaden) der Amerikanischen Psychiatrischen Vereinigung. Demnach seien an ADHS Menschen erkrankt, die »ein andauerndes Muster der Unaufmerksamkeit und/oder Hyperaktivität-Impulsivität« an den Tag legen, von dem ihre »Funktionstüchtigkeit oder Entwicklung beeinträchtigt« sei.

Ja, Kinder *sind* manchmal hyperaktiv und impulsiv. Sie haben enorm viel Energie, und die will irgendwie raus. Dass sie hyperaktiv und impulsiv werden, liegt daran, dass sie keine klar strukturierten Kanäle und Ventile für ihre Energie haben. Wie wäre es: Könnten wir unseren Kindern nicht vielleicht erklären, was Energie eigentlich ist? Wie sie sie spüren, nutzen und auf ein Gebiet lenken können, für das sie brennen? Das würde doch bestimmt helfen, oder meinst du nicht? Denn schließlich führt der gezielte Einsatz von Energie dazu, dass sie nicht vergeudet oder missbräuchlich verwendet wird.

Zahl Sportlern Millionen von Dollars, ohne ihnen den vernünftigen Umgang mit Geld zu erklären, und du wirst feststellen, dass am Karriereende ein besorgniserregend hoher Prozentsatz von ihnen pleite ist. Mit dem energetischen Missmanagement verhält es sich genauso. Wie kann Gutes von etwas ausgehen, wenn man den Umgang damit nie gelernt hat?

Nun, wenn Eltern nicht imstande sind, sich zu konzentrieren, können sie auch nicht aufmerksam sein. Wie aber sollen sie unter diesen Umständen bemerken, wofür ihr Kind brennt? Und wie sollten sie ihm helfen können, seine Energie in die betreffende Aktivität zu stecken? Auch die Eltern selbst müssten sich natürlich in Sachen Energie schlau machen, damit sie überhaupt in der Lage sind, ihrem Sohn oder ihrer Tochter beizubringen, wie man sie am besten nutzt und kanalisiert. Und solange sie keine Ahnung von Energie haben, kommen sie bestimmt nicht auf die Idee, die ADHS-Diagnose ihres Kindes anzuzweifeln.

Der Definition nach ist Unaufmerksamkeit der zweite Bestandteil der Diagnose. Zu deren Merkmalen gehören laut dem Diagnosenkatalog leichte Ablenkbarkeit und mangelndes Vermögen, das Augenmerk länger auf eine bestimmte Tätigkeit zu lenken. Ich will dir dazu von einem Mann erzählen, den die ADHS-Diagnose seines Sohnes tief beunruhigt hat. »Das tut mir sehr leid«, habe ich zu ihm gesagt, nachdem ich davon erfuhr. »Ich bin weder Mediziner noch kenne ich die Einzelheiten dieses Krankheitsbildes. Aber könnten Sie mir vielleicht verraten, wo das größte Problem liegt?«

Traurig antwortete er: »Der Junge lässt sich leicht ablenken und ist oft nicht richtig bei der Sache – in der Schule, aber auch zu Hause. Letztlich kann er sich einfach nicht fokussieren. Meinte jedenfalls der Arzt und kam so auf die Diagnose ADHS. Jetzt muss der Kleine Pillen schlucken, und das gefällt mir überhaupt nicht. Schließlich ist er doch erst sechs.«

»Die Frage wird Ihnen jetzt wahrscheinlich komisch vorkommen. Aber hat sich irgendwann mal jemand die Zeit genommen, dem Jungen beizubringen, wie man sich fokussiert?«

»Nein«, gab der Mann mit verwirrter Miene zurück.

»Mhm, interessant! Spielt Ihr Sohn Klavier?«

»Nein. Wieso?«

»Was wäre wohl, wenn wir ihn auffordern würden, Klavier zu spielen. Und im Falle seines Scheiterns mit ihm zum Doktor gingen, der daraufhin die Diagnose KSS (Klavierspielschwäche) stellen und ihm Tabletten verordnen würde? Das wäre doch total daneben, oder etwa nicht?«

»Allerdings. Allmählich scheine ich zu verstehen, worauf Sie hinauswollen.«

»Wir geben niemandem Tabletten, der nicht Klavier spielen kann. Was tun wir stattdessen? Wir bringen es ihm bei. Wenn wir aber unseren Kindern nicht erklären, was sie tun müssen, um sich zu fokussieren, und ihnen nicht beim Üben helfen … woher sollen sie es denn dann wissen und können?«

Es spricht nichts dagegen, einem Kind zum Beispiel mangelnde Aufmerksamkeit zu attestieren. Denn eine solche Diagnose besagt ja lediglich, dass es sich schwer damit tut, seine Aufmerksamkeit für längere Zeit auf eine bestimmte Tätigkeit oder ein bestimmtes Objekt zu richten. Die Frage ist dann nur: Wollen wir es therapieren? Und wenn ja: wie? Medikamente sind eine Möglichkeit. Die andere wäre, dem Kind zunächst einmal beizubringen, wie man sich konzentriert, und es dann mit ihm zusammen zu üben. Wenn mangelnde Aufmerksamkeit nichts anderes bedeutet, als dass sich jemand schwertut damit, sein Bewusstsein für längere Zeit auf eine bestimmte Tätigkeit oder ein bestimmtes Objekt zu richten, können wir es ihm doch auch beibringen. Sollte das Problem nach Jahren intensiven Übens immer noch bestehen, könnte man vielleicht anfangen zu überlegen, ob womöglich eine Störung vorliegt, die unter Umständen medikamentös behandelt werden sollte.

Unfair und schlechterdings unethisch ist es jedoch, dies vorher oder stattdessen zu tun – ohne die dringend erforderliche Aufklärung und Schulung. Dasselbe gilt übrigens fürs Handhaben, Zügeln und Kanalisieren der eigenen Energie.

Wir können doch niemanden wegen etwas medikamentieren, was ihm oder ihr nie beigebracht wurde!

Mir ist sehr wohl bewusst, dass es Menschen (Kinder und Erwachsene) gibt, die sich aus physiologischen Gründen nur schwer konzentrieren können. Ihnen helfen Pharmazeutika möglicherweise. Überhaupt liegt es mir fern, die Verordnung von Medikamenten bei Unaufmerksamkeit und Hyperaktivität zu verurteilen. Allerdings bin ich der festen Überzeugung, dass sich die meisten Menschen nur deshalb schlecht oder gar nicht konzentrieren können, weil sie es nie gelernt und nie geübt haben. Und selbst wer diesbezüglich unter physiologischen Einschränkungen leidet, kann mit Geduld und Beharrlichkeit dazu befähigt werden, sein Konzentrationsvermögen zu verbessern.

Wenn ich Klavier spielen möchte, muss ich es erst einmal lernen. Idealerweise mit einem Lehrer oder einer Lehrerin. Ich nehme vielleicht ein Jahr lang wöchentlich Klavierunterricht; das dürfte genügen, um mir wenigstens grundlegende Kenntnisse und Fähigkeiten auf diesem Gebiet anzueignen. Unterricht allein reicht aber nicht. Zusätzlich muss ich noch üben. Was automatisch zu der Frage führt: »Wie oft und wie lang?« Die Antwort liegt in einer Gegenfrage, die da lautet: »Wie gut möchtest du Klavier spielen können?«

Für Freunde und Angehörige genügt unter Umständen eine Stunde pro Woche. Möchtest du aber zu den besten Pianisten der Welt gehören und in den renommiertesten Konzertsälen auftreten, musst du weit mehr üben. Mindestens fünf Stunden täglich, würde ich sagen.

Nicht viel anders verhält es sich mit dem Konzentrationsvermögen. Schwebt mir ein fokussiertes Leben vor, muss ich zunächst lernen, mich zu fokussieren. Danach muss ich das Gelernte üben. Wie oft und wie lang? Nun, das hängt natürlich davon ab, wie weit ich es auf diesem Gebiet bringen will. Erinnerst du dich an das Gesetz der Praxis? In allem, was du übst, wirst du im Laufe der Zeit richtig gut. Willst du dich wirklich konzentrieren können, dann musst du dich darin genauso üben, als wolltest du irgendwann zu den weltbesten Pianisten gehören.

Wäre ich zu einer anderen Zeit an einem anderen Ort geboren worden, wäre bei mir ohne jeden Zweifel ADHS diagnostiziert worden. Die dafür nötigen Symptome hatte ich alle. Jetzt gebe ich überall auf der Welt Unterricht in Konzentration – sowohl Kindern als auch

Erwachsenen und Angehörigen aller Berufsgruppen. Einige sind höchst erfolgreiche Unternehmer oder Sportlerinnen, die ihr Leistungsvermögen durch ein größeres Verständnis ihres Geistes und optimierte Konzentrationsfähigkeit verbessern. In meinen ersten vierundzwanzig Lebensjahren hatte ich auf diesem Gebiet nicht die geringste Ausbildung. Erst in der Person meines Gurus fand ich jemanden, der voller Liebe Zeit und Energie investierte, um mir die Funktionsweise des Geistes und die Kunst der Konzentration nahezubringen. Das sage ich nur, um dir zu versichern, dass du in jeder Phase deines Lebens damit beginnen kannst, das Fokussieren zu lernen. Dafür ist niemand zu alt – was dir, wie ich hoffe, zu hoffen gibt. Du brauchst dafür nur den Wunsch, ein fokussiertes Leben zu führen, und die Bereitschaft, es engagiert anzugehen. Die nötigen Tools und Techniken findest du alle in diesem Buch.

LEKTION 6.2

KONZENTRATION – EINE DEFINITION

»In Politik, Krieg und Wirtschaft – also eigentlich in allem menschlichen Tun – ist Konzentrationsfähigkeit das Geheimnis der Macht.«

Ralph Waldo Emerson

Getreu der Praxis dieses Buches fangen wir auch hier mit einer Definition an, damit wir im Hinblick auf Verständnis und Verwendung des Begriffs dieselbe Sprache sprechen. Vergiss bitte auch nicht: »Konzentration« und »Fokussierung« sind für mich Synonyme und damit gegeneinander austauschbar. Die folgende Definition gilt also für beide Termini. Ich definiere Konzentration als die Fähigkeit, das Bewusstsein so lange auf eine Sache zu richten, bis du es bewusst davon abziehst und woandershin verlagerst.

Schauen wir uns das einmal näher an. Es gibt nämlich einiges an dieser Definition, was du genau begreifen musst, damit es nicht zu Missverständnissen kommt. Angenommen, ich könnte das Bewusstsein, jenen leuchtenden Lichtball, so lange auf eine Sache, Person oder einen Bereich meines Geistes versammeln, bis ich entscheide, es auf etwas anderes zu lenken, was mich interessiert: Das wäre meine Konzentrationsfähigkeit. Sobald ich jedoch zuließe, dass mein Bewusstsein, eben jener leuchtende Lichtball, unkontrolliert von einem Gegenstand zum anderen düst, wäre ich nicht mehr fokussiert.

Außerdem kann man sagen, dass die Konzentration nicht nur von der Länge des Zeitraums abhängt, in dem du das Bewusstsein in einem Bereich deines Geistes versammelt halten kannst, sondern auch von der Fähigkeit, es bewusst abzuziehen und auf etwas anderes zu lenken.

Lass mich das etwas aufdröseln: Je länger ich in der Lage bin, mein Bewusstsein auf einen Punkt zu versammeln, ohne es weiterziehen zu lassen, desto besser kann ich mich konzentrieren. Angenommen, ich spreche dreißig Minuten lang mit Alice und schaffe es, ihr die ganze Zeit über meine ungeteilte Aufmerksamkeit zu widmen, dann bin ich voll fokussiert. Ich kann von mir sagen, dass ich über ein sehr gutes Konzentrationsvermögen verfüge.

Der zweite Teil der Konzentration besteht in der Fähigkeit, das Bewusstsein gezielt zu verlagern. Wenn ich es eine Zeitlang auf A versammeln kann, konzentriere ich mich. Verlagere ich mein Bewusstsein nun gezielt auf B und versammele es dort, konzentriere ich mich ebenfalls. Genauso verhält es sich, wenn ich mein Bewusstsein fünf Sekunden lang auf B gerichtet halte, bevor ich es gezielt C zuwende. Auch dann konzentriere ich mich.

Du musst unbedingt begreifen, dass es nicht allein auf die Dauer der Konzentration ankommt, sondern viel mehr noch auf die klare Entscheidung, das Bewusstsein von einem Objekt auf ein anderes zu lenken. Solange du in der Lage bist, dein Bewusstsein gezielt von A auf B und von dort aus auf C zu verlagern, stellst du deine Konzentrationsfähigkeit unter Beweis. Die Länge der Zeit dagegen, die du bei jedem dieser drei Objekte verweilst, ist nur eine Möglichkeit zu zeigen, wie lang du dich konzentrieren kannst.

Um das noch klarer zu machen, möchte ich dir eine Geschichte erzählen. Vor einigen Jahren habe ich vor einer Gruppe von Krankenschwestern gesprochen. Eine von ihnen hat mir anvertraut, dass sie sich aufgrund des Leistungsdrucks an ihrem Arbeitsplatz unmöglich konzentrieren könne. Sie sagte: »In fünf Minuten kann ich easy zwanzig verschiedene Dinge erledigen, manchmal sogar mehr. Aber mit dem Kopf bin ich dabei überall und nirgends. Von Konzentration kann man da bestimmt nicht sprechen.«

Ich bat sie, mir die erste dieser fünf Minuten zu beschreiben. »Sagen Sie doch bitte mal, was genau Sie in dieser ersten Minute alles tun.«

Sie sah mich an und meinte: »Ich arbeite auf der Intensivstation, müssen Sie wissen. Das heißt, wenn ich bei einem Patienten bin, desinfiziere ich zum Beispiel seinen Arm als Vorbereitung auf eine Injektion. Das dauert ein paar Sekunden. Bevor ich ihm die Spritze verabreiche, fülle ich sie mit der exakt richtigen Menge des Medikaments, das er bekommt. Dann gebe ich ihm die Spritze. Anschließend säubere ich den Bereich des Einstichs und versichere mich, dass die Spritze vorschriftsmäßig entsorgt worden ist. Schließlich messe ich eventuell noch seinen Puls, erfasse die anderen Vitalzeichen und notiere das alles …«

»Momentchen, bitte«, unterbrach ich sie. »Wenn ich das recht verstehe, scheint mir jede dieser Arbeiten Ihre volle Aufmerksamkeit zu erfordern. Würden Sie mir da zustimmen?«

»Ja, richtig.«

»Der Grund dafür, dass Sie das Gefühl haben, nicht konzentriert zu sein, liegt darin, dass Ihnen die Definition des Begriffes Konzentration nicht klar ist. Ich habe den Eindruck, Sie glauben sich über eine längere Zeit auf eine einzige Aufgabe fokussieren zu müssen, bevor Sie sich für konzentriert halten können. Das stimmt zwar in gewisser Weise, stellt aber nur eine Seite der Medaille dar.

Denn es ist doch so«, sprach ich weiter: »Auf jede Ihrer Aufgaben haben Sie sich voll konzentriert, und sobald Sie mit der einen fertig waren, haben Sie Ihr Bewusstsein gezielt auf die nächste gelenkt und diese total fokussiert erfüllt. Diesem Umstand – dass Sie in der Lage sind, Ihr Bewusstsein gezielt von einem Punkt abzuziehen und es auf einen anderen zu lenken, dem Sie sich dann auch wieder so lange wie nötig intensiv zuwenden – entnehme ich, dass Sie eine höchst konzentrationsfähige Frau sind. Dass sich Ihr Augenmerk jeweils nur ein paar Sekunden lang auf einen bestimmten Gegenstand richtet, spielt keine Rolle. Entscheidend ist: Solange Sie mit einem Arbeitsschritt befasst sind, ist Ihr Bewusstsein voll bei der Sache. Danach treffen Sie gezielt die Entscheidung, sich der nächsten Aufgabe zuzuwenden.«

Erfreut sah mich die Krankenpflegerin an und meinte: »Was Sie da sagen, stellt für mich eine unglaubliche Erleichterung dar. So habe ich das mit der Konzentration vorher nämlich noch nie gesehen. Ich hatte immer das Gefühl, ich könne mich überhaupt nicht konzentrieren. Jetzt aber weiß ich es zum Glück besser. Das ergibt alles total Sinn.«

Obwohl die Krankenpflegerin in einer einzigen Minute einen ganzen Haufen verschiedener Aufgaben erledigte, war sie auf jede einzelne zu 100 Prozent fokussiert. Hatte sie eine abgeschlossen, richtete sie ihr Bewusstsein auf die nächste. Und beide Faktoren zusammengenommen definieren den Begriff Konzentrationsfähigkeit. Die meisten Leute, sie selbst eingeschlossen, würden in ihrem Fall wohl von Multitasking sprechen. Was aber nicht stimmt, denn in Wahrheit verrichtete sie eine Arbeit nach der anderen.

Irgendwo anders auf der Welt sitzt eine altgediente Meditierende zehn Minuten lang still da. Die ganze Zeit über ist ihr Bewusstsein in die Kraft ihrer Wirbelsäule vertieft. Obwohl die beiden oberflächlich betrachtet nicht vergleichbar zu sein scheinen, konzentrieren sich beide, die Krankenpflegerin genauso wie die Meditierende. Solange sie tun, was sie tun, ist und bleibt beider Bewusstsein in ihrem Tun verankert. Sind sie damit fertig, lenken sie es gezielt auf die nächste Aktivität.

Konzentration beruht auf der Beherrschung des Bewusstseins.

Um die Definition abzuschließen, sei noch gesagt, dass Konzentrationsfähigkeit bedeutet, das Bewusstsein steuern zu können. Das heißt, dass du in der Lage bist, geistig so lange bei einer Sache zu bleiben, bis du dich dafür entscheidest, etwas anderes zu tun.

LEKTION 6.3

ABLENKUNG – DIE GROSSE PLAGE

In Zeiten, in denen viele wahre Experten in Sachen Ablenkung sind, mag es überflüssig erscheinen, diesem Thema eine ganze Lektion und mehr zu widmen. Um aber mit ihr umgehen zu können, müssen wir sie verstehen. Und zwar richtig. Denn mit Dingen, die wir begriffen haben, kommen wir viel besser klar.

Ablenkung, das Gegenteil von Fokussierung, ist eine Mentalplage, die durch die ganze Welt fegt und sich still und heimlich in das Leben vieler Menschen aller Altersstufen schleicht. Sobald sie den Geist einer Person ergreift, breitet sie sich in rasendem Tempo metastasierend in ihm aus. So beginnt sich das böse Rad der Ablenkung, wie ich es gern nenne, zu drehen und an Macht und Einfluss zu gewinnen. Nicht lang, und es wird zur dominanten Charakteristik des Geistes, zum souveränen Herrscher über das Leben der betroffenen Person.

Das Regime der Ablenkung ist in jeder Hinsicht kanzerös. Von Natur aus destruktiv zerstört es die Grundfesten aller Beziehungen, Visionen, Bestrebungen und allem sonst, was ein gedeihliches Leben ermöglichen könnte. Leider ist der abgelenkte Geist so abgelenkt, dass er sich nicht lang genug fokussieren kann, um zu erkennen, dass er abgelenkt ist, und etwas dagegen zu unternehmen.

Die Begleiterscheinungen eines abgelenkten Geistes sind, gelinde gesagt, verheerend. Dazu gehören, um nur einige zu nennen: Angst, Sorgen, innere Unruhe, Stress, ein Gefühl der Sinnlosigkeit, Entscheidungsschwäche, psychische und körperliche Erschöpfung. All diese Phänomene richten das reine Chaos im Geist an, zermürben ihn und lähmen die Willenskraft der betroffenen Seele. Ich glaube, dass sich nur die wenigsten der vernichtenden Folgen eines abgelenkten Geistes bewusst sind. Anderenfalls würden sie sich zum Selbstschutz ein Gegenmittel verordnen. Worin das bestehen könnte, fragst du? Nun, die perfekte Vakzine gegen diese verheerende Krankheit ist Konzentration.

Versuchen wir uns dem Massenphänomen der Ablenkung zunächst wie gehabt mit einer Definition des Begriffes anzunähern: Für mich bedeutet Ablenkung die nicht ausdrücklich von mir autorisierte Steuerung meines Bewusstseins durch eine äußere oder innere Kraft. Lass mich das näher ausführen: Mein Beispiel vom Kinobesuch würde nicht als Ablenkung gelten. Denn in dem Fall haben wir uns ja gezielt dafür entschieden, die Steuerung unseres Bewusstseins den Filmemachern zu überlassen, sodass sie es beliebig von einem Bereich des Geistes in einen anderen expedieren durften. Was nicht unserer Definition von Ablenkung entspricht.

Hier ein weiteres Beispiel. In der Hauptrolle: ein Smartphone.

Giovanni schickt seiner Babysitterin eine wichtige Nachricht. Darin will er ihr mitteilen, dass er später als geplant von der Arbeit nach Hause kommen wird, und sie fragen, ob sie so lange bleiben kann. Er ist noch nicht ganz fertig, als ein Anruf reinkommt. Giovanni nimmt ihn an. Seine Kollegin Amelia will mit ihm über das Projekt sprechen, an dem sie gemeinsam arbeiten. Anschließend erzählt sie ihm von einem Artikel, den sie auf einer von ihr häufig besuchten Website gefunden hat. Sofort, nachdem sie aufgelegt haben, geht Giovanni auf die betreffende Seite. Auch ihn begeistert der Artikel, weshalb er beschließt, ihn zu reposten. Also kopiert er den Link, geht auf Facebook und aktualisiert seinen Feed entsprechend.

Da er nun schon einmal auf Facebook ist, scrollt er sich schnell durch seine Timeline und likt, kommentiert und teilt andere Posts. Mit einem Mal poppen unten auf seinem Screen Benachrichtigungen auf. Demnach ist Traffic auf seiner Timeline. Giovanni, der es sehr schätzt, wenn er Beachtung findet, denkt sich: »Wow, da hat bestimmt jemand meinen Post gelikt!« Also klickt er »Benachrichtigungen« an und stellt fest, dass tatsächlich eine Menge Leute den von ihm reposteten Link zu dem Artikel gelikt und kommentiert haben. Darauf reagiert er, indem er diese Kommentare seinerseits likt und auf einige auch antwortet. Zu der Zeit ist Giovanni bereits zehn Minuten auf Facebook.

»Dieser Post ist echt beliebt«, sagt er sich, »eigentlich sollte ich ihn auch auf Twitter …« Er verlässt Facebook, switcht zu Twitter um und postet den Link auch dort. Anschließend scrollt er sich durch seine Timeline, um Tweets zu favorisieren, Retweets abzusetzen und zu kommentieren. Bald darauf sieht er die ersten blauen Punkte auf seinem Account und freut sich: Die Leute antworten auf seinen Tweet! Er klickt den Benachrichtigungsbutton an und geht in Interaktion mit ihnen.

Plötzlich wird sich Giovanni wieder der Zeit und des Umstandes bewusst, dass er schnell weiterarbeiten muss. Also switcht er zu seinen Mails um und beginnt die ersten zu beantworten. Fünf Minuten später fällt ihm auf, dass die Babysitterin noch nicht auf seine Nachricht von vor zwanzig Minuten geantwortet hat. Sein Bewusstsein begibt sich in den verärgerten Bereich seines Geistes, und Giovanni beschließt, sie alsbald zur Rede zu stellen: eine so wichtige Message zu ignorieren – geht ja gar nicht! Wieder wechselt er die App und geht zu seinen Nachrichten. Dort stößt er auf eine nicht abgeschickte, erst angefangene … Er errötet, weil ihm klar wird, dass er sich völlig grundlos aufgeregt hat. Schnell beendet er seine Mitteilung an die Babysitterin, schickt sie ab und wendet sich dann wieder seinen E-Mails zu. So geht es stundenlang weiter. Die ganze Zeit über lässt sich Giovanni von seinem Umfeld diktieren, welche Richtung sein Bewusstsein einschlägt und womit er sich beschäftigt.

Womöglich kannst du dich mit Giovanni identifizieren. Aber was ist hier eigentlich genau geschehen? Der junge Mann hat zugelassen, dass sein Bewusstsein ständig von einem Punkt zum nächsten flutscht – unter der Regie seines Smartphones, dessen Apps und der ganzen Benachrichtigungen. Der Umstand, dass er sich den Aufenthaltsort seines Bewusstseins von außen diktieren lässt, ohne dies ausdrücklich zugelassen zu haben, zeigt uns, dass er abgelenkt ist.

Sein Smartphone diktiert aber nicht nur, wo sein Bewusstsein hingeht, sondern zugleich auch, wohin seine Energie fließt. Ist nämlich jemand abgelenkt, schließt sie sich dem Bewusstsein an, das überall und nirgends umherflitzt. Mit dem Ergebnis, dass sich auch nichts Gescheites manifestieren kann.

Die Perfektion der Ablenkung

Wie gutes Konzentrationsvermögen beruht auch das Sich-ablenken-Lassen auf hinreichend Übung. Wer es auf diesem Gebiet zur Meisterschaft bringt, übt sich unbewusst in dieser aufkeimenden Mentalität. Erinnere dich nur an das Gesetz der Praxis: Ihm zufolge werden wir in allem, worin wir uns üben, über kurz oder lang richtig gut. Dieses Gesetz gilt auch, wenn wir etwas unwissentlich üben.

Das Beispiel vom Klavierspielen hatten wir ja schon. Wollte ich ein großartiger Pianist werden, dachte ich da, müsste ich täglich mindestens fünf Stunden üben. Und das wahrscheinlich fünf bis sechs Tage pro Woche. Ein halbes Jahr später wäre ich bestimmt besser als am Anfang. Ob ich aber auch in der Carnegie Hall würde auftreten können? Wohl kaum, trotz der vielen Übung. Nach zwölf Monaten hätte ich weitere Fortschritte gemacht; zu den Spitzenpianisten würde ich zwar noch nicht gehören, könnte das Instrument aber bestimmt schon mehr als passabel bedienen.

Nun stell dir vor, ich würde an fünf oder sechs Tagen die Woche sechs bis acht Stunden darauf verwenden, mich im Abgelenktsein zu üben. Wie weit ich es auf diesem Gebiet wohl sechs Monate später gebracht haben würde? Im Vergleich zu den Anfängen hätte ich mich bestimmt um einiges verbessert. Und wie würde es nach einem ganzen Jahr engagierten Übens aussehen? Wie gut wäre ich dann bereits im Mich-ablenken-Lassen? Mit Sicherheit schon sehr, sehr gut.

In Wahrheit üben die meisten Menschen keine sechs bis acht Stunden täglich. Der Tag hat vierundzwanzig Stunden, von denen sich die

Durchschnittsperson, wie wir mal annehmen wollen, ein luxuriöses Drittel an Schlaf gönnt. Demnach würde sie sechzehn Stunden im Wachzustand verbringen. Wie viele davon sie sich wohl realistischerweise darin übt, sich abzulenken oder ablenken zu lassen? Bestimmt mehr als sechs bis acht, eher aber doch zehn bis vierzehn Stunden. Und wahrscheinlich übt sie auch nicht nur an fünf oder sechs Tagen pro Woche. Denn wenn man von Montag bis Samstag abgelenkt ist, wird es am Sonntag ja wohl kaum anders aussehen.

Angenommen also, du übst sechs Monate lang sieben Tage die Woche zehn bis vierzehn Stunden lang: Dann ist es keine Übertreibung zu behaupten, dass du die Sache mit der Ablenkung schon recht gut hinkriegst. Und nach zwölf bis achtzehn Monaten dürftest du der Meisterschaft nicht mehr allzu fern sein.

Den meisten ist gar nicht bewusst, dass sie sich deshalb so gut ablenken und ablenken lassen, weil sie es fast ständig üben. Abgesehen davon, dass sie wahrscheinlich nie gelernt haben, sich zu konzentrieren, führt ihre permanente Praxis dazu, dass sie sehr gut darin werden, sich abzulenken oder ablenken zu lassen.

Die Kosten der Ablenkung

Wir Menschen haben zwei der größten Geschenke erhalten, die das Leben überhaupt zu bieten hat: Zeit und Energie. Nicht jedem von uns ist die Kostbarkeit dieser Gaben bewusst. Alle anderen jedoch halten sie in höchsten Ehren. Unsere endliche Lebenszeit auf diesem Planeten verrinnt kontinuierlich. Wie wir sie nutzen, hängt ganz allein von uns selbst ab. Und genauso verhält es sich mit unserer Energie. Auch über deren Nutzung bestimmt jede und jeder ganz für sich.

Die Ablenkung stiehlt uns Zeit und Energie, beraubt uns erbarmungslos wertvoller Momente und Beziehungen. Zeit und Energie kostet sie uns alle, aber nicht jede(r) empfindet deren Verlust gleich. Menschen, die planlos vor sich hin leben, haben alle Zeit und Energie der Welt. Für die jedoch, die eine Aufgabe für sich sehen und deren Dasein einen Sinn erfüllt, sind Zeit und Energie endlich. Und der Preis, den Ablenkungen kosten, ist ihnen zu hoch. Denn jede Minute, in der Bewusstsein und in der Folge auch Energie von den Gegenständen abgelenkt werden, auf die sie fokussiert sein sollten, ist unwiederbringlich verloren.

Meine Konzentrationsfähigkeit erlaubt es mir, in jedem Moment, den ich mit Freunden und Angehörigen verbringe, präsent zu sein. Ablenkungen könnten mich diese Augenblicke kosten – einzigartige Momente, die ich nie zurückbekomme und auf die ich keinesfalls würde verzichten wollen.

Während der Preis der Ablenkung zu hoch ist, ist es der der Fokussierung allemal wert, gezahlt zu werden. Enorm viel Quality-Time geht auf das Konto permanenter Ablenkung. So viele kostbare Momente mit geliebten Menschen werden aufgrund der Unfähigkeit der Leute verplempert, sich auf den gegebenen Moment zu konzentrieren. Auf individueller Ebene ist der von Ablenkungen ausgehende Einfluss enorm, auch wenn dies vielleicht nur denjenigen auffällt, die in der Lage sind, sich zu fokussieren.

Weil sich die Leute nicht fokussieren können, gelingt es ihnen auch kaum, wirklich präsent zu sein. Das führt dazu, dass sie sich unnötigerweise unerfüllt fühlen. Eltern und ihre Kinder entfremden sich zunehmend voneinander, weil sich weder die einen noch die anderen lang genug konzentrieren können, um das Entstehen einer sinnvollen Interaktion zu ermöglichen. Freunde, die sich zum Essen treffen, tun dies nur, um die Speisen zu fotografieren, und hängen ansonsten am Telefon. Gespräche gehen ins Leere, haben mehr Kurven und Wendungen als eine steile Gebirgsstraße. Raus kommt dabei selten etwas, da es so gut wie unmöglich ist, ein Thema bis zu einem natürlichen Ergebnis zu verfolgen. Die Ablenkung herrscht in allen Teilen unserer Gesellschaft dermaßen vor, dass sie längst zur akzeptierten Norm geworden ist.

LEKTION 6.4

KONZENTRATION IM ALLTAG

Die grundlegenden Fakten, die du brauchst, um lernen zu können, wie du dich konzentrierst, habe ich dir nun an die Hand gegeben. Jetzt können wir noch einen Schritt weitergehen.

Doch kommen wir zuvor noch einmal kurz auf die Definition von Konzentration zurück: Ich betrachte sie als die Fähigkeit, das Bewusstsein so lange auf einen Gegenstand gerichtet zu halten, bis du es gezielt auf etwas anderes lenkst. Um mich möglichst gut konzentrieren zu können, integriere ich diese Kunst in meinen Alltag. Von morgens bis abends übe ich mich darin, meine Aufmerksamkeit so lange auf einen Gegenstand gerichtet zu halten, bis ich sie gezielt auf etwas anderes lenke.

Schauen wir uns das etwas genauer an. Achte auf den Anfang meines letzten Satzes: Für ein fokussiertes Leben sind die Worte »von morgens bis abends« von überragender Bedeutung.

Häufig höre ich die Frage: »Hilft es mir, mich besser zu konzentrieren, wenn ich jeden Morgen fünf oder zehn Minuten meditiere?«

Und ich antworte darauf oft: »Erstens hilft dir das Meditieren überhaupt nicht bei der Konzentration. Denn um zu meditieren, musst du dich konzentrieren können, aber das ist ein anderes Thema. Um jedoch auf den Kern deiner Frage zu kommen: Solltest du dich lediglich fünf bis zehn Minuten täglich in Konzentration üben, wird es sehr lange dauern, bis du gut darin bist.«

Du erinnerst dich an das Beispiel mit dem Piano? Angenommen, ich übe täglich fünf bis zehn Minuten. Was meinst du, wie lange es dann dauert, bis ich gut Klavier spielen kann? Wahrscheinlich sehr, sehr lange, nicht wahr? Genauso ist es mit der Konzentration. Um dich effektiv fokussieren zu können, ist fünf- bis zehnminütiges Üben völlig unzureichend.

In diesem Zusammenhang musst du dir schon die Frage gefallen lassen, was du in den verbleibenden dreiundzwanzig Stunden und fünfzig Minuten täglich zu tun beabsichtigst. Solltest du dich während dieser Zeit acht bis zehn Stunden lang in Ablenkung üben, helfen dir die zehn Minuten Konzentration am Morgen jedenfalls herzlich wenig.

Viele Leute machen morgens ein bisschen Sport, um sich geerdeter oder fokussierter zu fühlen, verbringen den Rest des Tages aber mit Gewohnheiten und Routinen, die diesem Ziel komplett zuwiderlaufen. Du musst dein Leben wie ein Sprinter bei den Olympischen Spielen angehen. Nehmen wir zum Beispiel Usain Bolt. Ich muss zugeben, dass ich sehr wenig über ihn weiß. Eigentlich nur, dass er aus Jamaika stammt, in drei aufeinander folgenden Olympischen Spielen insgesamt acht Goldmedaillen gewonnen hat und mit 9,58 Sekunden den Weltrekord im 100-Meter-Lauf hält. Ich werde jetzt die eine oder andere Annahme über ihn äußern; sollte ich mich täuschen, kannst du mich gern korrigieren. Auf dem Höhepunkt seiner Karriere, vermute ich, wird er konsequent gearbeitet haben, sowohl auf der Bahn als auch im Gym. Weiterhin gehe ich davon aus, dass er sich gesund ernährt, viel getrunken, regelmäßig Dehnübungen gemacht, sich ausgeruht und genügend Schlaf bekommen hat. Den Großteil seines Tages dürfte er mit Gewohnheiten und Routinen verbracht haben, die ihm halfen, zum schnellsten Menschen auf Erden zu werden. Man könnte also durchaus sagen, dass ihm die täglichen Rituale und Routinen zum Weltrekord verholfen haben. Die dauerten allerdings nicht jeweils bloß 9,58 Sekunden.

Genauso wenig darfst du darauf zählen, ein ausgezeichnetes Konzentrationsvermögen zu erlangen, solange du dich nur zehn Minuten pro Tag darin übst. Einem Sprinter nicht unähnlich, der für Olympia trainiert, muss dein Tag aus Gewohnheiten und Routinen bestehen, die dich dabei unterstützen, eine stark fokussierte Person zu werden. Denn nur dann kannst du es in Sachen Konzentration wirklich weit bringen.

Fassen wir zusammen: Um dich gut fokussieren zu können, muss die Einübung der Konzentration – die Sammlung des Bewusstseins auf ein einziges Objekt, bevor du beschließt, es woandershin zu lenken – Bestandteil deines regulären Tagesablaufes werden. Und damit meine ich alle vierundzwanzig Stunden jedes Tages.

Konzentration – Teil meines Lebens

Daraus ergibt sich die Frage, wie ich das denn anstelle, mich den ganzen Tag über in Konzentration zu üben. Eine der besten Möglichkeiten, die Praxis der Fokussierung in das normale Leben zu integrieren, besteht darin, die immer wiederkehrenden, unverzichtbaren Vorgänge eines durchschnittlichen Tages dingfest zu machen und sich bei der jeweiligen Gelegenheit in Konzentration zu üben.

Lass uns genauer anschauen, was ich unter »immer wiederkehrenden unverzichtbaren Vorgängen oder Tätigkeiten eines durchschnittlichen Tages« verstehe, es in seine Einzelteile zerlegen und begreifen, worauf diese Aussage eigentlich hinausläuft. Einen »durchschnittlichen Tag« definiere ich als einen, der von einer ziemlich festgelegten Routine geprägt ist. An dem ich also mehr oder weniger immer dasselbe tue, was überwiegend mit Familie, Arbeit und mir persönlich zusammenhängt. Es handelt sich demnach weder um einen Urlaubs- noch um einen Feiertag, für den ich mir etwas Besonderes vornehme.

Wenn ich von »immer wiederkehrenden unverzichtbaren Vorgängen und Tätigkeiten« spreche, meine ich damit alles, was täglich anfällt, erforderlich und unabdingbar ist. Beispiele wären Toilettengänge, Essen, Trinken, Duschen, Zähneputzen und so weiter. Nun, streng genommen sind Zähneputzen und Duschen nicht unumgänglich; ich will aber darauf hinaus, was *ich* für unverzichtbar halte.

Manche Leute halten ihr allmorgendliches Laufen oder Meditieren für unverzichtbar. Ich nicht. Weil sich durchaus ein paar Tage lang ohne auskommen lässt. Worauf man aber keinesfalls verzichten kann, sind

Unterhaltungen mit den Kindern, Essen und Trinken oder natürlich auch der mehrfache Toilettengang. Zu den »wiederkehrenden unverzichtbaren« Tätigkeiten solltest du also am besten nur die Dinge zählen, die du wirklich tun *musst*.

Nachdem ich nun eindeutig definiert habe, was ich unter »immer wiederkehrenden unverzichtbaren Vorgängen oder Tätigkeiten« eines durchschnittlichen Tages verstehe, möchte ich ein paar Beispiele dafür mit dir durchgehen und dir zeigen, wie du das Einüben der Konzentration in sie integrieren kannst.

An meinen Durchschnittstag ist eines fraglos unverzichtbar: die Gespräche mit meiner Frau. Da beißt die Maus keinen Faden ab. Insgesamt unterhalten wir uns pro Tag bestimmt circa zwei bis drei Stunden, sagen wir der Einfachheit halber: durchschnittlich hundertfünfzig Minuten. Diese zweieinhalb Stunden verteilen sich über den ganzen Tag. Wir sprechen beim Frühstück miteinander, tagsüber bei der gemeinsamen Arbeit an unserem Projekt hier in Costa Rica, beim Abendessen und so weiter. Da ich diese Unterhaltungen als »immer wiederkehrende unverzichtbare Vorgänge oder Tätigkeiten« meines durchschnittlichen Tages betrachte, stellen sie für mich eine perfekte Gelegenheit dar, mich dabei in Konzentration zu üben.

Wie mir das gelingt? Dadurch, dass meine Aufmerksamkeit, mein Bewusstsein, während unserer Gespräche die ganze Zeit über ungeteilt bei meiner Frau bleibt. Sobald ich merke, dass ich doch einmal abdrifte, lenke ich mein Bewusstsein sanft und liebevoll wieder zu ihr zurück. Dann halte ich es mithilfe meines Konzentrationsvermögens auf sie gerichtet, das ich bei dieser Gelegenheit gleichzeitig schule und weiterentwickele. Wann immer ich bemerke, dass mein Bewusstsein dabei ist, auf Wanderschaft zu gehen, mobilisiere ich meine Willenskraft, um es auf das Gespräch mit meiner Frau zurückzulenken. Und das immer. Da kenne ich gar nichts. Da bin ich unerbittlich.

Irgendwann lernt mein Bewusstsein, ganz allein auf meine Frau fokussiert zu bleiben. Denn darin habe ich es geschult, weil ich die

Gespräche mit meiner Frau als Gelegenheit nutze, mein Konzentrationsvermögen zu trainieren. Und weil ich mich im Durchschnitt zweieinhalb Stunden mit ihr unterhalte, übe ich mich auch hundertfünfzig Minuten pro Tag in Fokussierung. Nach sechs Monaten bin ich darin schon bedeutend besser. Ähnlich wäre es am Piano: Würde ich ein halbes Jahr lang fünf Tage die Woche je zweieinhalb Stunden Klavierspielen üben, käme ich auch auf diesem Gebiet schon ein gutes Stück weiter.

Anfänglich habe ich in diesem Beispiel mal davon gesprochen, dass ich Minimum fünf Stunden täglich würde üben müssen, um Berufspianist zu werden. Sagen wir sieben im Durchschnitt. Auf die Konzentration bezogen, würde dieser Richtwert im Grunde bedeuten, dass ich, um Profi-Fokussierer werden zu können, weitere viereinhalb Stunden am Tag aufbringen müsste. Das heißt: Ich muss weitere täglich wiederkehrende unverzichtbare Vorgänge oder Tätigkeiten ausmachen, mit denen ich meine Konzentrationsschulung verbinden kann.

Bei der Arbeit verbringe ich täglich durchschnittlich neunzig Minuten mit Telefonaten und Online-Meetings. Für mich handelt es sich dabei um alltäglich anfallende unverzichtbare Vorgänge oder Tätigkeiten. Und damit auch um perfekte Gelegenheiten, meine Konzentrationsfähigkeit zu schulen. Am Telefon halte ich das Bewusstsein auf meinen Gesprächspartner oder meine Gesprächspartnerin gerichtet. Ich tue derweil nichts anderes. Weder checke ich meine E-Mails noch scrolle ich mich durch Social-Media-Feeds oder spüle Geschirr ab. Der Person, mit der ich spreche, gilt meine ungeteilte Aufmerksamkeit. Auf diese Weise komme ich zu weiteren anderthalb Stunden Konzentrationsschulung. Macht insgesamt nun schon zweihundertvierzig Minuten pro Tag.

Zusätzliche Konzentrationspraxis kannst du dir auch mit weniger zeitintensiven Aktivitäten verschaffen, die unverzichtbar sind und täglich anfallen. Das Zähneputzen etwa gibt mir die Gelegenheit, mich ausschließlich auf meine Mundhygiene zu fokussieren. Auch wenn es sich jeweils nur um zwei Minuten handelt … morgens und abends zusammengenommen sind das zusätzliche zweihundertvierzig Sekunden praktizierte Fokussierung pro Tag. Die morgendliche Dusche bietet eine perfekte Gelegenheit, sich der Reinigung des Körpers zu widmen. Oder nehmen wir die Nahrungsaufnahme. Wir alle essen täglich. Mehrmals. Fokussieren uns dabei aber nicht unbedingt auf das Genießen und Kauen der Speisen, die wir zu uns nehmen. Für Männer stellt auch das Wasserlassen mehrmals täglich eine hervorragende Gelegenheit der Fokussierung dar. Denn das Bestreben, mit dem Urinstrahl statt des Fußbodens die Toilettenschüssel zu treffen, scheint noch nicht von allen Jungs geteilt zu werden. Männerklos überall auf der Welt erbringen den nachdrücklichen Beweis, dass sich viele mit der Konzentration schwertun – ganz zu schweigen von der erforderlichen Zielgenauigkeit.

So wirst du allein durch kurzes Nachdenken genügend unverzichtbare Vorgänge oder Tätigkeiten ausmachen können, die sich mühelos zu potenziell sechs- bis achtstündigen Konzentrationsschulungen am Tag summieren. Nimmst du all diese Gelegenheiten zum Training wahr, wirst du es auf dem Weg in ein fokussiertes Leben schon bald recht weit gebracht haben.

Den Tipp, den Alltag zur Verwirklichung meiner Ziele einzuspannen, verdanke ich Gurudeva. Von ihm habe ich gelernt, nichts von dem, was ich mache, für wichtiger zu halten als anderes, sondern jede gemachte Erfahrung als einen Teil meines Lebens zu betrachten, den ich bewusst gewählt habe. Davon, wie ich in den jeweiligen Situationen agiere, und von meinen Reaktionen hängt zu einem großen Teil ab, wie sich mein Geist und in der Folge auch mein Leben entwickeln. Von Gurudeva weiß ich zudem, dass all diese Dinge einander verstärken: Erledige ich eine Aufgabe gut, mag sie auch noch so unbedeutend erscheinen, hilft mir das, die Eigenschaften herauszubilden, die ich brauche, um andere ebenfalls gut zu erfüllen. Sie sind alle miteinander verbunden und machen meinen Alltag aus. Wie ich sie betrachte und erledige, spielt eine große Rolle dabei, mich zu dem zu machen, der ich bin.

Dieser kluge Ratschlag meines Gurus veränderte mein ganzes Leben. Denn aus allem, was ich von nun an tat, wurde ein Schritt in ein lohnendes Leben. Das hältst du vielleicht für anstrengend. Das ist es aber eigentlich gar nicht. Es geht lediglich darum, Muster herauszubilden, Gewohnheiten zu etablieren, die der Erschaffung einer ziel- und zweckorientierten Lebensweise dienen.

Tag für Tag tust du Dinge, die du machen möchtest oder musst. Daran lässt sich nichts ändern. Nur eines solltest du dir klarmachen: *Wie* du diese Dinge tust, bestimmst du ganz allein. Mit einer Veränderung deiner Vorgehensweise modelst du auch dein Leben um.

Widme dich jeder deiner Verpflichtungen mit ungeteilter Aufmerksamkeit – ohne Rücksicht auf deren jeweilige Bedeutung. Tu das von morgens direkt nach dem Aufstehen bis in die Nachtruhe hinein. Denn im Schlaf sind wir in einer anderen Welt hellwach. Von unserer Konzentrationsfähigkeit hängt ab, wie sehr wir von der Zeit in dieser anderen Welt profitieren können, in der wir schließlich ein Drittel unseres irdischen Lebens verbringen.

Gurudevas Hinweis ist vielschichtig und du müsstest nur einmal tiefer über ihn nachdenken, um zu beginnen, ihn in seiner ganzen Tragweite zu begreifen. Denn letztlich geleitet er uns in ein Leben in der Unendlichkeit des Augenblicks – und zwar dadurch, dass wir bei allem, was wir tun, präsent und unseres Bewusstseins in jedem einzelnen Moment gewahr sind.

Andere Gelegenheiten

Bei der Suche nach »immer wiederkehrenden unverzichtbaren Vorgängen oder Tätigkeiten« brauchst du dich nicht auf dein Zuhause zu beschränken. Wenn du einen Großteil deiner Tage in einem Büro verbringst, kannst du dich auch dort umsehen. Zum Beispiel: Deine Abteilung kommt täglich zu einer fünfzehnminütigen Besprechung zusammen. Eine ausgezeichnete Gelegenheit, dich fünf Tage die Woche je eine zusätzliche Viertelstunde lang zu fokussieren. Widme diesen Terminen deine ungeteilte Aufmerksamkeit. Konzentrier dich auf jeden einzelnen Wortbeitrag. Solltest du merken, dass deine Gedanken abschweifen, lenkst du dein Bewusstsein gezielt auf die Unterredung zurück und setzt dein Konzentrationsvermögen ein, um ganz bei der Sache zu bleiben.

Unter der Woche stellen auch die täglichen Arbeitswege wiederkehrende unverzichtbare Tätigkeiten dar. Wer selbst am Steuer sitzt, kann seine vollkommene Aufmerksamkeit sowohl auf der Hin- als auch auf der Rückfahrt dem Straßenverkehr widmen. Nach Angaben der CDC kamen 2018 in den Vereinigten Staaten mehr als 2800 Personen bei Verkehrsunfällen ums Leben, die darauf zurückgingen, dass die Fahrer abgelenkt waren. Schätzungsweise 400 000 wurden verletzt. Der Gebrauch des Handys am Steuer führt, wie der National Safety Council (eine Non-Profit-Organisation in den USA, die vermeidbare Todesfälle zu verhindern versucht) berichtet, alljährlich zu 1,6 Millionen Unfällen. Ein Plädoyer für konzentriertes Fahren braucht kaum weitere Argumente.

Bist du auch schon mal irgendwo hingefahren und wusstest am Ziel nicht mehr, wie du das eigentlich angestellt hast? Nun überleg mal: Du sitzt in einer Metalldose und düst unkonzentriert mit 160 Kilometern pro Stunde über die Autobahn. Gruselige Vorstellung, oder? Nach einem Workshop, den ich einmal in Deutschland abgehalten hatte, schickte mir einer der Teilnehmer, ein Unternehmer, eine E-Mail, in der er unter anderem schrieb: »Früher habe ich beim Fahren ständig telefoniert. Heute steige ich ins Auto, verstaue mein Handy im Handschuhfach und konzentriere mich ausschließlich auf die Straße. Das ist mir besonders wichtig, seit mein Sohn oft mit im Wagen sitzt. Im Rückspiegel sehe ich ihn angeschnallt hinten sitzen und denke bei mir: ›Sein Leben liegt in meiner Hand. Wenn ich mich während der Fahrt ablenken lasse und er daraufhin verletzt würde oder Schlimmeres, wäre es allein meine Schuld. Der Junge ist mir auf Gedeih und Verderb ausgeliefert.‹ Mehr brauchte es nicht, um mich davon zu überzeugen, am Steuer stets so konzentriert wie nur irgend möglich zu sein.«

Je fokussierter du fährst, desto geringer ist die Wahrscheinlichkeit, dass du einen Unfall baust. Wann immer du also am Steuer sitzt, solltest du die Gelegenheit nutzen, dich gezielt zu konzentrieren.

Hier noch eine andere Möglichkeit: Wenn du viel am Computer sitzt, kannst du auch diese Zeit zum Üben nutzen. Angenommen, du bist Programmiererin und schreibst an einem Programm für eine komplizierte Shopping-App. Dann könntest du dir etwa sagen: »Die nächste Stunde über arbeite ich daran und lasse in der Zeit nicht zu, dass mein Bewusstsein irgendwo anders hinwandert.« Du deaktivierst alle Benachrichtigungsfunktionen und sobald du merkst, dass deine Gedanken abschweifen und dich zum Handy greifen lassen wollen, bringst du dein Bewusstsein sanft und liebevoll auf deine Arbeit zurück. So nutzt du diese Stunde, um dein Konzentrationsvermögen zu erhöhen.

Wir alle haben täglich zahllose Möglichkeiten, unsere Fähigkeit zur Fokussierung zu verbessern. Das Ziel besteht darin, bei all diesen unverzichtbaren Tätigkeiten eine zweite Fliege mit der gleichen Klappe zu schlagen und sich in Konzentration zu üben. Je öfter und je länger du das tust, desto besser wirst du auf diesem Gebiet. So belastest du dich auch nicht mit zusätzlichen Aufgaben, sondern profitierst von denen, die du ohnehin täglich verrichtest – indem du sie als Gelegenheit zur Fokussierung nutzt.

LEKTION 6.5

RITUALE DER KONZENTRATION

Unser aller Leben ist eingebettet in Rituale. Rituell umrundet die Erde, wenn man so will, die Sonne und der Mond unseren Planeten. Tiere führen genau wie Menschen Rituale durch, obwohl sich die meisten dessen wohl nicht bewusst sind. Für die Weisen der Welt sind Rituale schon seit langer, langer Zeit unverzichtbar. Sorgfältig erdacht und bewusst ins Leben integriert dienen sie der Verfolgung ganz bestimmter Zwecke. In den zehn Jahren, die ich als Mönch in einem hinduistischen Kloster verbracht habe, hatte ich es viel mit Ritualen zu tun. Deren transformative Kraft ist unermesslich. Und wie könnte man die Praxis der Konzentration besser ins Leben integrieren als durch tägliche Rituale?

Nun, da ich dir gezeigt habe, dass die beste Möglichkeit, sich in Konzentration zu üben, darin besteht, sie in deine immer wiederkehrenden unverzichtbaren Tätigkeiten zu integrieren, wollen wir uns anschauen, wie das am besten geht. Zunächst möchte ich dich bitten, dir fünf wiederkehrende unverzichtbare Aktivitäten zu notieren, die du als Gelegenheit zum gezielten Fokussieren nutzen kannst. In der vorhergehenden Lektion habe ich dir ein paar mögliche Beispiele genannt, die du gern nehmen kannst. Oder du lässt dir eigene einfallen. Wichtig ist nur, dass es sich um Dinge handelt, die für dich unverzichtbar sind und an jedem normalen Tag anfallen. Schreib sie dir in der Reihenfolge auf, in der du sie anpacken möchtest. Nimm dann die erste Tätigkeit beziehungsweise Übungsmöglichkeit und mach sie einen Monat lang zu einem Bestandteil deines Alltags. Die anderen vier legst du einstweilen auf Eis.

Angenommen, die erste Gelegenheit, für die du dich entschieden hast, besteht darin, deiner Partnerin oder deinem Partner bei jedem

Gespräch, das ihr miteinander führt, deine volle Aufmerksamkeit zu schenken. Widme dieser Person den ganzen Tag über deine hundertprozentige Aufmerksamkeit – bei jeder sich bietenden Gelegenheit, wann immer ihr miteinander sprecht. Bleib ganz bei ihr. Sobald deine Gedanken abschweifen, lenkst du sie mithilfe deines Willens wieder zurück. Anschließend setzt du deine Konzentrationsfähigkeit dafür ein, vollkommen präsent und bei deinem Gegenüber zu sein. Gib dir Mühe! Bleib am Ball!

Das ist der einzige Moment des Tages, in dem du bitte ernsthafte Anstrengungen unternimmst, dich zu konzentrieren. Und ich will dir auch erklären, warum. Angenommen, ich würde täglich ins Gym gehen und zehn Kilo stemmen. Sollte ich nach drei Wochen das Gewicht auf elf oder auf fünfzig Kilo erhöhen? Nun bin ich kein Fitness-Experte, vermute aber ganz stark, dass elf Kilo die bessere Option wären. Schließlich wollen wir die Muskulatur *schrittweise* aufbauen.

Genauso ist es mit dem Geist. Du kannst ihn getrost mit einem Muskel vergleichen, den du stärken willst. Und wie beim Bankdrücken solltest du auch hier den schrittweisen Ansatz bevorzugen. Würdest du versuchen, dich den ganzen Tag über ohne Pause voll zu konzentrieren, wäre ein Scheitern mehr als wahrscheinlich. Wiederholte Misserfolge entmutigen jedoch und führen leicht dazu, dass wir das gesamte Unterfangen aufgeben.

Bin ich nach einem Monat (oder gegebenenfalls auch länger) richtig gut darin geworden, meiner Frau bei jeder Unterhaltung mit ungeteilter Aufmerksamkeit zu begegnen, kann ich meine Routine um eine weitere täglich anfallende Aktivität erweitern. Ich gucke auf meine Liste, nehme den zweiten Punkt und integriere ihn in meine Abläufe. Ganz ähnlich wie beim Bankdrücken, wo ich die Gewichte jeweils erst nach einiger Zeit weiter erhöhe.

Besteht die zweite Gelegenheit auf meiner Liste darin, unserer Tochter meine ungeteilte Aufmerksamkeit zu schenken, stehen mir täglich schon zwei Möglichkeiten offen: wann immer ich mit meiner Frau spreche und darüber hinaus bei jedem Zusammentreffen mit unserer Tochter. So sieht nun meine neue tägliche Konzentrationsroutine aus – und nur bei diesen beiden Gelegenheiten gebe ich mir echt Mühe, mich zu fokussieren. Während die anderen drei Punkte weiterhin auf Eis liegen. Im täglichen Kontakt mit meiner Frau und unserer Tochter dagegen übe ich so lange, bis ich richtig gut darin bin, ihnen jeweils meine ungeteilte Aufmerksamkeit zukommen zu lassen.

Bis mir das gelingt, kann es durchaus einige Monate dauern. Sagen wir: fünf. Dann ist es Zeit, noch eine Schippe draufzulegen. Ich ergänze mein tägliches Konzentrationsritual um eine dritte Gelegenheit. So mache ich weiter, bis ich alle fünf Gelegenheiten täglich wahrnehme. Ist es auch bei dir so weit, wirst du feststellen, dass du anfängst, dich auch in anderen Situationen bewusst zu fokussieren.

In dem Maße, in dem du mehr Gelegenheiten zur Konzentration wahrnimmst, erhöhst du auch die Dauer der Zeit, die du in deine Übungspraxis investierst. Sodass du über kurz oder lang vielleicht fünf oder mehr Stunden täglich trainierst und auf dem besten Weg zum Konzentrationsprofi bist. Irgendwann wird dir auffallen, dass du dir dafür gar keine größere Mühe mehr geben musst, weil sich in deinem Unterbewusstsein ein Muster etabliert hat: die Gewohnheit, dich in jedem Moment immer nur auf ein einziges Objekt zu fokussieren.

Vor allem kommt es mir in diesem Zusammenhang aber darauf an, dir zu sagen, dass du am besten schrittweise vorgehst, wenn du es auf irgendeinem Gebiet weit bringen möchtest. Jeder Affe kann sich einen Tag oder auch Monat lang verändern, aber auf lange Sicht … Monat für Monat, Jahr für Jahr? Das ist der Heilige Gral der persönlichen Weiterentwicklung. Und was ist der Garant für bleibenden Erfolg? Das sind bedächtige Fortschritte.

Viele wollen es mit einem Satz von null auf hundert bringen. Sie vergessen dabei aber die achtundneunzig Punkte, an denen sie vorher vorbeimüssen. Schnellschüsse kannst du vergessen. Tricks gibt es auch keine. Wenn Joggen nicht zu deiner täglichen Sportroutine gehört, solltest du nicht damit rechnen, morgen einen Marathon laufen zu können. An alles, was wir erreichen möchten, müssen wir uns allmählich heranrobben.

Nehmen wir mal an, du bist jetzt vierzig Jahre alt und hast nie gelernt, dich zu fokussieren oder wenigstens in Konzentration zu üben. Dann fällt dir ein Buch zum Thema in die Hände. Du liest es dir durch. Erwarte nun aber bloß nicht, dass dich das zu einem Meister der zielgenauen Aufmerksamkeit macht. Was hast du schon groß dafür getan? Nicht mehr, als dir den Inhalt eines Buches einzuverleiben. Jetzt hast du eine vierzigjährige aktive Programmierung zu überschreiben. Was viel Zeit und Mühe kostet. Neue Muster müssen entstehen. Die Herausbildung eines schönen neuen Geistes benötigt nicht weniger Zeit als der Bau eines schönen neuen Hauses. Bis es zu spürbaren Veränderungen kommt, kann es Wochen, Monate oder sogar Jahre dauern. Aber wie sagte Gurudeva doch so gern? »Der Lohn wird viel größer sein als die Anstrengungen, die du unternimmst.«

Geh diesen Weg in Geduld und hab Mitgefühl mit dir. Du wirst oft stolpern, hinfallen und dir auch viele blaue Flecken holen. Rappel dich wieder auf und geh einfach weiter. Lies dir die Lektion »Die Macht der kleinen Schritte« noch einmal durch. Denn wenn du dich auf eine Gelegenheit fokussierst, machst du viele kleine Schritte. Die sind gangbar. Auch du schaffst sie. Von niedrig gesteckten Zielen geht kein Druck aus. Unterschätz mir aber nie die Macht der kleinen Schritte.

Registriere deine Fortschritte

»Solange du deine Fortschritte nicht registrierst, wirst du dich nie verbessern.«

Ragy Thomas, Gründer und CEO von Sprinklr,
Mentor und lieber Freund von mir

Im Zusammenhang mit den Beispielen für mögliche Gelegenheiten zur Schulung des Konzentrationsvermögens habe ich oft die Formulierung »richtig gut« verwendet. Dieses »richtig gut« würde ich jetzt gern näher definieren. Denn woher weiß ich eigentlich, ob ich etwas »richtig gut« kann oder wenigstens dabei bin, mich auf dem entsprechenden Gebiet zu verbessern? Am verlässlichsten kannst du diese Frage beantworten, wenn du deine Fortschritte beobachtest. Diese Methode wird schon seit Jahrhunderten angewandt, ist also keineswegs neu. Ich habe durch meinen Guru von ihr erfahren. Als ich Mönch in seinem Kloster war und er mich ausbildete, sorgte er dafür, dass ich mir immer Rechenschaft darüber ablegte, wie gut ich meine Sadhana (spirituellen Übungen) machte. Dieses Prozedere stellte ein einfaches, aber effizientes Instrument der Selbsteinschätzung dar.

Nachdem ich mich abends in mein bescheidenes Domizil zurückgezogen hatte, einen an einem Wasserlauf gelegenen drei Mal drei Meter großen schmucklosen Betonbau unter einem Banyanbaum, verbrachte ich einige Minuten damit, die Rituale auszuwerten, die ich tagsüber durchgeführt hatte. Dafür stand mir ein Blatt Papier mit einunddreißig Spalten (eine für jeden Tag des Monats) und einer Zeile pro Ritual zur Verfügung. Auf diesem Bogen hielt ich im Schein einer kleinen Lampe, die auf dem Boden stand, fest, wie ich mich bei den einzelnen Ritualen geschlagen hatte, und bewertete meine Leistungen. War ich mit der Auswertung fertig, faltete ich das Papier und verstaute es in einem Bücherstapel mit heiligen Schriften am Fußende meines Futons. So ging das jeden Abend.

Den Bogen legte ich Gurudeva am Ende des Monats in seinem Büro auf den Schreibtisch. Als ich meinen verehrten Lehrer einmal dort sitzend antraf, überreichte ich ihm das Papier direkt. Ohne einen Blick darauf zu werfen, nahm er es an sich, öffnete eine Schublade und legte es in einem Hefter ab.

Vieles, was ich von meinem Guru gelernt habe, hat er mir nonverbal vermittelt. Mithilfe seiner unglaublichen Konzentrationsfähigkeit schickte er mir mitunter eindeutige intuitive Botschaften. Solche Mitteilungen sind von Natur aus klar verständlich und kommen blitzartig rüber, obwohl es vieler Worte bedürfte, wollte man sie verbalisieren. Die, die ich in dem Moment erhielt, lautete: »Du machst das nicht für mich, sondern für dich.«

Mir dämmerte, dass ihn die Auswertung meiner Ritualerfahrungen gar nicht interessierte. Der einzige Sinn dieser Übung bestand darin, dass ich mir klarmachte, ob ich in meiner Praxis vorankam. Da es sich um eine Selbsteinschätzung handelte, hätte ich mich auch belügen und mir Bestnoten geben können. Das hätte mir aber nichts gebracht. Denn es stimmte: Der Einzige, der von dieser Übung profitierte, war ich. Es lag allein an mir, meine Leistungen in Bezug auf die Rituale so ehrlich wie möglich zu beurteilen. So konnte ich sehen, ob ich Fortschritte machte oder nicht.

Ich hatte gerade ein Ingenieurstudium abgeschlossen, und dieser Ansatz der spirituellen Weiterentwicklung sagte meinem zielorientierten, strukturierten, in Schritten und Prozessen denkenden Geist außerordentlich zu. Seine Herangehensweise gehörte zu den vielen Dingen, die mich zu meinem Guru hinzogen. Überhaupt war er immer ausgesprochen praxisnah und ging sehr systematisch vor. Genau das hatte ich mir von einem spirituellen Lehrer erhofft – dass er von seiner persönlichen Erfahrung ausging, aber auch in der Lage war, einen Weg vorzugeben, der Schritt für Schritt an ein klar definiertes Ziel führte.

Eine der grundlegenden Lehren, die er seinen Mönchen vermittelte, lautete: »Verlasst euch auf euer eigenes Rückgrat.« So sagte er auch oft:

»Stützt euch nicht auf mich, denn sonst fallt ihr, wenn ich einst nicht mehr bin.« Und ja, die Abhängigkeit von dem Mentor, der einen führt und leitet, kann schnell solche Dimensionen annehmen, dass sie von einem Katalysator zur Krücke wird. Dieses Privileg wird leider auch oft missbraucht. Sie ist ein prima Geschäftsmodell, denk ich mir, weil die Schüler nie genug kriegen und immer wiederkommen. Eine üppig sprudelnde Einkommensquelle! Wer hätte die nicht gern?

Ich aber ziehe den Ansatz vor, den auch mein Guru schon verfolgte: den Leuten zu helfen, dass sie nicht nur ihr Ziel definieren, sondern auch einen Weg finden, der sie dorthin führt, und ihnen die Tools und Techniken, die sie dafür brauchen, an die Hand zu geben. Gurudevas Ansatz war vollkommen selbstlos, und das machte mir klar, dass er sich wirklich für meine Entwicklung interessierte.

Woran erkennen wir nun, ob wir Fortschritte machen oder nicht? An bestimmten Wegmarken! Mein Guru war mir bei der Wahrnehmung dieser Zeichen immer gern behilflich. Sie gaben mir das Selbstvertrauen, das nötig war, um zu bemerken, dass ich aus eigener Kraft weiterkam. Wenn ich von San Francisco nach San Diego fahre und ein Schild mit der Aufschrift »San Diego: 250 Meilen« sehe, weiß ich, dass ich in der richtigen Richtung unterwegs bin. Steht auf dem nächsten Schild, das ich sehe: »San Diego: 150 Meilen«, besteht kein Zweifel mehr, dass ich meinem Ziel näher komme.

Ich kann beurteilen, wie weit ich es schon gebracht habe, und die Daten dieser Selbsteinschätzung sagen mir, ob ich Fortschritte mache. Das eigentliche Zeichen für meinen Erfolg ist jedoch der Einfluss der Veränderung meines Verhaltens auf das Leben, das ich führe. Führe ich meine täglichen Konzentrationsrituale gewissenhaft durch, fällt es mir jedes Mal auf, wenn ich im Gespräch mit meiner Frau gedanklich abschweife. In den Anfängen der Übung bemerke ich es in einer zehnminütigen Unterhaltung vielleicht fünfmal. Nachdem ich etwa einen Monat lang hart daran gearbeitet habe, jedes Abschweifen schnell zu registrieren, stelle ich womöglich plötzlich fest, dass mein Bewusstsein in einem zehnminütigen Austausch kein einziges Mal abgedriftet ist. Ein klares Zeichen für Fortschritt und Erfolg.

Das bleibt nicht folgenlos. Die Person, mit der ich gerade zusammen bin, spürt meine Präsenz und fühlt sich wertgeschätzt, umsorgt und geliebt. Je besser ich mich fokussieren kann, desto intensiver werden meine Interaktionen. Weil ich mich konzentriere, bin ich präsent. Je besser ich mich konzentrieren kann, desto besser höre ich auch zu. Jeder Austausch, und sei er auch nur kurz, ist lohnend, weil ich in jedem Moment präsent sein kann. So koste ich alle dreihundert Sekunden einer fünfminütigen Interaktion mit unserer Tochter aus, ohne eine Sekunde davon zu verschwenden. Mit dem Ergebnis, dass sich mein Leben wirklich lohnt. Und mein Töchterchen weiß: Wann immer ich mit ihr zusammen bin, bin ich vollkommen präsent. Gibt es eine schönere Art, »Ich hab' dich lieb« zu sagen?

Auch wenn ich mit meinem Team oder mit Kunden spreche, bin ich voll fokussiert und deshalb in jedem Austausch mit ihnen hundertprozentig präsent. Ich verstehe, was sie mir sagen wollen. Manches fällt mir auf, weil Konzentration die Beobachtungsfähigkeit schärft. So kann ich diese Menschen in einer Art und Weise unterstützen, die sie nie erwartet hätten. Und das sind nur einige der Vorteile eines fokussierten Geistes. Über weitere unterhalten wir uns in den folgenden Kapiteln.

Deine Punkte zählen

Am Ende dieser Lektion findest du eine Tabelle, die du zur Bewertung deiner Erfolge nutzen kannst. Aus Platzgründen hat sie nur vierzehn Spalten. Immerhin kannst du damit die Fortschritte dokumentieren, die du innerhalb von zwei Wochen machst. In die Zeilen trägst du deine fünf Gelegenheiten zur bewussten Konzentration ein.

In die oberste schreibst du die erste dieser Gelegenheiten, darunter die anderen vier – auch wenn ich vorschlage, sie erst später in deine Praxis zu integrieren.

Jeden Tag kannst du dir null, einen, zwei oder drei Punkte geben. Diese definiere ich wie folgt:

3. Dieses Ritual ist mir extrem gut gelungen.
2. Dieses Ritual habe ich ganz gut hinbekommen.
1. Bei diesem Ritual habe ich mir keine besondere Mühe gegeben.
0. Dieses Ritual habe ich nicht gemacht.

k. A. (keine Angabe): Aufgrund zwingender Umstände konnte ich dieses Ritual heute nicht durchführen.

Am Ende des Monats zählst du deine Punkte zusammen. Bei 31 Tagen sind das maximal 93. Auf dieser Basis kannst du deine durchschnittliche Punktezahl berechnen. Nach sechs Monaten siehst du dann, wo die Reise hingegangen ist. Du kannst auf der Basis deiner Selbsteinschätzung beurteilen, ob und welche Fortschritte du gemacht hast. Aber denk daran: Am deutlichsten lässt sich dein Erfolg an der Veränderung deines Verhaltens ablesen.

In der Dandapani-App, die du im App- und im Play-Store findest, liegt der gesamte Prozess auch digital vor – allerdings nur auf Englisch. Unter der Überschrift »Rituals« findest du ein Feature, mit dessen Hilfe du den Fortschritt dokumentieren kannst, den du bei deinen täglichen Ritualen machst. Dort wirst du täglich aufgefordert, deine Punktezahl einzugeben. Die App registriert sie und zeichnet deine Ergebnisse auf. Die Rituale helfen dir, die Bewegungen deines Bewusstseins zu steuern sowie Konzentrationsvermögen und Willenskraft zu optimieren.

Gelegenheiten, dich in Konzentration zu üben	Tag														Summe
	1	2	3	4	5	6	7	8	9	10	11	12	13	14	

Kapitel 7

Der stärkste Antrieb: die Willenskraft

LEKTION 7.1

DEFINITION UND VERSTÄNDNIS

»Der Wille ist der Treibstoff, der das Bewusstsein durch alle Bereiche des Geistes trägt. Er ist der Spirit, jene spirituelle Qualität, die die Verwirklichung innerer Ziele ermöglicht.«

Gurudeva

In den vorherigen Kapiteln habe ich erklärt, dass man das Bewusstsein, sollten die Gedanken abgedriftet sein, mithilfe der Willenskraft jederzeit zurückbringen kann. Auch war die Rede von den beiden Dingen, die zur Steuerung des Bewusstseins nötig sind: Konzentrationsvermögen und eben Willenskraft. Um uns Letzterer aber bedienen zu können, müssen wir zunächst einmal Verständnis für sie entwickeln. Deshalb befassen wir uns in diesem Kapitel intensiv mit der stärksten Kraft des Lebens. Mein Guru hat einmal zu mir gesagt: »Das Größte, was du im Leben herausbilden kannst, ist die Willenskraft. Denn mit ihrer Hilfe erreichst du alles, was du willst.«

Von der Kraft des Willens hatte ich schon in meiner Jugend gehört. Deshalb dachte ich auch, dass ich wüsste, worum es dabei ging. Zu einem tieferen Verständnis gelangte ich allerdings erst, als ich meinem Guru begegnete. Abgesehen davon, dass er mir die Bedeutung der Willenskraft erklärte, erfuhr ich von ihm vor allem auch, dass man sie tatsächlich ausbauen und stärken kann. Für mich war das vollkommen neu. Davon hatte ich noch nie gehört. Es war im Grunde wie mit dem Konzentrationsvermögen. Auch hierbei haben wir ja nie gelernt, wie man es weiterentwickeln und von ihm profitieren kann. So stolpern die meisten durch ihre Biografie, ohne je einen der größten Aktivposten zu optimieren, den sie haben und der ihrem gesamten Leben eine vollkommen andere Richtung geben kann.

Wir sind alle mit einem unterschiedlichen Maß an Willenskraft auf die Welt gekommen. Manche, die über enorme Mengen davon verfügen, scheinen sich von ihr, oberflächlich betrachtet, beinahe mühelos durchs Leben tragen zu lassen. Während sich andere, die diese in ihrer Seele schlummernde Kraft nie entdeckt, geschweige denn kultiviert haben, den bizarren Kapriolen des Lebens stumm duldend ergeben.

Die ihnen angeborene Willenskraft lässt sich bei Kindern viel leichter wahrnehmen als bei Erwachsenen. Solltest du mehrere Söhne oder Töchter haben, ist dir vielleicht schon aufgefallen, dass sie nicht alle über dieselbe Willenskraft verfügen. Das merkt man oft an den unterschiedlichen Reaktionen. Angenommen, ein Junge wünscht sich ein Spielzeug. Also fragt er seine Mutter: »Kann ich fünfzig Dollar haben, um es mir zu kaufen?«

Worauf die Mutter antwortet: »Natürlich kannst du das Geld haben. Du musst aber dafür arbeiten. In den nächsten Monaten habe ich ein paar Jobs für dich, mit denen du dir was dazuverdienen kannst.«

»Echt jetzt? Dann warte ich lieber bis zu meinem Geburtstag. Dann krieg ich das Geld auch so«, antwortet der Junge, obwohl ihm bewusst ist, dass er erst in acht Monaten Geburtstag hat.

Seine Schwester wünscht sich ein Spielzeug, das ebenfalls fünfzig Dollar kostet, und bekommt von ihrer Mutter dieselbe Antwort. Das Mädchen ist jedoch anders als ihr Bruder und antwortet: »Ich pflücke die Zitronen bei uns im Garten, mache Limonade daraus und verkaufe sie immer an den Wochenenden. Außerdem mach ich die Jobs, die du für mich hast, Mom. So habe ich das Geld in ein oder zwei Monaten zusammen, da bin ich mir ganz sicher.«

Im Vergleich wird ganz deutlich, dass das Mädchen über mehr Willenskraft verfügt als der Junge. Sie ist wild entschlossen, hat ihr Ziel fest im Blick und mobilisiert alle inneren Energien, um es zu erreichen. Genau das nenne ich Willenskraft.

Willenskraft – aufgeschlüsselt

Mein Guru definierte Willenskraft als die »zeitweilige Bündelung aller Energien auf einen bestimmten Punkt«. Will ich Kindern erklären, was Willenskraft ist, spreche ich von geistigen Muskeln. Das ist zwar nicht gerade eine akkurate Definition, ermöglicht aber eine unkomplizierte Visualisierung.

Würde ich in die Skizze meines Kopfes statt der Ohren an beiden Seiten einen Bizeps einzeichnen, wären diese meine mentalen Muskeln, meine Willenskraft. Mithilfe dieser »Muskulatur« könnte ich mein Bewusstsein, wann immer es abschweift, jederzeit zurücklenken. Meiner »Bizepse« bediene ich mich, um diesen leuchtenden Lichtball festzuhalten, wenn er am Abdriften ist, und ihn an seinen Ausgangsort zurückzuführen. Dieses Bild erleichtert das Verständnis, finde ich. Das betrifft auch das Training des mentalen Muskels: Will ich ihn stärken, stelle ich es ähnlich an wie bei meinen Oberarm-Muckis: Damit sie größer und kräftiger werden, stärke ich meine Willenskraft, so wie ich Gewichte stemme.

Da tatsächlich kaum jemand weiß, dass man auch die Willenskraft vergrößern und kräftigen kann, arbeiten die meisten letztlich nur mit der, die sie von Geburt an haben, und bauen sie im Lauf ihres Lebens höchstens versehentlich ein wenig mehr auf. Wie schade, dass sie so viel weniger erreichen, als ihnen möglich wäre. Wer dagegen seine Willenskraft trainiert und unaufhörlich an ihrer Weiterentwicklung arbeitet, kann es sehr, sehr weit bringen.

Ja, es ist wirklich genau wie bei unserer Muskulatur: Je öfter du deine Willenskraft einsetzt, desto leistungsfähiger wird sie. Und je mehr Willenskraft du entwickelst, desto mehr kannst du einsetzen. Nutze deinen Willen, um deinen Willen zu stärken. Oder wie mein Guru gesagt hätte: »Stärke deinen Willen, indem du ihn nutzt.«

Auch die folgende Erkenntnis verdanke ich ihm: Die Willenskraft, die du aufbaust, bleibt dir immer. Die schwindet nie. Du musst die Tanks nicht immer wieder neu auffüllen. Sie steht dir stets zur Verfügung, sodass du dich ihrer immer bedienen kannst, sei es in diesem oder im nächsten Leben.

Menschen, die sich durch ein hohes Maß an Willenskraft auszeichnen, bauen sie schon seit vielen Inkarnationen auf. Im Schwung dieser immer größer werdenden Energie treten sie in ihr neues Leben ein und können mit der Kraft eines Tsunamis selbst das Schicksal der Menschheit umdrehen. Das zeigt sich immer wieder. Eine solche durchschlagende Lebenskraft lässt sich unmöglich in nur einem Leben aufbauen.

Die negative Seite der Willenskraft

Willenskraft ist ein zweischneidiges Schwert und sollte am besten als Teil einer allgemeinen Charakterbildung gestärkt werden. Ohne den Einfluss eines kultivierten, gewissenhaften Geistes und Charakters kann die Kraft des Egos ins Negative gehen und das Leben auf unerwünschte Art und Weise prägen. Die Bausteine, die einen kultivierten Geist und einen ebensolchen Charakter ausmachen, sind Eigenschaften wie Demut, Selbstlosigkeit, Empathie, Mitgefühl, Güte, Geduld und so weiter. Deren beständige Hege und Pflege bilden den Rahmen, innerhalb dessen das Bewusstsein in puncto Denken, Sprechen und Handeln auf eine höhere Ebene gelangt. Sie schubsen die Willenskraft auf den Weg in ein erbauliches Leben.

Eines musst du dir klarmachen: Je stärker die Willenskraft, desto fester hält sie das Bewusstsein im Griff und umso unverzichtbarer sind ein gewissenhafter Geist und ein ebensolcher Charakter. Denn ohne diese ist die Wahrscheinlichkeit groß, dass sich das Bewusstsein für ungute Zwecke missbrauchen lässt.

Hoch fokussierte Leute werden oft als »stur« bezeichnet – eine typische Echolalie von Ignoranten, die Entschiedenheit mit Dickköpfigkeit verwechseln. Dass eine auf der nötigen Überlegung, auf Vernunft und klarer Zielorientierung beruhende Entschiedenheit für Starrsinn gehalten wird, kommt ziemlich oft vor. Und zwar, weil auch Starrsinn

Ausdrucksform eines aus unbeirrbarer Fokussierung geborenen entschiedenen Willens ist – allerdings ohne Sinn und Verstand, stattdessen gesteuert von purem Instinktverhalten.

Im Laufe der Jahre bin ich vielen Menschen begegnet, die über enorme Willenskraft verfügten, aber nicht um die Herausbildung eines umsichtigen, gewissenhaften Charakters bemüht waren. Woher ich das mit ihrer Willenskraft wusste? Nun, ich hatte sie Großes erreichen und Hindernisse überwinden sehen. Da sie aber keine charakterliche Gewissenhaftigkeit herausgebildet hatten, konnten sie nicht noch weit mehr hinbekommen.

Nehmen wir ein Beispiel: Einem sturen Menschen werden andere Techniken empfohlen, mit denen er bessere Ergebnisse erzielen könnte. Doch sein ungeschlachter Charakter sorgt dafür, dass sein Bewusstsein in einem Bereich des Geistes bleibt, in dem die Unvernunft herrscht. Da es ihm an Demut fehlt, bleibt er obstinat, obwohl er viel mehr erreichen könnte, wäre er nicht so beratungsresistent. Das perfekte Beispiel eines negativen Gebrauchs der Willenskraft.

Wenn Willenskraft und Fokussierung die Schwingen sind, auf denen sich das Bewusstsein im Geist erhebt, sind die Charaktereigenschaften die Federn, aus denen diese Schwingen bestehen.

Das wichtigste Argument für die Stärkung der Willenskraft

Ohne Willenskraft geht gar nichts. Wenn der Tod schon naht, klammert sich der Wille immer noch an den letzten Funken Leben und ist das Letzte, was sich verabschiedet.

Es gibt zahllose Möglichkeiten, die Willenskraft gewissenhaft einzusetzen; keine aber ist so bedeutsam wie die gezielte Lenkung der Reise des Bewusstseins durch den Geist. Dabei kannst du dir die Willenskraft wie die Zügel vorstellen, von denen das Bewusstsein gelenkt wird und in deren Geschirr es geht. Zugleich steuert der Wille den Energiefluss und bestimmt damit auch, was sich im Leben manifestiert. Dein Leben ist ein Beleg für den Einfluss, den die Willenskraft auf dein Bewusstsein ausübt. Denn was dein Bewusstsein steuert, steuert auch dein Leben.

Ich entwickle meine Willenskraft, meinen mentalen Muskel, so weiter, dass es ihm gelingt, meine Aufmerksamkeit zurückzuholen, sobald ich merke, dass sie abgedriftet ist. Das ist der elementare Einsatzbereich meiner Willenskraft. Hat sie das Bewusstsein dann von seinem Bummel durch den Geist zurückgebracht, übernimmt die Konzentrationsfähigkeit und sorgt dafür, dass es nicht wieder davonhuscht. Ist das Bewusstsein erst einmal in der Kunst der Konzentration geschult, schlüpft die Willenskraft in eine andere Rolle. Sie gibt ihre Funktion als Betreuerin ab und wird zur Kontrolleurin des Bewusstseins.

Je vertrauter jemand mit der eigenen Willenskraft ist, desto größer ist die Herrschaft, die er über sie ausübt. Der Hand eines Kunstmalers nicht unähnlich erfüllt sie seine Wünsche mit der Ehrerbietung eines loyalen Dieners. Genauso verhält es sich mit der Willenskraft und dem Mystiker. Der Mystiker setzt seinen Willen mit der Finesse und Präzision eines Kunstmalers ein. Dieselbe Kontrolle, die er über seinen Willen hat, hat er auch über sein Bewusstsein. Sein Zielpunkt ist die unbeschreibliche Tiefe des Geistes, das kultivierte Reich des Überbewusstseins, das Erleben der einzig wahren Essenz seines Seins. Auf dem Weg dorthin muss er das Bewusstsein mithilfe seines unbeugsamen Willens elegant durch den Geist steuern, dabei die zahllosen faszinierenden und verlockenden Bereiche meiden, die nur darauf warten, dem Bewusstsein in endloser Ablenkung aufzulauern und es zu verführen. Denn so groß auch die Ablenkungen durch die Außenwelt erscheinen mögen, die im Inneren sind viel gewaltiger.

Aufgrund der Präzision, mit der der Mystiker seinen Willen und seine Konzentrationskraft einsetzt, erschreckt ihn bei der Ankunft des Bewusstseins im kultivierten Reich des Überbewusstseins dessen Tiefe nicht. Würde er, wenn auch nur für einen kleinen Moment, den eisernen Griff lockern, in dem er sein Bewusstsein hält, würde es ihn verunsichern und dazu führen, dass sein Bewusstsein wieder in die Normalität des Bewussten zurückweicht. Doch hier, in den geheiligten Hallen des Überbewusstseins, erlebt es das Großartigste, mit dem unser Dasein aufwarten kann – allen zugänglich, angestrebt von wenigen und erfahren nur von Menschen mit unbeugsamem Willen, unerschütterlicher Fokussierung und der unstillbaren Sehnsucht nach Selbsterkenntnis.

LEKTION 7.2

DREI MÖGLICHKEITEN, DIE WILLENSKRAFT ZU STÄRKEN

Was Willenskraft ist, wie man sie stärkt und einsetzt, um Ziele zu manifestieren, müsste eigentlich jede(r) lernen. Konzentrationsvermögen und Willensstärke, diese schlummernden Geisteskräfte, sind himmlische Gaben, zu denen wir zwar alle Zugang haben könnten, die aber trotzdem vielen verborgen bleiben.

Gurudeva lehrte mich drei höchst effektive Methoden, die Willenskraft zu stärken, und zwar:

1. Bring alles, was du anfängst, zu Ende.
2. Bring es gut zu Ende – besser, als du gedacht hättest –, wie lang es auch dauern mag.
3. Tu ein bisschen mehr, als du dir zutraust.

Alle drei Methoden erfordern Anstrengung. Genau das bedeutet, dass du von deiner Willenskraft Gebrauch machst. Vergiss nicht: Gestärkt wird die Willenskraft durch den Einsatz des Willens. Lass uns daher die drei Methoden einzeln durchgehen, damit du sie besser verstehst und begreifst, auf welche Weise sie dir helfen, willensstärker zu werden.

Methode 1: Bring alles, was du anfängst, zu Ende

Um bei der Beendigung eines Projekts mehr jubeln zu dürfen als am Anfang, muss man seine Willenskraft bewusst einsetzen und steuern können. Erfolg kann sich nur einstellen, wenn wir Begonnenes auch abschließen. Die sich aus einer neuen Idee ergebende Energie ist wie ein frisches Lüftchen für den Geist. Von dem daraus resultierenden

Hochgefühl wird alle Mühe angefeuert – so lange, bis diese unkontrollierte Energie, alias Aufregung und Freude, an Kraft verliert.

Der Weg zu einem triumphalen Ende hat die Form einer Gaußkurve. Denn die mühsame Expedition an die Ziellinie, die auf die anfängliche Euphorie folgt, stellt ein Vorhaben mit scheinbar immer geringer werdender Rendite dar. In dem Maße, in dem Energie, Inspiration und freudige Erregung nachlassen, spielt bei der Realisierung der ursprünglichen Vision die Willenskraft eine zunehmend bedeutende Rolle. Und vollenden lässt sich ohne sie gar nichts.

In den meisten Gesprächen wird schon ein neues Thema angeschnitten, bevor das bisherige überhaupt abgeschlossen ist. So eine Unterhaltung kann sich verlaufen und ziellos umherdriften wie ein Luftballon. Dass ein Thema nicht ausdiskutiert wird, ist vielleicht nicht von größerer Bedeutung. Aber nur den wenigsten ist bewusst, dass dadurch im Unterbewusstsein ein Muster erzeugt wird. Diesem zufolge schadet es nichts, wenn etwas nicht zum Abschluss gebracht wird.

Dieses Muster – Dinge nicht zu Ende zu bringen – schleicht sich mit der Zeit in alle Lebensbereiche ein. Anfänglich werden die banalen Dinge des Alltags, die einfach erledigt werden müssen, wie Abwasch, Wäsche, Aufräumen, Putzen und so weiter, als unnötige Zeitverschwendung abgetan. Und irgendwann dringt diese Denkweise auch in Aspekte des Lebens vor, in denen sie nicht ohne Konsequenzen bleibt. So wird die Persönlichkeit darauf geprägt, Anfänge zu feiern und den Weg zur Vollendung zu scheuen. Das führt dazu, dass die Leute ihr Leben mit allem Möglichen pflastern, was nicht fertiggestellt wurde. Genau das schwächt ihre Willenskraft immer mehr. Die aber braucht es, um das Bewusstsein zu zügeln und dazu zu bewegen, dass es die Dinge ganz natürlich zum Abschluss bringt.

Die Erfahrung, Aufgaben von A bis Z erledigen zu können, bestärkt hingegen im Unterbewusstsein das Wissen, dass es Dinge vollenden kann. Das ist von bärenstarker Wirkung. Denn die Vollendung einer Idee liegt in deren Materialisierung.

Bring alles, was du anfängst, zu Ende, egal, wie klein, banal oder unbedeutend dir die Aufgabe auch vorkommt. Denn wann immer du das tust, stärkst du deine Willenskraft, deine mentale Muskulatur, ein bisschen mehr.

Methode 2: Bring alles, was du anfängst, gut zu Ende – besser, als du gedacht hättest –, wie lang es auch dauern mag

Alles abzuschließen, was du angefangen hast, ist schon mal nicht schlecht. Aber darauf brauchst du dich nicht zu beschränken. Wer seine Willenskraft ausbauen und stärken möchte, wird sich freuen, wenn er erfährt, dass es dazu noch viel mehr Gelegenheiten gibt. Du kannst ein Projekt abschließen und es gut sein lassen. Oder du beschließt, es weit besser zu beenden, als du es je für möglich gehalten hättest. Das ist der zweite Schritt. Die zweite Methode, deine Willenskraft auszubauen und zu stärken. Etwas besser machen als erwartet kann man nur mit einer gewissen Anstrengung. Und diese aufzubringen ist ein Zeichen von Willensstärke.

Ich möchte dir von einer der ersten Erfahrungen erzählen, die ich im Kloster auf diesem Gebiet gemacht habe. Jeden Tag waren wir Mönche eine halbe Stunde damit beschäftigt, einen bestimmten Teil der Anlage zu säubern, der uns zugeteilt war. Ich war eine Zeitlang für den Meditationsraum zuständig und sorgte dafür, dass er sauber und ordentlich war. Eines Tages war ich vor Ablauf der dafür üblichen dreißig Minuten fertig und verließ den Raum. Wenig später begegnete ich Gurudeva. »Bist du fertig mit deiner Aufgabe?«, fragte er mich.

»Ja.«

»Hättest du sie noch besser erfüllen können?«

»Möglich, aber eigentlich war alles sauber.«

»Schauen wir uns das Ergebnis gemeinsam an«, sagte mein Guru und war schon auf dem Weg. Er öffnete die Tür und betrat den Meditationsraum. Ich folgte ihm.

Wann immer ich mich in diesen Raum begab, hatte ich das Gefühl, von einer Dimension in eine andere zu gelangen. Fast täglich waren wir – etwas mehr als ein Dutzend Mönche – in den frühen Morgenstunden dort versammelt, um mit Gurudeva zu meditieren. In diesen vier Wänden waren im Laufe der Jahrzehnte zahllose innere Erfahrungen von Entsagenden zusammengekommen, die auf der Suche nach ihrem Selbst waren. All diese inneren Erfahrungen erfüllten nun den heiligen Ort und machten ihn zu einer Zufluchtsstätte, von der eine himmlische, geradezu außerirdische Atmosphäre ausging. Der einfache Raum hatte eine hohe Decke, die Wände waren mit dunklem Holz verkleidet. Man sah ihm sein Alter nicht an, konnte es aber spüren. Der Fliesenboden wurde beinahe zur Gänze von einem Teppich bedeckt. Gläserne Schiebetüren nahmen einen Großteil der südöstlichen Wand ein. Und der hintere Bereich wurde von einem mit Lavasteinen verkleideten Kamin dominiert.

Relativ weit vorn im Raum befand sich leicht erhöht der Gurudeva vorbehaltene Sitzplatz. An seinen beiden Seiten hingen lange Schriftrollen mit detaillierten Landkarten der inneren Welt. Beschrieben waren sie in Shum, einer mystischen Sprache, die er Jahrzehnte zuvor gechannelt hatte, um seine Mönche in der Kunst der Meditation zu schulen und ihnen die Erfahrung der Selbstverwirklichung zu ermöglichen. In diesem Raum hatte ich viele Stunden mit Gurudeva meditiert und wurde dabei mit einer Menge tiefgehender Erlebnisse und Einsichten gesegnet.

Als wir da so standen, sagte er zu mir: »Die meisten tun immer nur das bloße Minimum beziehungsweise das, was sie sehen. Doch wenn du dich genau umschaust, bemerkst du, dass da noch vieles ist, was zu säubern wäre. Ich bin mir zum Beispiel sicher, dass schon lange niemand mehr hinter dem Schrank geputzt hat. Die Fächer könnten auch mal wieder abgestaubt und die Spinnweben in der Ecke entfernt werden. Frag dich immer: ›Lässt sich das, was ich bisher gemacht habe, verbessern? Und was könnte ich zusätzlich noch tun?‹«

Diese Lektion hat in mir einen unauslöschlichen Eindruck hinterlassen und zu einer erheblichen Veränderung meines Verhaltens geführt. Sie besagte, dass ich mit ein bisschen Mühe und unter Zuhilfenahme meiner Willenskraft alles, was ich tue, weit besser hinkriegen kann, als ich je gedacht hätte. Und dass ich dabei zugleich diese meine Willenskraft stärken und meine Leistungen verbessern kann.

Methode 3: Tu ein bisschen mehr, als du dir zutraust

Du kannst entweder ein Projekt besser abschließen, als du es je erwartet und für möglich gehalten hättest, und dich damit begnügen. Oder aber du mobilisierst deine gesamte Willenskraft und legst noch eine Schippe drauf. Ein bisschen mehr zu tun, als du dir zutraust, geht nicht ohne Anstrengung. Und auch diese Anstrengung beruht darauf, dass du deine Willenskraft in die Spur bringst.

In Nordkalifornien kannte ich einmal einen Unternehmer, der Luxushäuser baute. Hatten seine Leute eine solche Immobilie fertiggestellt, arrangierten sie am Tag der Schlüsselübergabe in einige Zimmer Vasen mit Blumen. Diese Blumen gaben der ersten Begegnung mit dem neuen Zuhause einen zusätzlichen Kick. Obwohl die Bauleute nicht zu einer solchen Geste verpflichtet waren, wollten sie keinesfalls darauf verzichten – um einen Schritt weiterzugehen und ein bisschen über sich hinauszuwachsen. Wie großartig, Methode drei auf diese Weise ins Business einzubringen. Und gleichzeitig mehr Willenskraft herauszubilden.

Der Unterschied zwischen Methode 2 und 3

Im Laufe der Jahre ist mir oft aufgefallen, dass Leute den Unterschied zwischen Methode 2 und 3 nicht verstanden haben. Um jede Zweideutigkeit auszuschließen, möchte ich dir ein Beispiel geben, das Klarheit bringen dürfte.

Angenommen, ich beschließe, eines meiner Zimmer zu streichen. Mithilfe von Methode 1 würde ich mit Malern anfangen und den Prozess bis zum Ende durchziehen. Methode 2 würde mich veranlassen, den Vorgang mit einem besseren Ergebnis zu beenden, als ich vermutet hätte. Da ich kein gelernter Anstreicher bin, schaue ich mir vielleicht das eine oder andere Online-Video an, um ein paar Tipps und Tricks zu erfahren, die mir zu einem Arbeitsergebnis verhelfen können, das meine Fähigkeiten übersteigt. Das würde mir bestimmt helfen, mein Projekt besser abzuschließen, als ich gedacht hätte, und meine Erwartungen weit in den Schatten stellen.

Methode 3 bedeutet, dass ich noch etwas mehr tue, als ich mir vorgenommen habe. Das Zimmer ist jetzt gestrichen und mit dem Ergebnis bin ich zufriedener als anfangs erwartet. Nach der dritten Methode müsste ich nun in einen Laden gehen, in dem Kunsthandwerk verkauft wird, und mir eine Vase besorgen, die gut in den Raum passt. Gesagt, getan. Außerdem erwerbe ich zwei Bilder, die ich an die eine Wand hänge, die immer ein bisschen kahl gewirkt hat. Mit diesen beiden Käufen übererfülle ich sozusagen mein Soll und tue ein bisschen mehr, als ich eigentlich zu können meine.

Sei nie ein Mensch, der sich mit dem bloßen Minimum zufriedengibt, der den Job nur hinter sich bringen und schnell Feierabend machen will. Sei lieber die Person, die jede Gelegenheit wahrnimmt, ihrem Willen gemäß zu handeln, und dabei stets ein kleines bisschen mehr macht.

LEKTION 7.3

DIE INTEGRATION DER WILLENSKRAFT

So wertvoll wie ein Reiskorn für den Hungernden ist für den Weisen die Sekunde. Die fortwährende Fokussierung in der Gegenwart ist ein Beleg dafür, dass wir die Kostbarkeit unserer Zeit würdigen. Jeder Moment bietet eine Chance. Und sobald wir in der Lage sind, die Dinge so zu betrachten, können wir jeden dieser Augenblicke nutzen, um nicht nur unsere Konzentrationsfähigkeit zu stärken, sondern auch die Willenskraft. Das sollten wir aber nicht als Last empfinden. Wie schon gesagt: Tagsüber tun wir ja ständig irgendwas. Warum diese Dinge also nicht klug und mit Bedacht erledigen? Denn sobald jeder Augenblick bewusst verbracht wird, wird das Leben erfüllend und lohnend.

Ganz ähnlich wie es bei der Konzentrationsfähigkeit der Fall ist, muss auch der Ausbau der Willenskraft in jeden einzelnen Moment des Lebens integriert werden. Denn man kann nicht einfach zehn Minuten täglich darauf verwenden, die Willenskraft zu stärken, und den Rest der Zeit über Dinge tun, die diesen Versuch unterminieren. Auf diese Weise wird man kaum Fortschritte machen.

Wenn du genau hinguckst, wirst du sehen, dass der Tag voller Gelegenheiten ist, die Willenskraft zu stärken. Genau wie in puncto Konzentrationsfähigkeit kannst du auch hierfür deine an Durchschnittstagen »immer wiederkehrenden unverzichtbaren Vorgänge oder Tätigkeiten« nutzen. Leute sparen, damit sie das Geld eines Tages für einen bestimmten Zweck ausgeben können oder als Notgroschen für den Fall der Fälle. Mit der Willenskraft verhält es sich nicht anders. Je mehr du davon herausbildest, desto mehr steht dir zur Verfügung, wenn du auf sie angewiesen bist.

Der erste Schritt besteht darin, diese an normalen Tagen immer wiederkehrenden unverzichtbaren Aktivitäten auszumachen. In den entsprechenden Situationen wendest du dann im zweiten Schritt die drei Methoden an, deine Willenskraft zu stärken.

Frag dich: »Welcher unverzichtbare Vorgang fällt an normalen Tagen immer an? Und wie kann ich die drei Methoden zum Ausbau meiner Willenskraft auf ihn anwenden?«

Gurudeva definierte den Schlaf und alles nötige Drumherum als einen dieser Vorgänge und hat mich gleich zu Beginn meines Klosterlebens gelehrt, ihn als Gelegenheit zum Ausbau meiner Willenskraft zu betrachten. Unmittelbar nach dem morgendlichen Aufstehen waren wir angehalten, das Bett zu machen. Damit fand der Prozess des Schlafens seinen Abschluss. Mehr als zwei Jahrzehnte später halte ich es immer noch so und mache jeden Morgen mein Bett.

Der Prozess beginnt damit, dass ich beschließe, schlafen zu gehen. Ich putze mir die Zähne und reinige die Zwischenräume mit Zahnseide, dann klettere ich in die Koje und freue mich auf eine weitere lange Nacht der Gesichtsmassagen, die mir mein Töchterchen mit den Füßen verabreicht. Morgens wache ich fast täglich in einem Spaghettinest aus Bettlaken und -decken auf, Ergebnis einer improvisierten Soloperformance, die jeden wirbelnden Derwisch tief beeindrucken würde.

Vorbei die Tage, als ich morgens eine halbe Minute brauchte, um in meiner bescheidenen klösterlichen Bleibe ein kaum zerwühltes Ein-Mann-Laken nebst Kissen glattzustreichen. Mit der Familie ist, was das betrifft, eine Menge Mühe, Stoff und Federn hinzugekommen. Ich entwirre das Durcheinander und beginne mit dem Bettenmachen: Laken glattziehen, gemäß den Anweisungen meiner Frau die Kissen aufschütteln, ermitteln, welches Kissen wo hingehört und in welcher Reihenfolge. Ja, auf unserem Bett liegen mehrere davon.

Das Bettenmachen entspricht Methode 1: Begonnenes zu Ende bringen. Die Methoden 2 und 3 verlangen von mir, die Betten besser als erwartet zu machen und viel besser, als ich es mir je zugetraut hätte. Also passe ich auf, dass die Laken schön straff und die Steppdecken glattgestrichen sind. Unter Aufbietung meiner gesamten Kreativität schlage ich die Decken an einer Ecke zurück, wie sie es im Hotel manchmal machen, und überlege mir ein originelles Arrangement für die Kissen.

Am Ende verleiht das Doppelbett, hübsch, ordentlich und einladend, wie es jetzt aussieht, dem Schlafzimmer eine angenehme Atmosphäre. Wenn nämlich das Erscheinungsbild eines so großen Möbelstücks untadelig ist, hat es einen bedeutenden Einfluss auf die Schwingung des Raumes, in dem es steht. Es hebt sie an, optimiert sie und lenkt dadurch das Bewusstsein ganz automatisch in höher schwingende Bereiche. Was aber noch viel wichtiger ist: Während ich in den Tag gestartet bin, habe ich zugleich meine Willenskraft gestärkt.

Es gab auch Tage, an denen ich viel um die Ohren oder verschlafen hatte und das Bedürfnis empfand, das Bettenmachen ausfallen zu lassen und mich sofort den dringenderen Anforderungen des Lebens zu stellen. Aber so groß die Versuchung auch war, ich habe ihr immer widerstanden. Welche Hürden sich auch vor mir auftürmten – und meinen Geist erfüllten –, jedes Mal habe ich mich gezwungen, die Betten zu machen und die Kontinuität dieses Rituals nie zu unterbrechen. Bettenmachen ist keine schwierige Aufgabe. Was allerdings vielen ein Bein stellt, ist die nötige Konsequenz.

Das Bett machen – warum noch mal?

Von allen Dingen, über die ich in meinen Workshops und Vorträgen spreche, trifft das Bettenmachen immer auf die größte Resonanz. Das liegt, nehme ich an, daran, dass sich diese Übung leicht in den Alltag integrieren lässt. Am Ende des Tages gehen wir alle schlafen, und am nächsten Morgen haben die meisten von uns das Glück, wieder aufzuwachen. Als erste Aufgabe des Tages stellt das Bettenmachen keine besonders hoch am Baum hängende Frucht dar, und die dazu erforderliche Willenskraft ist leicht aufzubringen.

Einige enthusiasmierte Bettenmacher und Bettenmacherinnen posten sogar Fotos auf Social Media und taggen mich. Auch entsprechende E-Mails erhalte ich manchmal. Andere Leute kommen direkt auf mich zu und berichten mir, dass sie diese Übung übernommen haben und ihr Bett Tag für Tag mit größter Sorgfalt und Hingabe machen.

Oft sagt auch jemand voller Stolz zu mir: »Dandapani, seit Ihrem Vortrag habe ich mein Bett jeden einzelnen Tag gemacht.« Da ich mich über den Erfolg jedes und jeder Einzelnen freue, antworte ich meistens: »Gratuliere! Das ist eine große Leistung, wirklich! Sie können stolz auf Ihre Beharrlichkeit sein.«

Weil es mich wirklich interessiert, hake ich anschließend oft nach: »Aber unabhängig davon: Erklären Sie mir doch bitte, warum genau Sie morgens Ihr Bett machen.«

Die Antwort darauf lautet fast immer: »Nun, weil es mir schon früh am Morgen das Gefühl gibt, etwas geleistet zu haben.« Oder: »Weil der Tag dann schon mit einem Erfolg beginnt.«

Diese Antworten sind zwar nicht falsch, gehen aber vollkommen an dem Punkt vorbei, den ich machen wollte. Ja, das Bettenmachen gibt einem das Gefühl, etwas geleistet zu haben, und in der Tat beginnst du so deinen Tag schon mit einem Erfolg. Das hat aber nichts mit der Absicht zu tun, die ich im Sinn hatte, als ich dieses Thema angesprochen habe.

Denn du machst das Bett morgens, um deine Willenskraft zu stärken. Es bietet dir eine Gelegenheit, die drei Methoden, sie zu mehren, in eine an normalen Tagen regelmäßig vorkommende und unverzichtbare Tätigkeit zu integrieren. Wir entwickeln unsere Willenskraft weiter, damit wir diese unsere mentale Muskulatur nutzen können, um das Bewusstsein zu zügeln und zu steuern. Während wir das tun, lenken wir zugleich unseren Energiefluss. Und alles, wo die Energie hinströmt, manifestiert sich mit der Zeit in unserem Leben. Deshalb machen wir morgens die Betten. Wir verfolgen damit einen viel wichtigeren Zweck – einen, der sich auf den weiteren Verlauf unseres Lebens auswirkt.

Das ist *sankalpa* (der Sanskrit-Ausdruck für »Wille«, »Absicht« und »Vorsatz«). Eine klare Absicht ist von überragender Bedeutung. Alles, was wir tun und lassen, sollte zweckorientiert sein. Deshalb ist es auch so wichtig, dass du genau weißt, warum du eigentlich dein Bett morgens machst. Einfach nur Willenskraft zu entwickeln genügt nicht. Darüber hinaus müssen wir verstehen, warum wir es tun, und letztlich auch wissen, wofür wir diese Willenskraft einsetzen wollen.

Wenn du von jetzt an dein Bett morgens machst, sagst du dir, dass du damit ein Ritual durchführst, in dem es darum geht, deine Willenskraft zu stärken. Mach dir auch klar, dass du diese Willenskraft brauchst, um die Wege deines Bewusstseins und damit zugleich auch deinen Energiefluss steuern zu können, der darüber bestimmt, was sich in deinem Leben manifestiert. Präge diese Abfolge durch die Kraft der Wiederholung und die klare Absicht deinem Unterbewusstsein ein.

Jemand macht sein Bett, viel besser sieht es nachher aber auch nicht aus. Ein anderer dagegen macht sein Bett mit so viel Liebe und Sorgfalt, dass das Ergebnis sehr hübsch wird. Wenn man die Menschen beobachtet, sich ihre Umgebung anschaut und guckt, wie sie ihre Aufgaben erfüllen (oder auch nicht), erfährt man schon ziemlich genau, wer sie sind, wie sie ticken und über wie viel Willenskraft sie verfügen.

Für das Ritual des morgendlichen Bettenmachens spricht aber noch ein weiterer bedeutender Pluspunkt: Dadurch, dass du nach dem Aufwachen dein Bett machst, erklärst du deinem Geist, dass du die Richtung deines Bewusstseins steuerst und auch festlegst, womit es sich befassen soll. Auf diese Weise gibst du gleich den Ton für den ganzen Tag vor. Überlässt du die Herrschaft über dein Bewusstsein dagegen deinem Umfeld, siehst du dich am Morgen womöglich einem endlosen Feld von Kaninchenbauten gegenüber, in die du jederzeit fallen kannst. Dein Telefon oder E-Mail-Fach hat es über Nacht aufgetischt und serviert es dir jetzt auf dem Screen.

Stärke deinen Willen so, dass du deinem Bewusstsein die Richtung vorgeben kannst, statt es von deiner inneren oder äußeren Umgebung steuern zu lassen. Denn nur, wenn du steuern kannst, wohin dein Bewusstsein geht, lenkst du auch den Fluss deiner Energie und hast so selbst in der Hand, was sich in deinem Leben manifestiert.

Dadurch, dass du nach dem Aufwachen dein Bett machst, unterwirfst du Geist, Körper und Emotionen deinem Willen und stellst klar, dass du die Herrschaft über dein Bewusstsein und sein Tun hast. So verdeutlichst du ihnen (deinem Geist, Körper und den Emotionen), dass nicht sie dein Bewusstsein steuern. Und dass sie *dir* dienen – nicht umgekehrt. Also lass sie nicht diktieren, wohin dein Bewusstsein geht, denn *du* hast den Hut auf. Lass keinen Zweifel daran, wer hier Herr oder Herrin im Haus ist – und zwar dadurch, dass du dein Bett machst!

LEKTION 7.4

RITUALE ZUR STÄRKUNG DER WILLENSKRAFT

Die Dinge des Alltags, insbesondere die unverzichtbaren, stellen perfekte Gelegenheiten dar, zu Übungen zum Ausbau der Willenskraft zu werden. Dabei handelt es sich um die Aktivitäten, die wir als natürlichen Bestandteil des Lebens akzeptiert haben. Warum also sollten wir sie nicht auch als Chancen nutzen, es ein bisschen besser zu machen? Im letzten Kapitel haben wir uns ausführlich mit dem Bettenmachen befasst. Jetzt möchte ich dir noch ein paar weitere Beispiele geben, die du adaptieren kannst, um deine Willenskraft zu stärken.

Wie der Schlaf ist auch das Essen unverzichtbar, und die Mahlzeiten sind wunderbare Gelegenheiten, die drei Methoden des Ausbaus der Willenskraft anzuwenden – schließlich nehmen wir ja fast alle dreimal täglich etwas zu uns. Ich etwa frühstücke jeden Morgen. Und wenn ich die Zeit habe, mir Frühstück zu machen und es einzunehmen, habe ich bestimmt auch noch Zeit genug, das Geschirr zu spülen. Da ist es wichtig, standhaft zu bleiben und angesichts der scheinbar unüberwindlichen To-do-Liste für den bevorstehenden Tag nicht einzuknicken und zu sagen: »Ich muss jetzt wirklich los, abwaschen tu ich später.«

Sobald ich mein Obst verputzt habe, spüle ich die Schüssel und stelle sie ins Abtropfgestell. Stunden später (ich arbeite von zu Hause aus), sobald mir Mutter Natur beim Abtrocknen geholfen hat, stelle ich die Schüssel weg. Damit ist der Prozess des Frühstückens abgeschlossen. Ich habe zu Ende gebracht, was ich begonnen habe.

Du entscheidest dich vielleicht anders und trocknest dein Geschirr nach dem Spülen sofort ab, um es gleich wieder in den Schrank zu stellen und diese Aufgabe mithin in einem Schwung zu erledigen. Möglicherweise erklärst du den Gesamtprozess aber auch für abgeschlossen, nachdem du Geschirr und Besteck in den Geschirrspüler gepackt und die Oberfläche deines Küchentisches abgewischt hast. Du musst lediglich wissen, was »Angefangenes zu Ende bringen« für dich persönlich heißt. Hast du es einmal festgelegt, dann bleib bei der Stange. Denn die Fähigkeit, den Prozess erfolgreich abzuschließen, ist Ausdruck gelebter Willenskraft. Hast du dieses »Angefangenes zu Ende bringen« nicht definiert, kann es sein, dass du den ganzen Morgen mit Saubermachen in der Küche verbringst.

Weiter musst du bestimmen, was du jeweils unter »etwas mehr tun, als du dir zutraust« und es »besser tun, als du gedacht hättest« verstehst. Hätte ich das nicht getan, würde ich morgens vielleicht eine oder sogar zwei Stunden mit Bettenmachen verbringen. Indem ich noch die Laken wasche, sie bügele, die Kissen in der Sonne auslüften lasse und Gott weiß was alles tue, um meine Willenskraft zu stärken. Was aber weder praktikabel noch vernünftig wäre. Also: Geh mit all diesen Leitsätzen und Tools weise um. Lass nie die Vernunft außen vor.

Viele Leute essen mindestens einmal am Tag zu Hause. Dabei ergeben sich viele Gelegenheiten zur Anwendung der drei Methoden, die Willenskraft zu stärken – beginnend bei der Vorbereitung über das Kochen bis hin zum Saubermachen vor und nach der Nahrungsaufnahme. Willst du deine Willenskraft wirklich optimieren, solltest du diese sich täglich bietende Gelegenheit unbedingt nutzen. Guck genau hin, und du wirst viele weitere Möglichkeiten erkennen, die drei Methoden anzuwenden. Wann immer du etwas zu dir nimmst, hast du de facto die Chance, den Prozess des Zubereitens, Konsumierens und Abschließens ganz bewusst zu erleben und ihn zum Ausbau deiner Willenskraft sowie als Konzentrationstraining zu nutzen.

In vielen Arbeitsstätten gibt es einen Essbereich oder wenigstens eine Teeküche. Beim Verlassen bietet sich dir die Gelegenheit zur Anwendung der drei Methoden: Wasch deinen Kaffeebecher aus, trockne ihn ab und stell ihn weg. So kannst du auch im weiten Rahmen deiner Berufstätigkeit die Stärkung deines Willens üben.

Gurudeva hat uns Mönchen immer geraten, jeden Raum besser zu verlassen, als wir ihn angetroffen haben. Und wir haben uns immer große Mühe gegeben, seiner Empfehlung zu folgen und jede Örtlichkeit, in der wir waren, etwas hübscher zu machen. Dadurch, dass ich mich konsequent an diese Richtlinie gehalten habe, wurde mir klar, dass selbst kleinste Schritte und Maßnahmen enorm viel ausmachen.

Zu Hause gehen wir barfuß, meine Familie und ich. Was bedeutet, dass wir uns unseres Schuhwerks entledigen, bevor wir das Haus betreten. Mit dem Heimkommen schließen wir den Akt des Rausgehens ab, und dazu gehört eben auch, dass wir die Schuhe ausziehen und sie an dem dafür vorgesehenen Ort abstellen. Das Ausziehen und ordentliche Verstauen der Schuhe stellt in diesem Fall – beim Abschluss des Prozesses des Rausgehens – das Mehr und Besser dar. Und darin ist sogar unsere kleine Tochter schon sehr versiert.

Viel leichter als den Mantel auf einen Kleiderbügel und ordentlich an die Garderobe zu hängen, wäre es natürlich, ihn auf die Couch zu donnern oder schmutzige Kleidung auf dem Schlafzimmerboden liegen zu lassen, statt sie in den Wäschekorb zu werfen. Wenn wir es so betrachten, bietet jeder Tag zahllose Gelegenheiten zur Stärkung der Willenskraft. Ist diese Zielvorstellung erst einmal fest in allen Bereichen des Geistes verankert, sehen wir darin auch keine Pflichtübung oder Belastung mehr. Denn im Laufe der Zeit wird es zur Gewohnheit, diese Gelegenheiten zu ergreifen. Von da an braucht es dafür keine Anstrengung mehr. Es gehört einfach dazu.

Dann bringst du im Gespräch jeden Gedanken zu Ende. Spülst dein Geschirr jedes Mal ab und stellst es weg. Du ziehst dir die Schuhe aus und verstaust sie ordentlich. Deinen Mantel hängst du an der Garderobe auf. Nachdem du vom Tisch aufgestanden bist, schiebst du den Stuhl wieder darunter. In deiner Lebensweise spiegelt sich deine Einstellung wider – die von der Stärkung deiner Willenskraft und Konzentrationsfähigkeit geprägt ist. Solche Rituale fügen sich in den Rhythmus deines Lebens ein, in den unangestrengten Fluss deiner Lebenskraft durch ein gut strukturiertes Unterbewusstsein, das darauf programmiert ist, einen ganz speziellen Zweck zu verfolgen.

Die Stärkung der Willenskraft

Ich möchte dich bitten, dir fünf unverzichtbare Aktivitäten aufzuschreiben, die bei dir an normalen Tagen immer wieder anfallen und die du als Gelegenheit wahrnehmen kannst, deine Willenskraft zu stärken. In dieser und der vorhergehenden Lektion habe ich dir einige Beispiele für solche Gelegenheiten gegeben, aber natürlich kannst du auch selbst welche finden. Wie schon beim Einüben der Konzentration ist es auch in diesem Zusammenhang wichtig, dass es sich um Vorgänge und Tätigkeiten handelt, die nicht nur unverzichtbar sind, sondern auch an jedem »normalen« Tag anfallen.

Schreib sie dir der Reihenfolge entsprechend auf, in der du sie anpacken möchtest. Greif die erste Tätigkeit beziehungsweise Übungsmöglichkeit auf und mach sie einen Monat lang zu einem Bestandteil deines Alltags. Die anderen vier legst du derweil auf Eis.

Angenommen, du hast dich als erste Gelegenheit für das morgendliche Bettenmachen entschieden. Dann machst du einen Monat lang nach dem Aufstehen verlässlich dein Bett. Bediene dich dabei der drei Methoden zur Stärkung der Willenskraft. Sollte sich nach einem Monat herausstellen, dass du dieses Ritual weder konsequent noch richtig gut durchgeführt hast, mach weiter, bis du mit deiner Leistung zufrieden bist. Am Ende dieser Lektion findet sich das gleiche der Selbsteinschätzung dienende Formular wie im Kapitel über die Konzentration. Auch die Anleitung zur Dokumentation und Auswertung deiner Praxis ist dieselbe. Der Einfachheit halber und um Platz zu sparen, verzichte ich an dieser Stelle darauf, sie zu wiederholen. In der Dandapani-App liegt unter der Überschrift »Rituals« alles auch digital vor (allerdings auf Englisch).

Sobald du mit deiner Praxis des Bettenmachens wirklich zufrieden bist, integrierst du die zweite Gelegenheit in deine täglichen Abläufe. Diese könnte zum Beispiel darin bestehen, dass du gleich nach dem Frühstück dein Geschirr spülst. Tu dies jeden Morgen. Führst du auch dieses Ritual zu deiner vollen Zufriedenheit durch, ist es an der Zeit, die dritte Gelegenheit in deinen Alltag einzuführen.

Weißt du noch, was ich über das Bankdrücken und die schrittweise Erhöhung der Gewichte gesagt habe? Diese Herangehensweise wählen wir auch in puncto Willenskraft. Von überragender Bedeutung ist dabei, dass du Geduld mit dir hast. Zu große Eile und Ungeduld führen unweigerlich zu Misserfolgen.

Manche dieser Aufgaben mögen dir banal und unbedeutend vorkommen. Ich sehe das anders. Denn für mich ist alles, was ich am Tag tue, etwas, worauf ich mich bewusst eingelassen habe. Weshalb es auch meine ungeteilte Aufmerksamkeit und Umsicht verdient. Diese scheinbar kleinen Dinge stellen einen bedeutenden Teil meines Lebens dar. Bedeutend, weil sie sich täglich wiederholen. Die eiserne Konsequenz, mit der ich mich ihnen widme, begründet ihre außerordentliche Kraft, mein Leben zu gestalten.

Das Wissen, dass ich mit einem festen Willen in der Lage bin zu steuern, wo sich mein Bewusstsein im Geist hinbewegt, ist für mich Grund genug, gezielt an der Stärkung dieser Kraft zu arbeiten. Mithilfe meiner Willenskraft kann ich mein Bewusstsein in höhere Ebenen lenken – Ebenen, die wir alle in uns haben und die nur auf unser Bewusstsein warten. Bei der Stärkung meiner Willenskraft geht es mir im Grunde gar nicht allein darum, das Leben zu manifestieren, das ich mir wünsche. Sondern vor allem auch darum, in höhere Bewusstseinsebenen zu gelangen. In letzter Instanz dreht sich für mich eh alles um Selbstverwirklichung.

Gelegenheiten, deine Willenskraft zu stärken	Tag														Summe
	1	2	3	4	5	6	7	8	9	10	11	12	13	14	

LEKTION 7.5

DIE QUELLE DER WILLENSKRAFT

Ein Bauer baut auf den acht Hektar Land, die er besitzt, verschiedenes Gemüse an. Seine Ernte hängt zu einem Gutteil davon ab, wie viel Wasser zur Verfügung steht. Da es sich hier um einen sehr erfahrenen Landwirt handelt, hat er ein sorgfältig durchdachtes Bewässerungssystem eingeführt, das das kostbare Nass aus einem Tiefbrunnen auf seinem Gelände hochpumpt und dafür sorgt, dass die Pflanzen zu ihrem Recht kommen.

Im Jahr darauf erwirbt der Bauer weitere anderthalb Hektar Land, die er ebenfalls dem Gemüseanbau widmet. Da er den Standort seiner Wasserquelle, des Brunnens, kennt, weiß er auch, wo er das Wasser für die neu hinzugekommene Fläche herbekommt.

An einem gesetzlichen Feiertag in der Wochenmitte lungerst du auf der Couch herum, freust dich, dass du nicht zur Arbeit musst, und vertiefst dich stattdessen in einen Kriminalroman. Während du auf die nächste Seite blätterst, durchkreuzt das Unterbewusstsein dein Konzentrationsvermögen und bringt dir ins Gedächtnis zurück, dass du in der Früh eigentlich hättest ins Fitnessstudio gehen wollen. Laut seufzend erinnerst du dich an den verzweifelten Moment nach dem gestrigen Abendessen: »Da habe ich's mir vorgenommen«, murmelst du vor dich hin.

Um diesen Plan ausführen zu können, musst du zunächst dein Bewusstsein in den Zustand der Aufmerksamkeit versetzen. Das ist aber total in dem Buch und der spannenden Frage versunken, wie die Handlung wohl weitergehen wird. Trotzdem: So schwach der Versuch, dein Bewusstsein vom Lesestoff abzulösen, auch gewesen sein mag, erfolgreich ist er. In diesem Moment empfindest du allerdings nicht die geringste Lust, das kuschelige Netz zu verlassen, in das du dich eingesponnen hast. Mehr noch: Du verabscheust den Gedanken, dich umziehen und ins Studio fahren zu müssen.

In dem Moment wird dir eines klar: Der einzige Weg, doch noch ins Gym zu kommen, besteht darin, die gesamte Willenskraft zu mobilisieren, die du dir seit Jahren aufbaust. Nun stellt sich die Frage: Ähnelst du unserem Gemüsebauern, weil du jetzt genau weißt, wo und wie du diesen Willen aufbringen kannst? Kennst du die Quelle deiner Willenskraft?

In all den Jahrzehnten, die ich jetzt schon versuche, zu einer besseren Version meiner selbst zu werden, gab und gibt es immer wieder mentale und emotionale Gräben, die ich überwinden, und Persönlichkeitszüge, die ich demütig einräumen, mir eingestehen und korrigieren muss. Ich weiß noch genau, dass ich als junger Mönch einmal vollkommen fertig war, weil ich das Gefühl hatte, in meinem Kampf gegen ein tief in mir verwurzeltes unbewusstes Muster gescheitert zu sein. Derart von meiner instinktiven Natur besiegt, suchte ich meinen Guru. Ich fand ihn schließlich auf einem Stuhl sitzend in seinem Zimmer. Das durchs Fenster eindringende Licht wurde durch ein Fliegengitter gefiltert, wodurch der Raum kalt und gedämpft wirkte. Der Tradition entsprechend warf ich mich in demütigem, liebendem Gehorsam vor meinem Guru nieder, dann setzte ich mich mit gekreuzten Beinen vor ihn. Seine pure Präsenz erfüllte mich mit Hoffnung. Ich sah ihm an, dass er meine Niederlage spürte.

Bis zu diesem Moment war kein einziges Wort gefallen. Schließlich durchbrach er die Stille und sagte: »Die Antwort deiner Frage lautet: Willenskraft.« In der sich anschließenden Gesprächspause ließ ich seine Äußerung auf mich wirken. Dann fügte er hinzu: »Du musst an die Quelle deiner Willenskraft gehen und dich auf deinen Willen stützen. Diese Quelle liegt in dir.«

Ich hörte ihm mit der ungeteilten Aufmerksamkeit zu, die ich ihm immer schenkte, und fragte: »Wo in mir finde ich diese Quelle denn?«

Woraufhin er lachte und zurückgab: »Das verrate ich dir nicht, das musst du schon selbst herausfinden.« Mehr zu diesem Thema erfuhr ich nicht von ihm.

Würde ich dir hier alles in allen Einzelheiten vorkauen, würde ich dir die Freude rauben, vieles selbst herauszufinden, zu entdecken, zu erleben und zu begreifen. Genau das aber bringt dir viel mehr, als es meine detailliertesten Ausführungen könnten. Hast du die Quelle deiner Willenskraft einmal gefunden, kannst du jederzeit zu ihr zurückkehren und sie für alles nutzen, was du benötigst.

Die Suche nach der Quelle der Willenskraft lohnt sich. Denn nur weil der Bauer genau weiß, wo sich sein Brunnen befindet, kann er diesen Ort immer wieder aufsuchen und sich das Wasser holen, das er braucht, damit sein Gemüse wachsen und gedeihen kann. Dir wird die Entdeckung der Quelle deiner Willenskraft Zugang zu einer unfassbaren Ressource verschaffen. Und für die Suche wünsche ich dir viel Glück.

LEKTION 7.6

DEEP WORK – KONZENTRIERT ARBEITEN

Eines will ich bestimmt nicht: dich so mit Übungen eindecken, dass du nicht nachkommst und niemals alle durchführen kannst. Für den Fall allerdings, dass du dich intensiver mit der Stärkung deiner Willenskraft beschäftigen möchtest, habe ich hier zwei nachhaltige Übungen für dich, die du dir zu eigen machen kannst. Ich würde jedoch vorschlagen, dass du dich erst mit ihnen befasst, wenn du dich daran gewöhnt hast, die täglichen fünf Gelegenheiten zum Ausbau deiner Willenskraft regelmäßig zu nutzen.

Erste nachhaltige Übung

Führ dir bitte fünf Projekte aus den letzten Jahren vor Augen, die du angefangen, aber nicht zum Abschluss gebracht hast, die dir aber noch wichtig sind. Am Anfang warst du vielleicht voll inspiriert und begeistert bei der Sache, auf halber Strecke hat dein Engagement dann aber aus welchem Grund auch immer so nachgelassen, dass du die Sache ganz aufgegeben hast.

»Willenskraft entwickelst du weder mit einem Haufen unabgeschlossener Jobs noch dadurch, dass du dich in Projekte stürzt, die alsbald im Sand verlaufen.«

Gurudeva

Lass mich das bitte erläutern: Manche können schnell fünf unabgeschlossene Projekte aus den letzten zwölf Monaten benennen. Leute mit einer geringeren Abbruchrate müssen dagegen einige Jahre zurückdenken, um auf dieselbe Anzahl zu kommen.

Nicht alle Projekte lassen sich auf Anhieb realisieren. Meine Frau und ich haben beispielsweise 2013 in Nosara, Costa Rica, mit dem Aufbau einer spirituellen Rückzugsstätte nebst Botanischem Garten begonnen. Siva Ashram, wie sie heißt, ist ein Work-in-progress. Besonders der Garten wird noch Jahre brauchen, bis er »fertig« ist, und zwar nicht etwa aufgrund fehlender Willenskraft, sondern weil die Natur eben ihre Zeit braucht.

Ob die Projekte, die du benennst, klein oder groß sind, spielt keine Rolle. Schreib sie auf und notier dir auch, welches du als Erstes in Angriff nehmen möchtest. Definiere, was nötig wäre, um es zum Abschluss zu bringen, und halte auch schriftlich fest, wie du die Methoden 2 und 3 zur Stärkung der Willenskraft anwenden würdest, um das Projekt auf die nächste Ebene zu bringen. Halt dich dabei an den Ansatz, den ich in den vorherigen Lektionen in puncto Stärkung der Konzentrations- und Willenskraft umrissen habe, und schließ dein erstes Projekt ab, bevor du dich dem nächsten zuwendest. Zuallererst legst du jedoch einen Zeitpunkt fest, an dem das erste fertig sein soll. Wirf dann deine gesamte Willenskraft in die Waagschale, um es pünktlich zu schaffen.

Während du ein Projekt nach dem anderen abarbeitest, versuch dich zu erinnern, warum du es seinerzeit an den Nagel gehängt hast. Gib dir Mühe, den genauen Grund zu eruieren, und schreib ihn dir auf. Dahinter verbirgt sich nämlich oft eine Lektion, die dir weiterhelfen kann, wenn du sie lernst.

Nachdem du ein Projekt abgeschlossen hast, nimm dir Zeit, dich zu beglückwünschen und den Sieg zu feiern, zu dem dir der bewusste Einsatz deiner Willenskraft verholfen hat. Mach dir klar, dass du dadurch deinem Unterbewusstsein einen positiven Eindruck vermittelst – den, dass du aufgrund deiner Willenskraft in der Lage bist, angefangene Vorhaben zu Ende zu führen. Jedes abgeschlossene Projekt verstärkt diesen Eindruck. Dann bist du auf dem besten Weg, viele tolle Dinge in deinem Leben zu manifestieren.

Sobald du deine fünf Projekte fertiggestellt hast, kannst du zurückblicken und eine Liste *aller* Pläne erstellen, die du gefasst, aber nicht erfüllt hast. Beschließ sodann ein für alle Mal, welche davon du jetzt noch umsetzen möchtest. Die Projekte, die du realisieren willst, gehst du mithilfe der drei Methoden zur Stärkung deiner Willenskraft an und bringst sie zum Abschluss. Mit den übrigen schließt du deinen Frieden. Denn schließlich weißt du ja, dass du nach reiflicher Überlegung zu einer Entscheidung gekommen bist, die da lautet: Sie sind es nicht mehr wert, dass du Energie und Zeit in sie investierst.

Zweite nachhaltige Übung

Ähnlich wie bei der vorherigen Übung schlage ich dir auch jetzt wieder vor, zunächst auf die letzten zwölf Monate zurückzuschauen. Diesmal solltest du jedoch fünf Gelegenheiten dingfest machen, bei denen du ein Versprechen gegeben, es aber nicht gehalten hast. Zum Beispiel hast du vielleicht vor ein paar Monaten einem Freund gesagt: »Ich besorge dir mein Lieblingsbuch und schicke es dir. Ist ein Geschenk!« Du hast es aber immer noch nicht getan.

Erinnere dich an entsprechende Situationen und dein jeweiliges Versprechen. Entscheide bei dieser Gelegenheit, ob du es noch einlösen möchtest oder nicht. Vielleicht sagt dir die Vernunft, dass du das eine oder andere lieber nicht halten solltest. Dann hör auf sie.

Für die Zusagen, die du doch noch einhalten willst, gilt: Tu's einfach. Und sei es auch nur, um Angefangenes zum Abschluss zu bringen. Gegebenenfalls kannst du dich dabei der Methoden 2 und 3 bedienen. Vergiss nicht, das Datum festzulegen, an dem du dein jeweiliges Versprechen eingelöst haben möchtest.

Finde heraus, warum du dein Wort ursprünglich nicht gehalten hast. Lag es vielleicht daran, dass du dir oft zu viel auflädst? Oder sagst du auch gern Dinge zu, die du gar nicht ernst nimmst? Auch hier verbirgt sich eine Lektion, die dich auf dem Weg zur Stärkung deiner Willenskraft weiterbringen kann.

Sind die von dir notierten fünf Versprechen eingelöst, kannst du weiter zurückblicken und eine Liste *aller* bedeutenderen Zusagen erstellen, an die du dich nicht gehalten hast. Überleg dir, welche Versprechen du noch erfüllen willst, und fang an, deine Vorhaben zu realisieren.

Pass in Zukunft immer gut auf, was du versprichst. Und bedien dich deiner Willenskraft, um alle gegebenen Zusagen auch einzuhalten. Mach dir klar: Das hat nichts damit zu tun, dass du dich jemandem gegenüber beweisen willst. Sehr wohl aber mit der Stärkung deiner Willenskraft. Denn jedes Mal, wenn du ein Versprechen brichst, schwächst du diese und erzeugst in deinem Unterbewusstsein Muster, die der positiven Entwicklung deiner Entschiedenheit zuwiderlaufen. Die Muster dagegen, die du etablierst, wenn du stets Wort hältst, unterstützen die Stärkung deiner Willenskraft.

Mit dieser Haltung solltest du nicht nur anderen begegnen, sondern auch dir selbst. Wann immer du dir etwas vornimmst, solltest du dir alle Mühe geben, es so gut wie möglich zu realisieren – und vielleicht sogar noch etwas besser. Damit du die Erfüllung deines Vorhabens auch ja nicht auf die lange Bank schiebst, setzt du dir am besten einen zeitlichen Rahmen, in dem du es realisieren willst.

»Arbeite hart, gib dir Mühe und stärke deine Willenskraft, indem du dich ihrer bedienst.«

Gurudeva

Kapitel 8

Überlegungen zum Thema Konzentration

LEKTION 8.1

TECHNOLOGIE UND FOKUSSIERUNG

Es ist in der obligatorischen Pinkelpause in einem meiner halbtägigen Workshops. Also ... obligatorisch für alle außer Dandapani. Meine Blase leistet schon lange Verzicht auf die Idee, in diesen Pausen jemals eine sanitäre Einrichtung zu sehen. Denn in dieser Zeit bombardieren mich die Teilnehmenden geradezu mit Fragen und mit Dingen, die sie mir erzählen wollen. Heute ist es nicht anders. Kaum wird die Pause angekündigt, springt in der Mitte des Auditoriums eine Frau von ihrem Sitz auf und stürmt auf die Bühne zu. Mit der schieren Wucht ihrer Entschiedenheit teilt sie das Meer der zum Klo Eilenden und erscheint auf der Bühne, bevor ich auch nur einen Schluck Wasser trinken kann.

Sie schaut mich an und kann ihre Gedanken nicht länger bei sich behalten, sodass sie schier aus ihr herausplatzen: »Ich liebe, liebe, liebe alles, was du da gerade über das Konzentrationsvermögen gesagt hast. Du hast ja so was von recht: Wir müssen den Leuten, speziell den Kindern, wirklich beibringen, wie sie sich fokussieren sollen.« Derweil weiche ich bei jedem Wort, das sie ausstößt, unwillkürlich einen Schritt zurück.

Kaum ist sie mit ihrem Satz fertig, hebt sie auch schon die Hand mit ihrem Smartphone, hält es mir vors Gesicht und sagt voller Ekel: »Diese Dinger machen unser ganzes Leben kaputt! Weil sie uns pausenlos ablenken!« Dafür, dass sie es so verachtet und ihm sogar den Ruin von Menschenleben anlastet, hält sie ihr Telefon ganz schön fest. Beinahe wie eine Mutter, die sich nicht von ihrem Baby trennen kann.

Viele machen die Technologie, insbesondere aber Handys, für unser mangelndes Konzentrationsvermögen verantwortlich. Dieser Meinung bin ich nicht. Smartphones machen unser Leben keineswegs kaputt. Was viele allerdings tatsächlich ruiniert, ist die Unfähigkeit, diszipliniert mit ihnen umzugehen.

Objektiv betrachtet sind Smartphones erstaunliche Geräte mit einer Reihe überaus wertvoller Features. Etwa der Fähigkeit, uns in Sekundenschnelle visuell mit anderen Menschen weltweit zu verbinden. Darüber hinaus verschaffen uns unsere Handys (die allerdings oft mehr geliebt werden als die meisten Kinder) Zugang zu einer Unmenge von Informationen aus dem Internet; sie lösen selbst komplexe Probleme und helfen, unsere Kreativität freizusetzen. Ihre Frontkameras – das persönliche »Spieglein, Spieglein an der Wand« unserer Egos – veranlassen uns qua Knopfdruck zu ebenso frustrierten wie gelangweilten Akten des wiederholten Knipsens und Löschens sogenannter Selfies. Aufgrund ihres aerodynamischen Äußeren eignen sie sich wahrscheinlich auch gut zur Selbstverteidigung: um Angreifern diese garantiert nicht zurückkehrenden Bumerangs entgegenzuschleudern. Aus diesem und anderen Gründen liebe ich mein Smartphone. Für mich ist es ein unverzichtbares Tool. Aber wie alle Instrumente, die den Lauf der Geschichte revolutioniert haben, kann auch das Telefon unserer Tage von destruktiver Wirkung sein – wann immer es nicht klug eingesetzt wird.

Nach Angaben der Weltgesundheitsorganisation (WHO) sterben fast 1,3 Millionen Menschen jährlich an den Folgen eines Verkehrsunfalls. Doch sollten wir daraus etwa den Schluss ziehen, dass Autos etwas Schlechtes sind? Klug wäre das nicht. Besser, man würde sagen: Die ungeübte oder unvorsichtige Benutzung von Kraftfahrzeugen kann schädliche Folgen haben, wie schwere oder tödliche Verletzungen.

Genauso in die Irre führt die Behauptung, die technologische Entwicklung sei die Ursache von Ablenkungen und Unaufmerksamkeit. Ja, so manche technologische Entwicklung verfügt über das Potenzial, uns abzulenken, was zu einem gewissen Teil auch beabsichtigt ist, weil wir bei der Stange gehalten werden sollen. Letztlich aber haben wir alle die Macht über unser Bewusstsein. Auch du! Du kannst jederzeit entscheiden, ob du dich von technischen Apparaten steuern lassen oder die Kontrolle über dein Bewusstsein lieber selbst ausüben möchtest.

Der Einzug der Technologie in unser Leben und ihr ungehindertes exponentielles Wachstum werden zurzeit weder von dringend erforderlichen Studien zur Folgenabschätzung begleitet noch von der eingehenden Information und Schulung der Anwender in puncto sicherer Nutzung. Das stellt für mich einen unserer gravierendsten Fehler dar. Denn Technologie ist ein Werkzeug. Und zwar eines, das beherrscht werden muss.

Einige Aspekte der Technologie beruhen vom Grundsatz her auf Ablenkung und trainieren das Bewusstsein darauf, sich ablenken zu lassen. Ein perfektes Beispiel dafür sind die Nachrichtenkanäle im Fernsehen: Du stellst das Gerät an, und die Sprecherin präsentiert die wichtigsten Geschehnisse von überall auf der Welt. Du hörst und siehst ihr aufmerksam zu. So wird dein gesamtes Bewusstsein auf sie gelenkt, geradezu auf sie abgerichtet, konditioniert. Angenommen, sie sagt: »Bei der Explosion eines Automobils sind heute in Afghanistan dreißig Menschen ums Leben gekommen, fünfzehn weitere wurden verletzt.« Am Ende des Satzes wird rechts von ihr ein Video eingespielt, das die Detonation zeigt. Während die Sprecherin Details des verheerenden Anschlags präsentiert, läuft das Video weiter. Von nun an geht deine Aufmerksamkeit ständig zwischen ihr und dem Film hin und her.

Worauf dein Bewusstsein bei diesem Vor und Zurück wohl trainiert wird? Natürlich darauf, sich ablenken zu lassen. Denn die Richtung, die es einschlägt, wird von einem äußeren Faktor bestimmt, in diesem Fall den Fernsehnachrichten.

Als wäre das nicht genug, erscheint am unteren Rand des Bildschirms auch noch ein Laufband mit weiteren Schlagzeilen. Unnötig zu erwähnen, dass es sich dabei meistens um die entsetzlichsten Geschehnisse der ganzen Welt handelt. So etwa: »255 Tote bei verheerendem Hurrikan in Bangladesch.« Gefolgt von »12 Opfer bei Amoklauf in Einkaufszentrum von Green Bay, Wisconsin«. Und so prasseln die ganzen Katastrophen der Erde ungebremst auf dich ein, wie es nur auf einem Nachrichtenkanal möglich ist.

Das Bewusstsein flippert unentwegt zwischen der Nachrichtensprecherin, dem Video rechts von ihr und dem Laufband mit den letzten News hin und her. Damit beginnt dein Oberstufen-Leistungskurs im Fach Abgelenktwerden.

Ob du es nun glaubst oder nicht: Genau genommen läuft auf dem Screen sogar noch viel mehr ab. Denn unterhalb des Breaking-News-Laufbandes finden sich oft Nachrichten von der Börse. Jetzt hat dein armes Bewusstsein also schon vier Dinge, zwischen denen es hin und her switcht. Aber da geht noch mehr. Ganz rechts unten wird jetzt ein Piktogramm eingeblendet, das die Sonne darstellt. Du erhältst die Information, dass in Rio de Janeiro bei klarem Himmel 28 Grad Celsius herrschen. Die ganze Zeit über wirst du von nun an über die Temperatur- und sonstigen Wetterverhältnisse aller möglichen Städte der Welt unterrichtet.

Zwanzig Minuten TV-Nachrichten sind nicht anders, als würdest du dein Bewusstsein zu einem strapaziösen Workout ins Fitnesscenter für Ablenkungen schicken. Denn in dieser Zeit ist es pausenlos zwischen allen fünf Infoposten hin und her gesprungen, die sich ständig veränderten und um deine Aufmerksamkeit buhlten. Hier kann man also mit Fug und Recht von Ablenkung durch Technologie sprechen. In der Kirche der Medien, auf dem Altar des Flatscreens haben schon viele ihren Seelenfrieden geopfert.

Wie ich damit umgehe, möchtest du wissen? Ich guck mir einfach keine Nachrichten im Fernsehen an. Auf der Suche nach einem bestimmten aktuellen Ereignis steuere ich stattdessen ein spezielles Online-Angebot an, gehe auf die entsprechende Website beziehungsweise App und scrolle mich durch, bis ich bei der einen Info angelangt bin, die mich interessiert.

Solange du nicht über genügend Konzentrationsvermögen verfügst, kannst du dich aber auch von Teilen des Internets ablenken lassen. YouTube zum Beispiel, das schwarze Loch fürs Bewusstsein, ist extra dafür entwickelt worden, dich in seinen Klauen zu halten: Sobald du mit einem Video fertig bist, wird dir sofort ein weiteres vorgeschlagen – nebst einer ganzen Reihe verführerischer Thumbnails rechts am Rand des Screens. Eines davon ist immer ein sogenannter Outlier, ein »Ausreißer« – die Falltür in besagtes schwarzes Loch. »Fünfköpfige Schlange in Indonesien«. Gibt's so was wirklich? Klick. Und schon startet das Bewusstsein seine Reise ins Universum der Ablenkungen.

Für alle, die versuchen, ihr Bewusstsein gezielt zu steuern, stellt das Smartphone, das schwarze Loch im Hosentaschenformat, eine echte Herausforderung dar. Es ruft nach dir wie ein verzweifeltes Kälbchen, und du antwortest mit der bedingungslosen Hingabe eines liebenden Muttertieres. Solange du nicht in der Lage bist, dein Bewusstsein zu kontrollieren, begibt es sich schnell auf eine schier endlose Tour durch die verschiedenen Social-Media- und Internet-Apps, durch Textnachrichten, E-Mails, Anrufe und was das Smartphone sonst noch zu bieten hat.

In einer Welt, in der Siege im Kampf um Aufmerksamkeit das höchste Ziel sind, führt die Suche nach der nächsten ultimativen Methode der Ablenkung zu immer ausgefuchsteren Ergebnissen. Lässt du dich darauf ein, lässt du auch zu, dass dein Smartphone dich trainiert – und zwar in der Kunst des Abgelenktwerdens. Schließlich wirst du in allem gut, was du einübst und ständig tust. Das Smartphone wird *nie* aufhören, um deine Aufmerksamkeit zu buhlen. Solange du dich im reaktiven Modus befindest – in dem dein Bewusstsein unkontrolliert bleibt –, reagierst du sofort auf jeden Pieps von ihm, auf jede Benachrichtigung.

Du musst entscheiden, wie du mit deinen elektronischen Devices umgehen willst. Komm also nicht auf die Idee, der Technologie vorzuwerfen, dass sie dich ablenkt. In Wahrheit ist es so, dass sich die meisten von uns ablenken *lassen*. Und das gar nicht ungern.

Bist du dagegen in der Lage, dein Bewusstsein im Geist gezielt zu steuern, kannst du in den Pausen, die du etwa bei der Arbeit einlegst, zum Smartphone greifen, ein paar Minuten lang deinen Instagram-Feed durchscrollen (und zwar nur den), es dann wieder weglegen und mit dem weitermachen, womit du vorher beschäftigt warst. Ob man das nicht auch als Ablenkung bezeichnen könnte? Nein. Weil du dich ja bewusst dafür entschieden hast, eine Pause einzulegen und einen Teil von ihr für Instagram zu nutzen. Als du das Gefühl hattest, du hättest deine Tätigkeit lang genug unterbrochen, hast du dich ihr wieder zugewandt. Andere Apps hast du gar nicht erst angeklickt. Eine klare Demonstration deines Konzentrationsvermögens.

Lässt du dir von deinen elektronischen Gerätschaften die Wege diktieren, die dein Bewusstsein einschlägt, machst du dich zu ihrem Sklaven oder ihrer Sklavin. Denn dann steuert die Technologie neben deinem Bewusstsein auch die Richtung, in die deine Energie geht. Sie bestimmt daher zugleich darüber, welche Bereiche deines Geistes sich weiterentwickeln. Diese werden so gestärkt, durch die ständige Versorgung mit Energie magnetisiert und bekommen die Macht, dein Bewusstsein immer wieder auf sich zu ziehen.

Sobald du merkst, dass jemand mehrmals mechanisch nach seinem Phone greift, um zum Beispiel seinen Facebook-Account zu checken, weißt du Bescheid. Die betreffende Person lässt ihr Bewusstsein immer wieder in den entsprechenden Bereich ihres Geistes abwandern. Damit gräbt sie eine tiefe mentale Spurrinne dorthin und magnetisiert dieses Areal so stark, dass es eine enorme Anziehungskraft auf ihr Bewusstsein ausübt.

Ablenken können dich Geräte welcher Art auch immer nur, solange du es zulässt. Kein Zweifel: Die Technologie wird uns bleiben und in unserem Leben einen eher noch größeren Stellenwert bekommen. Diese Entwicklung lässt sich weder aufhalten noch rückgängig machen. Ob es uns gefällt oder nicht: Die Zukunft wird eine technologiegetriebene sein. Umso wichtiger ist es, dass du daran arbeitest, die Herrschaft über dein Bewusstsein zu gewinnen. Anderenfalls überlässt du es den Technologieentwicklern. Vergiss eines nie: Technik ist dafür da, *uns* zu dienen, und nicht umgekehrt.

Der Nutzen der Technik

Bislang habe ich in puncto Konzentration kaum ein gutes Haar an der technischen Entwicklung gelassen. Das war aber nur die eine Seite der Medaille. Denn im Grunde bin ich ein großer Befürworter der Technologie und auch fest davon überzeugt, dass wir sie nutzen können, um sowohl unsere Willenskraft als auch das Konzentrationsvermögen zu stärken. Und das, ohne nur eine einzige Software oder App runterzuladen.

In vorhergehenden Kapiteln habe ich dir erklärt, wie wichtig es ist, unsere Praktiken in die unverzichtbaren Aktivitäten zu integrieren, die an normalen Tagen regelmäßig anfallen. Nun verbringen viele von uns einen nicht unerheblichen Teil ihrer Zeit mit Dingen wie ihrem Smartphone. Da sich diese Tätigkeiten täglich wiederholen, stellen auch sie eine hervorragende Gelegenheit dar, am Ausbau unserer Willenskraft und Konzentrationsfähigkeit sowie der anderen von mir erwähnten Eigenschaften zu arbeiten. Auf dein Smartphone bezogen könntest du folgende Übungen ausprobieren (lass dich dabei nicht von ihrer scheinbaren Einfachheit täuschen):

1. **Abstinenz** – der Verzicht auf unnötiges Zum-Handy-Greifen. Ein gutes Training für die Willenskraft. Nutze dafür die Entschiedenheit, die du bei deinen anderen täglichen Aktivitäten bereits entwickelt hast. Du wirst erleben, dass sich deine Willenskraft durch den bewussten Verzicht auf unnötiges Zum-Handy-Greifen vergrößert und verstärkt. Wann immer dein Bewusstsein untertags abschweift, sich vom Telefon auf dem Tisch anziehen lässt und in dir den Drang auslöst, es zur Hand zu nehmen, bringst du es mithilfe deiner Willenskraft sanft und liebevoll auf dein eigentliches Tun zurück.
2. **Purpose** – bewusstes Tun im Gegensatz zu gedankenlosem. Sieh zu, dass alle deine Aktionen eine klare Zielorientierung haben. Bevor du zu deinem Handy greifst, solltest du dir also im Klaren darüber sein, was du damit anstellen möchtest. Auf diese Weise schulst

du deine Fähigkeit zu absichtsvollem Vorgehen. Was dir wiederum hilft, auch in anderen Bereichen deines Lebens und letztlich generell größere Klarheit zu gewinnen.

3. **Fokussierung** – folge der Absicht. Entscheide dich, mit welcher App du dich beschäftigen möchtest, und konzentriere dich dann nur auf sie. Mach dich nicht zum digitalen Affen, der von einer App zur anderen springt. Sonst trainierst du dein Hirn bloß in der Kunst des Abgelenktwerdens. Denk immer an die Navy SEALs (spezielle Einsatztruppen, von denen ich im Übrigen keinerlei Ahnung habe): Du gehst rein, erledigst den Job und gehst wieder raus. Du bist nicht da, um Leute kennenzulernen und Freundschaften zu schließen. Also: Nimm dein Phone, tu damit, was du tun musst, und leg es anschließend wieder aus der Hand.
4. **Zeit** – definiere die Dauer. Setz dir einen zeitlichen Rahmen und sorge mithilfe deiner Willenskraft dafür, dass du ihn nicht überschreitest. Ich nehme mir zum Beispiel tagsüber mehrere fünfminütige Social-Media-Pausen. (Genauer gesagt: Instagram-Pausen, denn Insta ist die einzige Social-Media-App, die ich regelmäßig nutze.) In dieser Zeit scrolle ich mich durch die sorgfältig ausgewählten Accounts, denen ich folge. Sind die fünf Minuten vorbei, lege ich mein Telefon zur Seite. Wobei es jedes Mal Willenskraft und Entschiedenheit braucht, das Bewusstsein von etwas auf dem Screen ab- und wieder in die Offline-Welt zurückzulenken.
5. **Energie** – sei dir in den Sozialen Medien stets bewusst, womit du dich beschäftigst und was du dir ansiehst. Lässt du dir dein Erleben – also die Richtung, die dein Bewusstsein einschlägt – von Algorithmen diktieren, lässt du auch zu, dass sie entscheiden, wohin deine Energie fließt. Denn die Dinge, die dir von den Algorithmen vorgesetzt werden, können dir Energie geben oder dir Energie rauben. Auch können sie dich emotional fertigmachen, dir deinen Frieden rauben und dein Bewusstsein unnötig erschüttern. Wähle also stets mit Bedacht, welche Inhalte du an dein Bewusstsein heranlässt.

Letztlich geht es darum, alles Technische klug und zielorientiert zu nutzen. Hältst du dich daran, kann dich die Technologie bei deinen Bemühungen um ein lohnendes Leben durchaus unterstützen.

LEKTION 8.2

DIE RÄDER DES GEISTES

Der Terminus »Räder des Geistes« bezieht sich auf die Zusammenarbeit von Bewusstem und Unterbewusstsein zum Zwecke der Stärkung mentaler Muster. Das wollen wir uns jetzt etwas näher anschauen und beginnen mit der Ablenkung. Jegliches ziellose Umherwandern des Bewusstseins im bewussten Geist erzeugt ein Spiegelbild im Unterbewusstsein. Du erinnerst dich vielleicht an eine der ersten Lektionen dieses Buches, in der davon die Rede war, dass das Unterbewusstsein alles aufnimmt, was der Verstand so veranstaltet. In dem Moment, in dem wir zulassen, dass sich unser Bewusstsein von der Geschichte ablenken lässt, mit der es gerade befasst ist, und sich auf einen Bummel durch den Geist begibt, verfestigen wir dieses Muster des Sich-ablenken-Lassens im Unterbewusstsein. Mit jedem Mal, das sich dieser Prozess wiederholt, verstärken wir es etwas mehr.

Um was für ein Muster es sich dabei genau handelt, willst du wissen? Nun, um eines, das dem Bewusstsein einflößt: »Wann immer du dich auf eine einzige Sache konzentrieren sollst, darfst du auch jederzeit gern abwandern und gehen, wohin du magst.« Irgendwann ist dieses Muster stark genug, um dein Bewusstsein aus sich heraus zu beeinflussen. Und genau da fängt das eigentliche Problem an.

Ich kannte einmal einen Mann, der ganz nahe bei sich zu Hause einen Baum gepflanzt hatte, *Elaeocarpus ganitrus,* aus dessen Samen die Perlen der Ketten bestehen, die von hinduistischen Mönchen und Priestern getragen werden. Er liebte diesen Baum und kümmerte sich um ihn wie um ein Kind. Er wässerte und düngte ihn und *E. ganitrus* wurde richtig, richtig groß. Derweil arbeiteten sich seine Brettwurzeln bis zum Haus meines Bekannten durch und stellten bald eine echte Gefahr für das Gebäude dar. Mit einem Mal hatte es der Mann mit einer

Bestie zu tun, die sich beim besten Willen nicht zähmen ließ. Sein gesamter Alltag wurde entscheidend von diesem kolossalen Baum geprägt.

Das gut genährte und gepflegte Ablenkungsmuster im Unterbewusstsein unterscheidet sich nicht sehr von *E. ganitrus*. Einmal mächtig und stark geworden, wirkt es zunehmend auf die Reise des Bewusstseins im Geist ein. Hat deine Willenskraft dieses dann nicht genügend im Griff, übernimmt das Muster die Herrschaft. Es entzieht das Bewusstsein deinem Einflussbereich und schickt es erneut auf geistige Wanderschaft. Denn so funktionieren Muster nun einmal.

Das alles begann mit der Sprunghaftigkeit des Bewusstseins in deinem Geist, die im Unterbewusstsein ein spiegelbildartiges Muster von sich erzeugt hat. Dieses Muster wiederum wirkt nun auf dein Alltagsbewusstsein ein. Wann immer dieses von besagtem Muster hin und her geschubst wird, verstärkt sich sein Abbild im Unterbewusstsein.

Den so entstehenden äußerst üblen Teufelskreis bezeichne ich als Rad der Ablenkung. Jetzt verstehst du auch, warum Verhaltens- und Denkmuster so stark werden können und sich nur sehr schwer ausmerzen lassen. Jeder, der sich Tag für Tag darin übt, dreht am Rad der Ablenkung: Ein Muster entsteht und wird so lange eifrig verfestigt, bis es stark genug ist, die Herrschaft zu übernehmen. Damit beginnt ein unendlicher Kreislauf von Wiederholungen und Verstärkungen.

Angenommen, ich gehe an den Kühlschrank, um zu schauen, ob ich darin irgendetwas Leckeres finde. Damit erzeuge ich noch kein geistiges Muster. Anders wäre es aber, würde ich nun anfangen, das fünf Mal am Tag zu tun, Woche für Woche. Dann entstünde sehr schnell ein starkes Muster in meinem Geist.

Würde ich nun am Schreibtisch sitzen und arbeiten, würde mich dieses immer stärker werdende Muster gedanklich an den Kühlschrank ziehen. Mit der Folge, dass ich aufstehe und … ja: ein weiteres Mal an den Kühlschrank gehe. Dieses Aufstehen und Zum-Kühlschrank-Gehen verstärkt das Muster und setzt den beschriebenen Teufelskreis in Gang.

Dass Leute Probleme haben, sich zu konzentrieren, liegt zum Teil daran, dass die Ablenkungsmuster in ihrem Unterbewusstsein so stark sind. Und sie werden ja auch immer mächtiger. Weil sich nämlich das zugrunde liegende Muster erstens aus sich selbst heraus verstärkt und zweitens aufgrund des aus der Ablenkung geborenen Verhaltens.

Nun weißt du also Bescheid. Jetzt kann ich nur hoffen, dass du kapierst, warum du mit allem, was du wiederholt tust – bewusst oder auch unbewusst –, extrem vorsichtig sein musst. Denn die dadurch im Unterbewusstsein entstehenden Muster sind außerordentlich schwer loszuwerden.

Genauso aufpassen musst du, wenn es darum geht, was du deinen bewussten Geist erfahren und erleben lässt. Wo du dein Bewusstsein also den lieben langen Tag über hinwandern lässt. Das Unterbewusstsein speichert alles, ob du dich nun daran erinnern kannst oder nicht. Und alle Erfahrungen, die ständig wiederholt werden, erzeugen mit der Zeit unbewusste Muster, die ihrerseits den bewussten Geist nicht unberührt lassen.

Das wiederholte Hören von Musik, die dich traurig macht, lenkt dein Bewusstsein in den traurigen Bereich des Geistes. Das daraus entstehende Muster der Traurigkeit verfügt über die magnetische Kraft, das Bewusstsein immer wieder auf sich zurückzulenken. Auch das entwickelt sich zu einem Kreislauf – einem Rad der Traurigkeit.

Nicht weniger wahr ist jedoch auch das Gegenteil: Beginnst du jeden Tag mit einer Meditation, positiven Affirmationen oder einer aufbauenden Lektüre, erzeugst du dadurch Muster im Unterbewusstsein, die irgendwann so stark werden, dass sie das Bewusstsein praktisch ganz von allein in höhere Sphären befördern. So wird es den ganzen Tag über in erhabenere Zustände versetzt. Dabei verstärkt es zugleich die von dir erschaffenen Muster und setzt damit das Rad des emotionalen Aufschwungs in Bewegung.

Das Rad der Konzentration

Das Rad der Ablenkung entsteht, wenn das Bewusstsein ungezähmt im bewussten Geist herumwandert und damit im Unterbewusstsein das Muster des Abgelenktwerdens erzeugt. Genau dieses Muster übernimmt nun die Herrschaft über das Bewusstsein.

Das Rad der Konzentration funktioniert genau gleich. Befindet sich das Bewusstsein im Zustand der Konzentration, erzeugt es spiegelbildlich auch im Unterbewusstsein ein Muster der Konzentration – und dann übernimmt genau dieses Muster die Herrschaft über das Bewusstsein.

Ich will das noch etwas verdeutlichen: Solange sich dein Bewusstsein bei seinen jeweiligen Aktivitäten im Zustand der Konzentration befindet, entstehen im Unterbewusstsein Muster der Fokussierung. Du weißt ja: Das Unterbewusstsein hält alles fest, was im bewussten Geist vorgeht. Diese im Unterbewusstsein erzeugten Muster der Fokussierung steuern ihrerseits das Bewusstsein auf eine konzentrierte Art und Weise. Mit der Folge, dass auch das Bewusstsein fokussiert bleibt, solange es sich in diesem Bereich befindet.

Daraufhin versorgt das im bewussten Geist konzentrierte Bewusstsein wiederum das Unterbewusstsein mit weiteren Mustern der Fokussierung. So entsteht ein neuer Kreislauf. Allerdings kein Teufelskreis der Ablenkung, sondern stattdessen ein positiver Kreislauf der Fokussierung. Die Folge hiervon ist: Wann immer du das Bewusstsein in deinem bewussten Geist einmal nicht im Griff hast, übernimmt das Unterbewusstsein die Regie und beginnt es zu fokussieren – angetrieben von den tiefsitzenden Mustern, die das Rad der Konzentration erzeugt hat.

Zum Vergleich eine einfache Analogie: Angenommen, Bewusstsein und Geist wären ein Flugzeug. Nun bin ich zwar kein Pilot, würde mich aber doch zu der Behauptung versteigen, dass jede Maschine, wenn sie sich in der Luft befindet, entweder von Menschenhand geflogen wird oder auf Autopilot ist.

In dieser Analogie entspricht das Flugzeug deinem Bewusstsein. Solange du es im Bewussten steuerst, konzentrierst du dich. Das heißt: So lange bist du die Pilotin, der Pilot und bedienst die Maschine von Hand. Hast du dagegen keine Kontrolle über dein Bewusstsein, wird es entweder von deiner Umgebung gelenkt oder von deinem Unterbewusstsein. In dem Zustand wäre das Flugzeug, um bei unserer Analogie zu bleiben, auf Autopilot.

Wann immer du nicht selbst Regie über dein Bewusstsein führst, übernimmt das Unterbewusstsein. Sollten die Muster dort Muster der Fokussierung sein, wird das Unterbewusstsein dein Bewusstsein konzentriert lenken. Handelt es sich dagegen um Muster der Ablenkung, wird das Unterbewusstsein dein Bewusstsein fahrig und verwirrt umherschubsen. Vermutlich kann der Autopilot das Flugzeug eben nur so fliegen, wie er programmiert wurde.

Einfach ausgedrückt: Das Rad der Ablenkung und das Rad der Konzentration funktionieren exakt gleich. Der einzige Unterschied: Das eine erzeugt Muster des Sich-ablenken-Lassens, das andere Muster der Fokussierung.

Du hast bewusst daran gearbeitet, deine Konzentrationsfähigkeit zu verbessern? Dann sei dir im Klaren darüber, dass du deinem Unterbewusstsein auf diesem Wege Muster der Konzentration eingeprägt hast. Diese werden dir den ganzen Tag über dienlich sein. Denn wie du feststellen wirst, driftet dein Bewusstsein auch dann nicht in alle möglichen Richtungen ab, wenn du es nicht gezielt steuerst. Und zwar, weil die Muster in deinem Unterbewusstsein Muster der Fokussierung sind.

Selbst im entspannten Zustand düst dein Bewusstsein dann nicht wie wild in deinem Geist umher. Sondern bleibt auf ein bestimmtes Objekt gerichtet. Würdest du es mit einem Hund vergleichen, wäre dieser darauf abgerichtet zu bleiben, wo er ist. Angenommen, du gehst im Park Gassi mit ihm und nimmst nach einer Weile auf einer Bank Platz, dann bleibt er neben der Bank sitzen und rennt nicht kreuz und quer im Park umher. Genauso verhält sich das Bewusstsein, wenn du dich in

Konzentration geübt hast und darin schon richtig gut bist. Die Muster der Fokussierung in deinem Unterbewusstsein sorgen dafür, dass dein Bewusstsein konzentriert bleibt. Sobald es so weit ist, bedarf die Konzentration keiner Anstrengung mehr, weil sie inzwischen zu einer Gewohnheit und damit quasi zur Standardeinstellung deines Bewusstseins geworden ist. Dann befindet sich das Bewusstsein permanent im Zustand der Konzentration und lässt sich deshalb nur schwer ablenken. Irgendwann wirst du feststellen, dass du den ganzen Tag über fokussiert bleibst und bei allem, was du tust, ganz bei der Sache bist. Jetzt darfst du dich glücklich und gesegnet fühlen, einen solchen Geist zu besitzen.

LEKTION 8.3

GRÜBELEI ÜBER KONZENTRATION

Im Zusammenhang unserer Betrachtungen in Sachen Geist und Fokussierung gibt es einige Themen, die einer näheren Betrachtung wert sind:

Klugheit

In den Jahren der Ausbildung durch meinen Guru gab es stets nur eine einzige Regel, die er mir einschärfen wollte. Deshalb mahnte er mich immer wieder: »Klugheit ist das einzige Gebot, das zählt.« Er ließ keinen Zweifel daran, dass diese Regel für jeden Aspekt des Lebens galt. In diesem Sinne möchte ich dir nahelegen, immer genau hinzugucken und dir klarzumachen, wann du die Tools und Techniken aus diesem Buch einsetzen solltest und wie.

Gurudeva definierte Klugheit als die Anwendung von Wissen zur rechten Zeit. Überhaupt ist Timing ja das A und O. Wissen als solches bringt niemandem viel – es sei denn, es wird zur rechten Zeit, sachdienlich und für einen positiven Zweck genutzt. Nur dann kann es etwas bewirken.

Viele vermuten, der Erwerb von Wissen allein sei schon gleichbedeutend mit Bildung und persönlichem Wachstum. Dem ist aber absolut nicht so. Denn im Grunde stellt Wissenserwerb nichts anderes dar als ein reines Mehr an Informationen. Erst die Anwendung dieses Wissens zur rechten Zeit zeigt, wie gut jemand dieses Wissen verinnerlicht hat.

Ein Beispiel: Im Kapitel über Konzentration schlage ich vor, übungshalber immer nur eine Sache auf einmal zu tun. Das heißt aber nicht, dass du dich, wenn du am Steuer sitzt, nicht mit deinem Mitfahrer unterhalten dürftest. Der Klugheitsregel nach würdest du mit Bedacht entscheiden, ob und wann du dich auf ein Gespräch einlässt oder lieber nicht. Du würdest definitiv darauf verzichten, wenn du an einer gefährlichen Kreuzung ein riskantes Abbiegemanöver planst. Fährst du dagegen auf einer geraden, übersichtlichen und verkehrsarmen Strecke, spricht eigentlich nichts gegen eine leichte Unterhaltung. Dem Grundsatz der Klugheit gemäß könnte man sogar noch einen Schritt weitergehen und für alle Situationen im Straßenverkehr die allgemeine Leitlinie aufstellen: am Steuer keine ernsten oder emotional aufwühlenden Gespräche. Die nämlich würden das Bewusstsein voll in Anspruch nehmen und von der Fahrbahn ablenken.

Letzten Endes stellt Klugheit also wirklich die einzige eiserne Regel dar. Lass dich von ihr auch in der Frage leiten, wann und wie du die Lehren aus diesem Buch in der Praxis anwendest.

Dem Bewusstsein freien Lauf lassen

Wenn wir uns darin üben, nur eine Sache auf einmal zu machen – heißt das, dass wir das Bewusstsein nie ziellos umherstreifen lassen? Bei mir ist es so, dass ich mich manchmal auf den Wohnzimmerteppich lege und mir vornehme, mich die nächsten fünfzehn Minuten lang meinen Tagträumen hinzugeben und über die Gestaltung des Gartens in unserem spirituellen Heiligtum in Costa Rica nachzusinnen. Da liege ich dann und lasse meine Gedanken in den Bereichen meines Geistes spazieren gehen, die der Botanik gewidmet sind.

Bei anderen Gelegenheiten liege ich auch einfach da, lasse meine Gedanken eine bestimmte Zeit lang umherschweifen und beobachte die Wege, die sie nehmen. Das ist immer sehr faszinierend. Denn oft zeigt sich so, was gerade an der Oberfläche meines Geistes vorgeht, oder auch Unaufgelöstes im Unterbewusstsein.

Die Zeiten, die ich meinem Bewusstsein ganz freien Lauf lasse, sind jedoch immer klar begrenzt. Um dafür zu sorgen, dass die mentale Odyssee nicht ewig dauert, genügt es schon, einen Timer zu stellen.

Denn schließlich wollen wir das Bewusstsein ja keinesfalls im ziellosen Umherwandern schulen und ein festes Muster daraus machen.

Manchmal nehme ich mir aber auch eine bestimmte Zeit, sagen wir zehn Minuten, um auf Social Media oder im Netz zu stöbern. Dabei lasse ich mein Bewusstsein genauso auf Reisen gehen, wie wenn ich mir einen Film anschaue. Gerät es beim Surfen allerdings in geistige Gefilde, die ich eher meiden möchte, hole ich es mithilfe meiner Willenskraft schnell zurück. Was das angeht, bin ich sehr vorsichtig. Ich passe genau auf, wo mein Bewusstsein hingeht, und versuche stets, es in Bereiche zu lenken, die es wert sind.

Letztlich besteht das Ziel immer darin, die Wege des Bewusstseins im Geist zu steuern. Ihm gelegentlich freien Lauf zu lassen, ist jedoch akzeptabel – unter bestimmten Bedingungen. Im Hundepark etwa würdest du deinen Liebling ja auch frei umherlaufen lassen, schließlich weißt du genau, dass ihm dort keine Gefahr droht. Ganz anders wäre es, wenn es sich um ein nicht umzäuntes Gelände an einer befahrenen Straße handeln würde. Genauso solltest du dich von deiner Klugheit leiten lassen, wenn es um die Entscheidung geht, wann du dein Bewusstsein von der Leine der Willenskraft lässt.

Ich lasse ihm immer freien Lauf, wenn ich mich mit meinen besten und vertrautesten Freunden unterhalte. Denn bei ihnen weiß ich, dass es nie irgendwo hingelenkt würde, wo ich es nicht haben will. Was das betrifft, bin ich im Gespräch mit Fremden viel vorsichtiger und jederzeit bereit, mein Bewusstsein sofort zurückzuholen, sollte es auf Abwege geraten.

Liebe, Disziplin, Konzentration, Glück und Zufriedenheit

Die Disziplin der Konzentration wird aus Liebe geboren, behaupte ich. Was ich damit meine? Wenn du etwas liebst, möchtest du es natürlich möglichst oft und lange tun. Für Menschen gilt dieser Satz entsprechend. Willst du das Beste aus der Zeit machen, die du mit geliebten Menschen oder Dingen verbringst, empfiehlt es sich, konzentriert zu sein.

Wer gern Gitarre spielt, will dies so oft wie möglich tun. Um das zu ermöglichen, muss die Liebe zum Instrument so groß sein, dass sie den Betreffenden zu Disziplin anhält. Dabei gilt: Je besser es um seine Konzentrationsfähigkeit und Willenskraft bestellt ist, desto besser kann er sich disziplinieren und täglich Zeit fürs Gitarrenspiel freischaufeln.

Gelingt ihm das, ermöglicht es ihm seine Fähigkeit zur vollkommenen Konzentration, ein Höchstmaß an Freude aus seinem Gitarrenspiel zu beziehen. Daraus erwächst ein Gefühl der Befriedigung. Genauso ist es, wenn du jemanden liebst und so viel Zeit mit dieser Person verbringen möchtest wie nur irgend möglich. Auch in diesem Fall bestimmt deine Konzentrationsfähigkeit über die Intensität, mit der du das Zusammensein empfindest. Viele Leute sind mit einem geliebten Menschen zusammen, haben aber aufgrund ihrer Unfähigkeit, sich zu fokussieren, nicht groß was davon und machen höchstens hohle, oberflächliche Erfahrungen.

Du stärkst dein Konzentrationsvermögen, um alles, was du liebst, intensiver auskosten zu können. Ein Nebenprodukt davon ist das Gefühl von Glück und Zufriedenheit.

Denk aber daran: Jage diesem Gefühl nie nach. Sondern entscheide dich für einen Lebensstil, dessen Nebenprodukte Glück und Zufriedenheit sind. Stärke Willenskraft und Konzentrationsvermögen, damit du dein Bewusstsein im Zaun halten und dich voll – ganz und gar präsent – auf die Erfahrungen einlassen kannst, zu denen dir dieser Lebensstil verhilft. Das Ergebnis davon: Emotionen wie Glück und Zufriedenheit.

Zuhören und verstehen

Auf der Liste rapide aussterbender menschlicher Qualitäten rangiert die Fähigkeit zuzuhören ganz weit oben. Wenn du es nicht einmal hinkriegst, dich eine Zeitlang auf eine bestimmte Angelegenheit zu konzentrieren –

wie sollst du dann erst gut zuhören können? Bist du gerade mal in der Lage, dein Bewusstsein sieben Sekunden lang auf ein Objekt zu fokussieren, ist das genau die Zeitspanne, in der du zuhören kannst, bevor du dich wieder ablenken lässt.

Für den Aufbau zwischenmenschlicher Beziehungen ist das Gutzuhören-Können extrem hilfreich. Gut zuhören kannst du aber nur, wenn du dich auch konzentrieren kannst. Viele hören deshalb nicht gut zu, weil sie ständig abgelenkt sind. Doch je besser sich jemand konzentrieren kann, desto besser kann er auch zuhören. Mit dem Ergebnis, dass diese Leute auch mehr Informationen bekommen, über sie nachdenken und mit denen sie ihre Gesprächspartner besser verstehen können. Viele Missverständnisse, die in Beziehungen auftreten, gehen auf den einfachen Umstand zurück, dass die Leute einander nicht zuhören. Was wiederum oft an mangelnder Konzentrationsfähigkeit liegt. Und wenn ich hier von Beziehungen spreche, meine ich alle Arten menschlichen Umgangs.

Warum der Versuch, einander zu verstehen, so wichtig ist, fragst du? Weil aus Verständnis Empathie resultiert, aus Empathie Mitgefühl, aus Mitgefühl Liebe und aus Liebe schließlich Frieden. Nichts, was wir nicht verstehen, können wir lieben. Und auch wenn viele anderer Meinung sind: Gegenseitiges Verständnis ist der Mutterboden, aus dem die Liebe erwächst. Um die Abfolge noch einmal zusammenzufassen: Konzentration, gutes Zuhören, Überlegen, Verstehen, Empathie, Mitgefühl, Liebe und letztlich Frieden.

Das gute Zuhören bietet den zusätzlichen Bonus, der es dir ermöglicht, mehr Informationen zusammenzutragen. Aus Erfahrung weiß ich: Meine Konzentrationsfähigkeit hat dazu geführt, dass ich besser zuhören kann und deshalb heute auch viel besser informiert bin – was für einen Unternehmer von unschätzbarem Wert ist. Denn je mehr Informationen ich habe und natürlich auch verarbeiten kann, desto größer ist meine Chance, bessere Entscheidungen zu treffen. An meine Infos komme ich dadurch, dass ich aufmerksam zuhöre. Mithilfe meines Konzentrationsvermögens. Zahlreiche Unternehmen legen ihren Schwerpunkt darauf, so viele Informationen wie nur möglich zusammenzutragen. Genau auf diesen Daten beruhen zahlreiche Welterfolge – sowie enorme Vermögen.

LEKTION 8.4

SPRÖSSLINGE DER FOKUSSIERUNG

Das Konzentrationsvermögen hat viele bemerkenswerte Nachkommen. Zwei der großartigsten sind die Fähigkeit, anderen deine ungeteilte Aufmerksamkeit zu schenken, und deine Beobachtungsgabe. Beide wollen wir uns jetzt etwas genauer ansehen.

Ungeteilte Aufmerksamkeit

Noch vor dem Morgengrauen schrillte mein kleiner batteriebetriebener Wecker. Ich streckte den Arm aus, um den Alarm abzustellen. Mein ganzer Körper ächzte, der Geist war erschöpft, mein Wille aber wurde langsam munter. Ich setzte mich auf meinem Futon auf, machte ein paar kleine Aufwachrituale, dann trat ich aus meiner Hütte. Einen Moment lang blieb ich unter dem Banyanbaum stehen, der einen Teil des schlichten Betonbaus überdachte. Zwischen seinen Blättern, die sich in der leichten Brise wiegten, blitzten die Sterne hervor. Bei Neumond wirkte der Himmel über Hawaii in klaren Nächten stets wie eine von schimmernden Pünktchen durchsetzte samtig-dunkle Decke.

Die Luft war morgenfrisch, als ich zunächst an Obstbäumen vorbeilief, um mich dann auf einer holprigen Straße dem Hauptgebäude der Klosteranlage zu nähern. Dort duschte ich und zog mich für den Tag an. Wenn ich meine Morgentoilette beendet hatte, ging ich normalerweise noch einmal in meine Hütte zurück und absolvierte dort einige spirituelle Übungen, bevor wir Mönche uns für gemeinsame Morgenrituale versammelten.

Auf dem Weg zu meiner Hütte bemerkte ich Licht in Gurudevas Office und beschloss, ihm einen Besuch abzustatten. Also betrat ich sein Büro, warf mich vor ihm nieder, stand auf und setzte mich auf den Stuhl vor seinem Schreibtisch. Manchmal waren bereits andere Angehörige des Klosters da. Diesmal nicht.

Die Momente, die ich allein mit Gurudeva verbringen durfte, empfand ich immer als sehr kostbar. Entweder saßen wir nur schweigend da oder wir sprachen miteinander. So oder so war mir seine ungeteilte Aufmerksamkeit sicher.

Seine Konzentrationsfähigkeit, die Herrschaft, die er über das Bewusstsein in seinem Geist besaß, waren unerreicht. Die vollkommene Aufmerksamkeit, die er mir widmete, stellte einen stummen Beweis seiner Liebe zu mir dar, der lauter und deutlicher war, als es jede wortreiche Äußerung hätte sein können. In seiner Gegenwart schien sich die Zeit zu verlangsamen und auszudehnen. In diesem unbedingten Zustand unerschütterlicher Fokussierung erlebte ich in jedem einzelnen Moment zahllose Augenblicke.

Seinem erstaunlichen Konzentrationsvermögen verdankte Gurudeva die Fähigkeit, total präsent zu sein. So sagte er mir ohne ein einziges Wort, dass ich ihm wichtig war und er mich mochte. Dass er meine Äußerungen schätzte. Diese Begegnungen mit ihm haben mir immer unglaublich viel Kraft gegeben. Mir fehlen die Worte, die Wirkung zu beschreiben, die seine vollkommene Präsenz auf mich hatte. Jedenfalls durfte ich viele, viele Morgen auf diese Weise mit ihm verbringen.

Zwei Jahrzehnte später – ich habe das Kloster längst verlassen – sitze ich mit meiner Tochter im Siva Ashram, unserer spirituellen Zufluchtsstätte mit angeschlossenem Botanischen Garten in Costa Rica, auf einer Picknickdecke. Während wir ein Croissant genießen und etwas Saft zu uns nehmen, fällt das Sonnenlicht durch die hellgrünen, doppelpaarig gefiederten Blätter eines Flammenbaumes. Das Mädchen ist gerade drei Jahre alt und schon seit ihrer Geburt schenke ich ihr bei jeder unserer Begegnungen meine ungeteilte Aufmerksamkeit. Wie könnte es auch anders sein – war ich selbst doch bei zahllosen Gelegenheiten in den Genuss der ungeteilten Aufmerksamkeit meines Gurus gekommen. Diese Erfahrung hat mein Leben nachhaltig verändert. Ich war und bin der festen Überzeugung, dass es bei meiner Tochter genauso sein wird.

Ich lege großen Wert darauf, allen Menschen mit ungeteilter Aufmerksamkeit zu begegnen – beginnend mit meiner Frau, der Familie und meinen Angestellten, Freunden, Bekannten und anderen. Meine ungeteilte Aufmerksamkeit ist mit die erhabenste Form von Liebe und Respekt, die ich ihnen entgegenbringen kann.

Damit, dass dir meine ungeteilte Aufmerksamkeit gehört, sage ich dir, dass ich mich unter all den Menschen und Dingen, denen ich meine begrenzte Zeit und Energie widmen könnte, bewusst dafür entschieden habe, diese meine kostbarsten Ressourcen *dir* zukommen zu lassen.

Zudem teile ich dir dadurch, dass ich mich dir mit ungeteilter Aufmerksamkeit zuwende, mit, dass ich auch *deine* begrenzte Zeit und Energie zu schätzen weiß. Dass ich mir darüber im Klaren bin, dass auch du die bewusste Entscheidung getroffen hast, mich mit zwei deiner kostbarsten Ressourcen zu beehren. So ist meine ungeteilte Aufmerksamkeit also zugleich Ausdruck meiner Dankbarkeit für die Zeit und Energie, die du mir schenkst.

Widme jedem Menschen, der dich anspricht, deine ungeteilte Aufmerksamkeit. Wie das gehen soll, fragst du? Indem du innerlich bei ihm bleibst und dein Bewusstsein sanft und liebevoll zurückholst, sobald du merkst, dass der leuchtende Lichtball abgedriftet ist. Driftet es wieder ab, holst du es erneut zurück. Das machst du so lange, bis sich dein Bewusstsein daran gewöhnt hat, auf ein und dasselbe Objekt gerichtet zu bleiben. Auf diese Weise schulst du dein Konzentrationsvermögen. Du lernst dabei auch, anderen Menschen deine ungeteilte Aufmerksamkeit zu schenken. Denn das ist wirklich und wahrhaftig eine der erhabensten Formen von Liebe und Respekt, die du ihnen entgegenbringen kannst.

Null Toleranz gegenüber Ablenkungen

Vor etwa zwei Jahrtausenden fasste der tamilische Weber und Weise Tiruvalluvar in Südindien die Vergänglichkeit aller Dinge im folgenden Aphorismus zusammen: »Zwar scheint der Tag nur ein harmloses Zeitmaß zu sein, für die Wissenden jedoch stellt er die Säge dar, die ununterbrochen am Baum des Lebens nagt.«

Für jeden, der sich des Tatbestandes bewusst ist, dass sein Leben endlich ist und alles Lebende ein klares, eindeutig definiertes Ende hat, wird die Null-Toleranz-Strategie Ablenkungen gegenüber zu einer Selbstverständlichkeit. Zwar ist Zeit ein Geschenk, das wir alle mit auf den Weg bekommen haben. Doch über den Gebrauch, den wir von ihr machen, kann jede und jeder von uns allein entscheiden.

Die Befolgung einer Null-Toleranz-Strategie gegenüber Ablenkungen zeugt von Respekt für die uns gegebene Lebenszeit. Auch ist sie Ausdruck unserer Liebe zu uns selbst und den Dingen, die uns wichtig sind. Denn sobald wir uns auch nur eine Minute lang ablenken oder ablenken lassen, rauben wir genau diese Minute ja allem und allen, die wir lieben, nicht zuletzt uns selbst.

Nachdem ich beschlossen hatte, meine Mönchsgelübde nicht zu erneuern und das hawaiianische Kloster zu verlassen, zog ich nach New York City. Einige Jahre später hatte ich dort in einem Café ein Treffen mit einem Typen, an das ich mich auch heute noch gut erinnere. Sofort nachdem wir Platz genommen und unsere Bestellungen aufgegeben hatten, fingen wir an uns zu unterhalten. Alle paar Minuten griff der Mann nach seinem Smartphone auf dem Tisch.

Das ging eine gute halbe Stunde so. Dann wurde mir mit einem Mal klar, dass ich die Zeit, die ich verlor, während er mit seinem Telefon kuschelte, nie zurückbekommen würde. Und was er da tat, interessierte mich nicht die Bohne.

Also sagte ich in entschiedenem Ton laut seinen Namen, um ihn auf mich aufmerksam zu machen. Dann sah ich ihm in die Augen und sagte: »Es gibt jetzt zwei Möglichkeiten. Entweder legst du dein

Telefon weg oder aber wir beenden unser Treffen an dieser Stelle und ich gehe. Dein ständiges Aufs-Handy-Gucken während des Gesprächs stellt für mich eine absolute Zeit- und Energieverschwendung dar. Außerdem ist es total respektlos. Wie's jetzt weitergeht, ist deine Entscheidung.«

Seinem Gesichtsausdruck nach zu urteilen hatte ich ihn kalt erwischt. Er fasste sich aber schnell wieder und sagte ergeben: »Du hast ja recht. Es tut mir leid. Das Treffen mit dir ist mir wichtig. Deshalb stecke ich mein Phone jetzt weg und versuche mich ganz auf unser Gespräch zu konzentrieren.«

Nach diesem Vorfall kam ich auf die Idee mit der Null-Toleranz-Strategie gegenüber Ablenkungen. Wer sie verfolgt, muss unter anderem den Mut aufbringen können, Ablenkungen beim Namen zu nennen, sie zu thematisieren und anzuprangern. Das kann und sollte bestimmt, aber auch freundlich geschehen. Denn welche Entschuldigung gäbe es schon für rüdes Benehmen? Überhaupt keine. Ich selbst habe auch noch viel damit zu tun, die Null-Toleranz-Strategie voll in meinen Alltag zu integrieren, und arbeite wirklich hart daran. Denn mit jedem Jahr, das ins Land geht, sinkt meine Toleranzschwelle gegenüber Ablenkungen.

Die meisten, wenn nicht alle, mit denen ich Umgang pflege, wissen, dass ich ihre ungeteilte Aufmerksamkeit fordere. Damit will ich mich keineswegs auf irgendeine Art wichtigmachen, sondern lediglich verdeutlichen, dass ich meine Zeit und Energie genauso wertschätze wie die eines Gegenübers.

Mir steht in diesem Leben nur eine begrenzte Zahl von Minuten zur Verfügung. Willst du einige davon für dich, dann sei bitte so lieb und vergeude sie nicht. Behandele sie mit allergrößtem Respekt – und zwar, indem du mir deine ungeteilte Aufmerksamkeit schenkst. Denn am Baum meines Lebens nagt die erwähnte Säge beständig.

Sobald du dich auf den Pfad der unerschütterlichen Fokussierung begibst, solltest du die Leute in deinem engsten Umfeld darüber informieren, dass du gerade lernst, dich zu konzentrieren, und mit aller Kraft versuchst, bei jeder deiner Interaktionen vollkommen präsent zu sein. Außerdem kannst du den anderen sagen, dass die ungeteilte Aufmerksamkeit, die du ihnen widmest, Ausdruck deiner Liebe und des Respekts ist, den du vor ihnen hast.

Was »präsent sein« bedeutet, wirst du erklären müssen und auch, wie das überhaupt geht. Dafür kannst du Beispiele nennen. Etwa, dass du es begrüßen würdest, wenn dein Gegenüber im Gespräch mit dir sein Telefon weglegt, damit ihr einander mit ungeteilter Aufmerksamkeit begegnen könnt.

Die Kraft der Beobachtung

»*Die Beobachtung ist das erste Indiz für das Erwachen des* Über*bewusstseins.*«
Gurudeva

Eine gute Beobachtungsgabe ist das Nebenprodukt längerer Konzentration. Sie wird umso besser, je mehr und je länger du dich fokussierst. Gehe ich ins Fitnessstudio und stemme konsequent Gewichte, ist es ganz normal, dass sich meine Muskeln entwickeln. Ihr Wachstum ist eine natürliche Folge des Gewichthebens. Genauso ist es mit der Beobachtungsgabe: Sie wird umso besser, je mehr du an deiner Konzentrationsfähigkeit arbeitest.

Was aber versteht man eigentlich unter Beobachtung? Einer Definition aus dem Lexikon nach handelt es sich um den Akt des sorgfältigen Hinschauens und Zuhörens: die Aktivität, jemandem oder etwas viel Aufmerksamkeit zu schenken, um an Informationen zu gelangen. Mein Guru bezeichnete die Beobachtung oft als »Gipfelperspektive«. Denn vom Gipfel eines Berges aus kannst du dir alles genau betrachten, was sich in den unteren Regionen abspielt.

Hier eine einfache Analogie: Stell dir vor, du schaust dir mit Freunden ein Fußballspiel im Fernsehen an. Ein Spieler stürmt mit dem Ball auf das gegnerische Tor zu. Sollte er ihn jetzt einem bestimmten, perfekt positionierten Mannschaftskollegen zuspielen, ergäbe sich daraus eine Supergelegenheit für sein Team. Vor der Glotze schreit ihr alle: »Spiel ab! Spiel ab!« Und das tut er auch. Aber leider an ein Teammitglied, das längst nicht so günstig steht. Voller Entsetzen über diesen Move greift ihr euch alle an den Kopf. Einer deiner Freunde schreit noch: »Du Idiot, der andere stand doch genau richtig!«

Wie es kommt, dass ihr zu einer besseren Entscheidung gelangen konntet als ein Fußballprofi, der ständig auf dem Feld steht und Millionen verdient? Nun, es ist eine Frage des Blickwinkels. So begabt der Spieler auch sein mag: Er kann nur sehen, was vor ihm liegt. Eure Fernsehbilder dagegen stammen von einer Kamera, die ganz weit oben im Stadion hängt. So konntet ihr das Spielfeld und die Geschehnisse darauf quasi vom Gipfelpunkt aus überblicken und wart deshalb auch viel eher in der Lage zu beurteilen, welcher Pass optimal gewesen wäre.

Genauso bietet die Satellitennavigation aus der Gipfelperspektive des Orbits heraus weit mehr Informationen über die Verkehrslage, als ein Blick durch die Windschutzscheibe dir verschaffen kann. Satelliten sind in der Lage, das Gesamtbild zu scannen, und können dir deshalb auch verraten, was ganz weit vor dir liegt.

In dem Maße, in dem sich deine Beobachtungsgabe aufgrund zunehmenden Konzentrationsvermögens verbessert, nimmst du auch mehr Informationen wahr – vergleichbar der Kamera oben auf dem Stadion beziehungsweise den Satelliten im All. Je mehr Informationen du hast, desto besser bist du informiert. Damit steigen zugleich deine Chancen, bessere Entscheidungen zu treffen. Eines möchte ich allerdings hinzufügen: Diese besseren Entscheidungen beruhen nicht auf der Menge an Infos, über die du verfügst, sondern auf deiner Fähigkeit, sie klug zu verarbeiten und im geeigneten Moment einzusetzen.

Aufgrund deiner Beobachtungsgabe kannst du eventuelle Fallstricke, aber auch Chancen erkennen, die sich dir bieten. Das heißt nicht, dass du jeder Falle ausweichen kannst und jede gute Gelegenheit ergreifst. Aber allein, dass du sie bemerkst, gibt dir schon zahllose Möglichkeiten, Entscheidungen zu treffen und so potenziell bessere Resultate zu erzielen. Ich kann dir gar nicht sagen, wie vieler Fallen ich mir in meinem Leben schon bewusst war – und wie oft ich trotzdem ausgesprochen schlechte Erfahrungen gemacht habe. Die hatten aber weit mehr mit unterbewussten Verhaltens- und Denkmustern zu tun, die bereinigt werden mussten.

»*Probleme sind im Grunde gar keine, sondern unbewusste Muster, die es zu bereinigen gilt.*«

Gurudeva

Der erste Schritt dieser Bereinigung im Unterbewusstsein besteht darin, die betreffenden Muster zu beobachten. Denn etwas, was du dir nicht genau ansiehst, kannst du auch nicht verändern. Das ist ein weiterer Grund, warum es so wichtig ist, dass du lernst, dich zu konzentrieren: Es hilft dir, aufmerksamer zu werden, und bewirkt, dass du die Muster in dir erkennst, die bereinigt werden müssen, und den entsprechenden Prozess in Gang setzen kannst.

Meiner Beobachtungsgabe verdanke ich es, dass ich einen Blick für das große Ganze habe. Und weil ich das Gesamtbild sehe, kann ich bessere Entscheidungen treffen. Diese wiederum führen zu besseren Resultaten, die mit Gefühlen von Glück und Zufriedenheit einhergehen, weil ich auf dem Weg zu einer Lebensweise bin, die mich glücklich und zufrieden macht. Eines kann ich dir verraten: Eine verbesserte Beobachtungsgabe gehört zu den allergrößten Benefits eines optimierten Konzentrationsvermögens.

LEKTION 8.5

KONZENTRATION – ENTMYSTIFIZIERT

Eine Menge Missverständnisse entstehen, weil viele gar nicht genau wissen, was Konzentration überhaupt bedeutet. Deshalb stellen sie sich alles Mögliche darunter vor, sehen in ihr aber nichts, was es wert wäre, kultiviert zu werden. Einige dieser Missverständnisse wollen wir jetzt einmal unter die Lupe nehmen, um sie zu zerstreuen und richtigzustellen.

Konzentration ist anstrengend

»Den ganzen Tag konzentriert zu sein kostet so viel Energie und Mühe«, sagte ein Herr einmal zu mir, »und das ist dermaßen anstrengend.«

Geantwortet habe ich ihm mit einer Gegenfrage: »Wie viel Energie und Mühe kostet es Sie denn, den ganzen Tag über abgelenkt zu sein?«

»Gar keine«, kam es wie aus der Pistole geschossen zurück, »nicht die geringste.«

»Sie können sich deshalb von morgens bis abends im Abgelenktsein üben, weil Sie über die Jahre Muster der Ablenkung in Ihrem Unterbewusstsein aufgebaut haben. Das ist der Grund, weshalb Sie dafür keine Mühe aufwenden müssen. Deshalb ist es für Sie auch nicht anstrengend. Genauso geht es Leuten, die sich in der Kunst der Konzentration üben: Aufgrund ihrer jahrelangen Hingabe an diese Praxis haben sie im Unterbewusstsein Muster der Fokussierung herausgebildet. Ihr Bewusstsein steht unter der Regie ihrer Willenskraft. Für solche Menschen ist das Konzentriertsein ein Kinderspiel und kein bisschen anstrengend.«

Alle, die in der Kunst der Konzentration nicht geübt sind, empfinden es als mühsam, sich über längere Zeit hinweg zu konzentrieren. Denn wenn du von deinem Geist etwas verlangst, für das er keine tief verankerten Muster besitzt oder in dem er nicht geübt ist, ist der Energiebedarf natürlich sehr viel höher. Weil sie die entsprechenden Muskeln herausgebildet haben, sind Baumpfleger in der Lage, stundenlang Bäume zu beschneiden. Menschen dagegen, die es zum ersten Mal tun, können diese Tätigkeit durchaus als anstrengend erleben. Genauso verhält es sich mit dem Geist. Alles, was er nicht gewohnt ist, verlangt ihm bedeutend mehr Mühe und Energie ab und kann tatsächlich als anstrengend empfunden werden.

Apropos anstrengend: Hoch fokussierte Menschen empfinden den Umgang mit stark und ständig abgelenkten Leuten als ausgesprochen zermürbend. Denn in der Kommunikation mit denen wird vom Geist etwas verlangt, was er nicht gewohnt ist. Und das allein kann sehr anstrengend sein. Wenn nämlich das Bewusstsein umherspringt wie angestochen, fließt auch die Energie ungebremst in alle Richtungen. Das führt zu einem eklatanten Energieverlust.

Die Angst, etwas zu verpassen

»Ich würde nie so konzentriert sein wollen, dass mir anderes im Leben durch die Lappen geht«, hat mal jemand zu mir gesagt und dabei die Hände wie Scheuklappen rechts und links an die Schläfen gelegt.

Viele denken, Konzentration sei gleichbedeutend mit einem Tunnelblick. Es stimmt zwar, dass das Bewusstsein in diesem Zustand auf ein einziges Objekt gerichtet ist. Aber wie du ja inzwischen weißt, verbessert konsequentes Fokussieren die Beobachtungsgabe. Deshalb führt hohe Konzentration auch keinesfalls dazu, dass du irgendwas verpasst. Im Gegenteil: Sie stärkt deine Aufmerksamkeit und sorgt dadurch dafür, dass du alles um dich herum viel genauer wahrnimmst.

Alles ausblenden

Von Sportlern hört man oft »Ich habe einfach alles andere ausgeblendet und mich voll auf das Spiel konzentriert«. Wenn wir uns diese Äußerung genauer angucken, stellen wir bald fest: Irgendetwas auszublenden bedeutet, dass sich das Bewusstsein ebendiesem Objekt zuwenden muss.

Nehmen wir zum Beispiel einen Linebacker im American Football. Eine der Aufgaben dieses Defensivspielers besteht darin, den Runningback davon abzuhalten, dass er an der Abwehrlinie vorbeikommt. Um diese Person zu »blockieren«, muss er sich zu ihr begeben. Gäbe es nur einen einzigen Linebacker, müsste der zu jedem Offensivspieler einzeln hinlaufen und ihn individuell blockieren. Genauso ist es, wenn du sagst »Ich blende jetzt alles aus«. Im Kontext dieses Buches würde das bedeuten, dass dein Bewusstsein – ähnlich wie der Linebacker – alles, was du im Kopf hast, einzeln ansteuern müsste, um es ausblenden zu können. Genau das sagt man im Grunde, wenn man ankündigt: »Ich blende jetzt alles andere aus.« Konzentration aber geht definitiv anders.

Von größter Bedeutung ist es, dass wir ernsthaft versuchen, die Funktionsweise des Geistes zu begreifen. Dabei kommt es auch entscheidend auf die korrekte Terminologie und Ausdrucksweise an. Da sich beide aber nur erschließen, wenn man vollumfänglich verstanden hat, wie Bewusstsein und Geist wirklich arbeiten, habe ich mich damit in den ersten Kapiteln des Buches so intensiv befasst.

Sportler oder Sportlerinnen wären demnach gut beraten, würden sie sagen: »Ich werde mich hundertprozentig auf das Spiel konzentrieren.« So würden sie ihre Umgebung zwar durchaus noch wahrnehmen, ihr aber im Wettkampf keinen Gedanken widmen. Ihr Bewusstsein wäre vollkommen auf das Spiel fokussiert. Auf dem Weg zur unerschütterlichen Konzentration gibt es absolut nichts auszublenden.

Freudlosigkeit

Würde man jemanden bitten, sich eine hochkonzentrierte Person vorzustellen, hätte diese die Augen höchstwahrscheinlich leicht zusammengekniffen und fest auf ein bestimmtes Objekt gerichtet. Ihre Stirn wäre gerunzelt, der Gesichtsausdruck ebenso versunken wie angespannt. Kaum vorstellbar, dass diese Person entspannt sein könnte.

Im Gegenteil: Würde man denselben Jemand um die Visualisierung einer entspannten Person bitten, würde er eventuell eine Frau vor sich sehen, die unbeschwert am Strand entlangläuft, die Arme locker ausgestreckt hat und sich über den Wind freut, der ihr Gesicht streichelt und das Haar verwuschelt. Dieses Bild lässt sich mühelos mit Begriffen wie Freiheit, Entspannung und Freude assoziieren.

Wäre es möglich, diese beiden Visualisierungen nebeneinanderzulegen, könnte man wohl nur zu dem einen Schluss kommen: »Ich möchte nie so fokussiert sein, dass mir das Leben keine Freude mehr macht. Entspannt möchte ich sein, glücklich und zufrieden. Alles – nur nicht ständig so verbiestert und bierernst!«

Auch zu diesem Missverständnis kann es im Grunde nur kommen, wenn man keinerlei Ahnung hat, was Fokussiertsein wirklich bedeutet. Wer gelernt hat, sich zu konzentrieren, läuft nicht mit gerunzelter Stirn, zusammengekniffenen Augen und angespannter Miene durchs Leben. Weil das Fokussiertsein für diesen Menschen der Normalzustand ist. Einen solchen Menschen kostet es keinerlei Anstrengung, sich zu konzentrieren. Er kann beides zugleich sein: entspannt *und* fokussiert. Und weil er fokussiert ist, schenkt er allen und allem in seinem Leben hundertprozentige Aufmerksamkeit. Was wiederum dazu führt, dass ihn jede Erfahrung, die er macht, erfüllt. Im breiten Spektrum der daraus resultierenden Gefühle sind Zufriedenheit, Freude und Glück nur einige.

Achtsamkeit

Es wäre unaufrichtig, würde ich nicht zugeben, dass in mir das Wort »Achtsamkeit« dieselbe Reaktion hervorruft wie auf einer Tafel kratzende Fingernägel. Für mich stellt es eine unnötige Erinnerung daran dar, dass ich auch nur ein Mensch bin und es immer noch Dinge gibt, die mich auf die Palme bringen. Dieses Wort wird völlig falsch verwendet. Und das von mehr Menschen, als täglich in New York mit der U-Bahn fahren. Aber ich werde versuchen, meine Gefühle hintanzustellen und mich sachgerecht mit dem Thema auseinanderzusetzen.

Fangen wir damit an, dass wir definieren, was überhaupt unter Achtsamkeit zu verstehen ist. Dem *Oxford English Dictionary* zufolge stellt Achtsamkeit einen »durch die Konzentration auf den gegenwärtigen Moment zu erreichenden mentalen Zustand« dar. Eine sorgfältige Analyse dieser Definition würde ergeben, dass die Achtsamkeit ein Nebenprodukt der Konzentration ist: ein aus Fokussierung entstehender mentaler Zustand.

Das Merriam-Webster's Dictionary definiert Achtsamkeit als »die Praxis, Moment für Moment in einem neutralen Zustand erhöhten oder vollständigen Gewahrseins der eigenen Gedanken, Emotionen oder Erfahrungen zu verbleiben«. Oder etwas kürzer ausgedrückt: als »Praxis, von Moment zu Moment in einem Zustand des vollständigen Gewahrseins der eigenen Erfahrungen zu verbleiben«. (Hier wird der Begriff »Achtsamkeit« anders verwendet, als ich es tue.)

Diesen beiden Definitionen entnehme ich: Erst, wenn ich fähig wäre, mich lang genug zu konzentrieren und mein Bewusstsein auf ein bestimmtes Objekt gerichtet zu halten … erst dann könnte ich das, worauf ich mich fokussiere, bewusst (achtsam oder aufmerksam) wahrnehmen.

Daraus lässt sich schließen, dass wir uns nicht in Achtsamkeit üben. Genauso wenig wie in Aufmerksamkeit. Stattdessen üben wir uns in Konzentration. Achtsamkeit und Aufmerksamkeit stellen Nebenprodukte davon dar, mentale Zustände, die erst erreicht werden können, nachdem das Bewusstsein darauf trainiert wurde, sich über längere

Zeit hinweg zu konzentrieren. Mit anderen Worten: Um in einen Zustand von Achtsamkeit und Aufmerksamkeit geraten zu können, muss man zunächst einmal in der Lage sein, sich gut zu konzentrieren.

Wer behauptet, sich in »Achtsamkeit« zu üben, drückt sich im Grunde also falsch aus. Denn das Einzige, was sich trainieren lässt, ist die Fokussierung, und aus dieser kann ein Zustand der Achtsamkeit resultieren. Konzentration ist die Mutter jenes mentalen Phänomens, das unter der Bezeichnung Achtsamkeit bekannt ist. Ohne Fokussierung gäbe es dieses gar nicht.

Ein Mensch ist abgelenkt, wenn sein Bewusstsein unkontrolliert von einem Gegenstand zum anderen hüpft. Wie kann er dann aber »von Moment zu Moment in einem Zustand des vollständigen Gewahrseins der eigenen Erfahrungen verbleiben«? Das ist völlig unmöglich. Jemanden, der sich im Zustand des Abgelenktseins befindet, zu Achtsamkeit aufzufordern, bringt gar nichts. Es ist vollkommen blödsinnig.

Zuallererst muss man ihm sagen, dass er sich konzentrieren soll. Und erst, wenn er in der Lage ist, sein Bewusstsein über einen längeren Zeitraum auf ein und denselben Gegenstand zu richten, kann er allmählich anfangen, von Moment zu Moment in einem Zustand des vollständigen Gewahrseins zu verbleiben, und erleben, wie sich Achtsamkeit und Aufmerksamkeit anfühlen.

Genauso wenig könntest du dich darin üben, glücklich und zufrieden zu sein. Du kannst spüren, wie es sich anfühlt, glücklich und zufrieden zu sein. Denn dabei handelt es sich um einen mentalen Zustand. Glück und Zufriedenheit sind Nebenprodukte einer Erfahrung, die du machst. Beziehungsweise des Umstandes, dass sich dein Bewusstsein in ebendiesem Bereich des Geistes aufhält.

Statt also Leute zu Achtsamkeit aufzufordern, solltest du ihnen lieber empfehlen, ihr Konzentrationsvermögen zu trainieren. Sobald sie in der Lage sind, sich länger gezielt auf etwas zu fokussieren, können sie auch in den Zustand der Achtsamkeit geraten. Womit auch geklärt wäre, wie man den Begriff »Achtsamkeit« korrekt verwendet.

Multitasking

»Das meiste lässt sich schneller bewerkstelligen, wenn wir die Dinge nacheinander erledigen.«

Wolfgang Amadeus Mozart zugeschrieben

Nicht nur die Ablenkung, sondern auch das Multitasking steht im Widerspruch zur Fokussierung. Lass mich an den Anfang meiner Überlegungen zunächst wieder eine Definition stellen.

Im Merriam-Webster's Dictionary wird unter dem Begriff Multitasking die »gleichzeitige Ausführung mehrerer Aufgaben« verstanden. Das Oxford Dictionary bietet zwei Erklärungen an. Die erste bezieht sich auf Menschen und lautet »sich zu einem gegebenen Zeitpunkt mit mehr als einer Aufgabe« zu befassen. Im zweiten Fall geht es um Computer und deren Fähigkeit, »mehr als ein Programm beziehungsweise mehr als eine Aufgabe gleichzeitig auszuführen«. Beide Definitionen sind glasklar.

Wenn jemand am »Multitasken« ist, so heißt das im Grunde nichts anderes, als dass sein Bewusstsein zwischen verschiedenen Dingen hin und her pendelt. Denn an zwei oder mehr Orten gleichzeitig kann es sich unmöglich befinden. Wenn man am Steuer eines Autos sitzt und telefoniert, taumelt das Bewusstsein permanent zwischen Fahrbahn und Gespräch hin und her. Das ist nicht nur brandgefährlich, sondern auch zeit- und energieraubend. Denn du weißt ja: Die Energie folgt immer dem Bewusstsein.

Anhand einer Analogie möchte ich den Zusammenhang von Multitasking und Energieverbrauch näher erläutern. Stell dir das Bewusstsein für den Moment einmal als Auto vor. Das benötigte Benzin wäre die menschliche Energie. Pendelt der Wagen permanent zwischen zwei Nachbarstädten, verbraucht er mehr Brennstoff, als wenn sein Motor im Stand laufen und das Auto an Ort und Stelle bleiben würde. Nicht anders verhält es sich mit dem Bewusstsein. Wechselt es ständig zwischen zwei Dingen hin und her, wird enorm viel Energie verbraucht: Eine Zeitlang beschäftigt es sich mit Gegenstand A, dann löst es sich von ihm und wendet sich Gegenstand B zu. Mit diesem ist es nun eine Weile befasst, bevor es sich von ihm trennt und sich ein weiteres Mal Gegenstand A widmet. In diesem Moment muss sich das Bewusstsein darauf besinnen, an welchem Punkt es Gegenstand A verlassen hat, sich neu orientieren und wieder in das Gespräch beziehungsweise die Aktivität einsteigen, um die es gerade geht.

All das kostet enorm viel Energie. Und da sich dieser Prozess beim Multitasking sehr häufig wiederholt, sind die benötigten Energiemengen entsprechend groß. Zudem leiden Produktivität und Effizienz. Unnötigerweise. Sie könnten weit höher sein, hätte das Bewusstsein bloß die Chance, sich immer nur auf einen Gegenstand zu fokussieren.

Viele Multitasker sind der irrigen Auffassung, sie wären mordswas leistungsfähig und würden Unmengen gewuppt kriegen. Dabei verplempern sie in Wirklichkeit zwei ihrer kostbarsten Ressourcen: Zeit und Energie.

Meine Bewertung des Multitaskings und seiner Wirkung auf die Menschen fußt nicht auf naturwissenschaftlichen oder physiologischen Forschungsergebnissen. Vielmehr beruht sie auf dem inneren Erleben von Bewusstsein und Geist. Solltest du dich jedoch für die wissenschaftliche Seite interessieren, findest du im Internet zahlreiche neurologische und psychologische Studien, aus denen hervorgeht, dass es sich bei besagtem Multitasking um einen modernen Mythos handelt.

TEIL 4

EIN ALLHEILMITTEL FÜR DEN GEIST

Kapitel 9

Die vier Feinde

LEKTION 9.1

DAS GEGENMITTEL: PRÄSENT SEIN

Sich selbst überlassen kann sich der Geist allerlei Krankheiten zuziehen. Doch sobald wir über ein gutes Verständnis der Zusammenhänge von Bewusstsein und Geist verfügen und Ersteres besser steuern können, sind viele dieser Malaisen besser zu handhaben oder sogar zu überwinden. In diesem Kapitel möchte ich mich mit den vier Feinden befassen, die den Geist terrorisieren: Sorgen, Angst, innere Unruhe und Stress.

Bevor ich im Einzelnen auf sie eingehe, musst du noch etwas über einen entscheidenden Aspekt der Konzentration erfahren, und zwar das Präsentsein. Anfangen möchte ich mit einer Geschichte, die mir einst ein Unternehmer anvertraut hat:

»Wir waren mit einem privaten Boot auf dem herrlichen himmelblauen Meer unterwegs zu einer einsamen Insel, als ich von meinem Handy aufsah. Ich bemerkte, dass meine Frau und die Kinder den atemberaubenden Trip, den ich für unsere Familie organisiert hatte, mit allen Fasern ihres Seins genossen. In dem Moment wurde mir klar, dass ich die letzten fünfzehn Minuten in diesem umwerfenden Ambiente für nichts anderes Augen gehabt hatte als für mein Handy«, berichtete er mir frustriert, total sauer wegen seines Unvermögens, in einem solchen Moment präsent zu sein. »Diese Minuten mit meiner Familie waren mir für immer verloren«, klagte er noch.

Viele Leute verbringen einen Großteil ihres Lebens damit, das Geld zu verdienen, das ihnen die Möglichkeit gibt, etwas zu erleben: irgendetwas zwischen einem gemeinsamen Fast-food-Essen mit Freunden und einer privaten Yacht-Kreuzfahrt. So unterschiedlich diese Erfahrungen auch sein mögen, was man von ihnen hat, hängt von einem einzigen Faktor ab: der Fähigkeit, sie bewusst – präsent – zu erleben.

Doch traurigerweise lassen viele sie stattdessen an ihrer Geistesabwesenheit scheitern.

Präsent bin ich, wenn mein Bewusstsein ganz bei der Sache, der Erfahrung oder dem Menschen ist, in dessen Gegenwart ich mich befinde. Im Grunde ist »Präsentsein« also ein anderes Wort für den Zustand des Konzentriertseins.

Wie Achtsamkeit ist auch Präsentsein nur möglich, wenn man sich konzentrieren kann. Und auch das Präsentsein übt man nicht. Vielmehr übt man sich in Konzentration. Denn wenn du konzentriert bist, bist du ganz bei der Person, in deren Gegenwart du dich aufhältst. Mit dem Ergebnis, dass du in dieser Situation präsent bist.

Jemanden aufzufordern, er solle präsent sein, geht in die Irre. Viel besser und präziser wäre es in diesem Fall, ihn zu bitten, er möge sich fokussieren. Vorausgesetzt, du hast ihm erklärt, wie das geht. Denn wie sollte man präsent sein können, wenn man nicht in der Lage ist, sich zu fokussieren? Die Konzentration geht der Präsenz voraus. Weil Präsenz Folge gelungener Fokussierung ist. Sobald man genauer über Bewusstsein, Geist und Konzentration Bescheid weiß, muss man über Präsenz nicht mehr viele Worte verlieren.

Hast du das mal erlebt? Du unterhältst dich mit jemandem. Sagen wir: mit mir. Mit einem Mal merke ich, dass du nicht mehr präsent bist, und frage dich: »Wo bist du denn gerade?« Die korrekte, unwiderlegbare Antwort darauf wäre natürlich: »Na, hier, wo denn sonst.«

Im Kontext dieses Buches müsste allerdings schon die Frage anders lauten. Nämlich so: »Wo sind deine Gedanken, wo ist dein Bewusstsein?« Denn ich weiß ja genau, wo du bist. Du stehst oder sitzt direkt vor mir. Das ist so klar wie Kloßbrühe. Physisch bist du nach wie vor im Hier und Jetzt. Dein Bewusstsein jedoch hat sich längst von dir abgelöst – mit der Folge, dass du nicht mehr präsent bist.

Aber woran merkt man es, wenn jemand nicht mehr präsent ist? Könntest du vor dem Hintergrund der Infos in diesem Buch bitte einen Moment darüber nachdenken?

…

Du bist wieder bei mir? Gut.

Die Antwort lautet ganz einfach: Man spürt die Energie des oder der Betreffenden nicht mehr. Erinnere dich, was mein Guru immer gesagt hat: »Die Energie folgt dem Bewusstsein.« Sobald das Bewusstsein deiner Gesprächspartnerin von dir ab- und auf irgendetwas anderes gelenkt wird, dann geht ihre Energie mit. Wenn du Energien wahrnehmen kannst und sie mit einem Mal nicht mehr spürst, dann weißt du, dass sich dein Gegenüber nicht länger auf euer Gespräch konzentriert. Die Person ist also nicht mehr geistig präsent, auch wenn sie deine Äußerungen unbewusst immer noch mit einem mechanischen Nicken quittiert.

Und jetzt kann ich erst einmal nur hoffen, dass du verstanden hast, warum es so entscheidend auf die Konzentration ankommt. Denn für vieles, was wir im Leben anstreben, ist sie das A und O.

Die Ewigkeit des Augenblicks

Von großer Bedeutung fürs Präsentsein ist ein grundlegendes Verständnis für Zeit. Vereinfacht gesagt lässt sich die Zeit in drei Tranchen unterteilen: Vergangenheit, Zukunft, Gegenwart. In einem dieser drei Abschnitte hält sich das Bewusstsein immer auf.

Verliert es sich in der Vergangenheit, blätterst du in der Anthologie der Lebenserfahrungen, die du seit deiner Geburt gemacht hast und die nun im Museum deines Unterbewusstseins aufbewahrt werden. Anders als die meisten anderen Museen ist das Unterbewusstsein ein geradezu zwanghafter Hamsterer von Sammlerstücken. Sofern es nicht in der Kunst des organisierten Erinnerns geschult wurde, stellt es einen echten Verhau von Erfahrungen, Gewohnheitsmustern und allem Möglichen sonst noch dar.

Sollte sich dein Bewusstsein in der Vergangenheit suhlen, flüstert es dir vielleicht zu: »Weißt du noch? In jenem Winter in Prag? Als wir in bitterer Kälte Glühwein getrunken haben? Das war mein erstes Mal! Nie zuvor hatte ich je etwas von Glühwein gehört, geschweige denn, welchen getrunken.« Dies stellt eine verbale Bestätigung der Zeittranche dar, in der sich dein Bewusstsein gerade befindet.

Viele Leute schwelgen oft und lange in der Vergangenheit. Und ohne dass sie sich darüber im Klaren sind, lassen sie den einzigen Moment, der wirklich zählt – den gegenwärtigen – ungenutzt verstreichen.

Trotzdem kann die Vergangenheit auch eine großartige Lehrmeisterin sein, die uns zu vielen Einsichten und Erkenntnissen verhilft – und es uns damit in der Gegenwart ermöglicht, klügere Entscheidungen zu treffen, aus denen eine bessere Zukunft erwachsen kann.

Tummelt sich dein Bewusstsein in der Zukunft, drängen sich dir womöglich Visionen auf wie diese: »Nächste Woche geht's nach Kuala Lumpur. Ich kann es kaum erwarten, mich an den vielen Garküchen dort gütlich zu tun. Als Erstes hole ich mir definitiv ein Roti Canai.« Auch das stellt eine verbale Bestätigung des Aufenthaltsortes deines Bewusstseins dar.

Hält sich das Bewusstsein oft und lange mit Fantasien und Tagträumereien von der Zukunft auf, können Frust, Traurigkeit oder Depressionen die Folge sein. Und zwar, weil die Dinge, die du heraufbeschwörst, nicht deiner realen Wirklichkeit entsprechen. Eine klare Vorstellung von der Zukunft zu haben ist ein wichtiger Schritt auf dem Weg zur Manifestation deiner Wünsche. Doch geleistet werden muss diese Arbeit in der Gegenwart. Denn nur hier kannst du deine Zukunft erschaffen – im Hier und Jetzt!

Solange du es gezielt und klug tust, spricht absolut nichts dagegen, gedanklich in die Vergangenheit oder Zukunft zu reisen. Nur darfst du es damit auf keinen Fall übertreiben. Viele Leute sprechen ständig davon, was sie irgendwann tun wollen, sind aber nie präsent genug, es auch realisieren zu können. Andere sind innerlich immerzu in der Vergangenheit, bei schönen oder unangenehmen Erinnerungen, und merken gar nicht, dass das Leben längst weitergegangen ist. Wenn du genau darauf achtest, kannst du aus dem von ihm Gesagten auf die Zeittranche schließen, in der sich das Bewusstsein deines Gesprächspartners gerade aufhält.

Schließlich gibt es natürlich auch noch diejenigen, die den Großteil ihrer Zeit in der Gegenwart verbringen – in unerschütterlicher Konzentration auf alles, was sie tun. Das sind die Kreativen. Die Macherinnen. Die Anführer. Diejenigen, die wissen, dass alles und jedes im Hier und Jetzt entsteht, in der Ewigkeit des Augenblicks.

Mein Guru hat es mir richtiggehend eingebläut, dieses »Die einzige Realität ist das Jetzt«. Dafür musste er sich ordentlich reinhängen und je nachdem, welche Schicht meines Geistes er ansprechen wollte, einen anderen Ansatz wählen. Hier ein Beispiel: Einmal saß ich am Schreibtisch und wollte gerade Feierabend machen. Es war schon nach achtzehn Uhr. Das Telefon klingelte. Ich ging ran. »Dandapani«, hörte ich Gurudeva sagen.

»Hallo, Gurudeva«, antwortete ich.

»Ich möchte, dass du in den Windspiel-Wald ziehst«, sagte er. Und löste damit bei mir einen ganzen Schwall von Gedanken aus.

Der Windspiel-Wald war ein baumreicher Teil des damals etwa 206 000 Quadratmeter großen Klostergeländes. Mittendrin lag eine Hütte. Eine sehr karge Hütte. Man erreichte sie nach einem langen Marsch durch wildes Gelände, zu dem es auch gehörte, einen Bach mithilfe einer Brücke zu überqueren.

Die Hütte war aus Holz und hatte ein Blechdach. Ihre Form kannst du dir halbzylindrisch vorstellen, wie eine der Länge nach aufgeschnittene Röhre. Der hölzerne Boden der Hütte ruhte auf vier knapp einen Meter hohen Pfosten. Insgesamt war meine neue Behausung etwa neunzig Zentimeter breit und vielleicht zwei Meter zehn lang. Die Konstruktion wurde von einem Blech verstärkt, das rundum verlief. In der Aussparung vorn befand sich die Tür. Sie hatte einen Holzrahmen und bestand ansonsten aus einem Drahtgeflecht, das so etwas wie einen Luftausgleich ermöglichte.

Wenn ich hineinkroch und mich auf den Boden hockte, lagen luxuriöse sieben Zentimeter zwischen meinem Kopf und dem gewölbten Blech, das als Dach fungierte und von langen Holzsparren an Ort und Stelle gehalten wurde. Diese circa 1,9 Quadratmeter große hawaiianische Immobilie war von nun an mein Zuhause. Zuvor war mir mitgeteilt worden, dass ich auf meinen bisherigen Bungalow von etwa 9,2 Quadratmeter Größe verzichten müsse.

»Gut«, gab ich gedehnt von mir, »ich ziehe dann morgen früh um.« Die Dunkelheit fiel schnell herab, und die Vorstellung, mich mit Sack und Pack durch den finsteren Wald kämpfen zu müssen, sagte mir nicht besonders zu.

»Du könntest es auch jetzt noch tun«, gab Gurudeva zurück.

»Aber es ist schon gleich dunkel«, wandte ich vorsichtig ein.

»Du hast doch eine Taschenlampe, oder nicht?«

Und das war's dann. Sofort nachdem ich den Hörer aufgelegt hatte, machte ich mich daran, die paar Habseligkeiten, die mir als Mönch zustanden, in mein neues Wald-Domizil zu schleppen.

Für mich war das ein enormes Lernerlebnis. Denn aus dem einen oder anderen Grund neigen die meisten von uns ja zur Verschieberitis, der berüchtigten Prokrastination. Bei mir war es damals so, dass mir der Gedanke an den Umzug in den Wald ein an Angst grenzendes Gefühl der Unbehaglichkeit einflößte. Dadurch, dass er auf meinen sofortigen Umzug drängte, lenkte Gurudeva mein Bewusstsein mit voller Absicht auf den gegenwärtigen Moment. Auf diese Weise ermöglichte er es mir auch, mich meinem Unbehagen und allen eventuellen Ängsten zu stellen. Indem er dafür sorgte, dass ich nicht erst irgendwann, sondern sofort handelte, brachte er mir auch eine der Hauptzutaten des Manifestationsprozesses von Dingen im Leben nahe: Im Hier und Jetzt wird die Zukunft manifestiert. Und nicht später oder gar morgen erst.

In der ersten Nacht fiel ein mir bis dato unbekannter Mitbewohner, ein Gecko, aus seinem Bettchen, dem hölzernen Dachsparren über meinem Kopf, und mir direkt auf die Brust. Ich spürte, wie ein leichtes

Etwas auf mir landete, aber bevor ich noch reagieren konnte, rannte es auch schon weiter, quer über mein Gesicht. Sorry, aber das muss ich jetzt mal fragen: Wenn ein Mönch im Wald aufschreit und niemand ihn hört – hat er dann wirklich geschrien?

Die Monate, die ich in dieser Hütte verbrachte, erteilten mir mehr Lektionen, als ich mir je hätte vorstellen können. Auch wenn der gegenwärtige Moment die einzig wahre Realität ist, müssen wir doch immer weise entscheiden, wann wir im Jetzt etwas tun und wann nicht.

Lass mich kurz die Schritte zusammenfassen, die nötig sind, um im Augenblick leben zu können: Erstens müssen wir uns vor Augen führen, dass zwischen Bewusstsein und Geist eine klare Trennung besteht. Dann sollten wir verstehen, dass das Bewusstsein jederzeit in Vergangenheit, Gegenwart oder Zukunft sein kann. Um es fest im Hier und Jetzt zu verankern, also in der Gegenwart, musst du drittens mithilfe von Willensstärke und Konzentrationsvermögen dafür sorgen, dass es bei der Sache bleibt, mit der es gerade befasst ist. Diese drei Schritte gewährleisten, dass du im Augenblick lebst und vollkommen präsent bist.

Die Konzentrationsfähigkeit ermöglicht es uns, im Augenblick zu leben und demzufolge alles voll zu genießen, was auf uns zukommt. So wird kein einziger Moment vergeudet und das Leben in Gänze ausgekostet.

LEKTION 9.2

DIE HAUPTURSACHE VON SORGEN

Angst und Sorgen gehören zu den mentalen Plagen, die bislang alle Zeiten überstanden haben. Sie rauben Menschen den Seelenfrieden, plündern ihre Energietanks und machen sich den Geist vieler untertan. Selbst tapferste Versuche, sich von diesen Blutsaugern zu befreien, sind so oft zum Scheitern verurteilt, dass die meisten sie über kurz oder lang widerstrebend als mentale Hausgenossen hinnehmen.

Doch wenn man nichts gegen diese Gifte unternimmt, schleichen sie sich mit verheerenden Konsequenzen in alle Bereiche ein, infizieren nicht nur Geist und Körper der unmittelbar Betroffenen, sondern auch ihre Nächsten. Dadurch, dass sie die Willenskraft schwächen und das Bewusstsein lähmen, bringen sie das Leben zum Stillstand.

Wir müssen sie aber weder dulden noch uns mental von ihnen versklaven lassen. Denn es gibt ein Mittel, das diese Zustände bessern und den Geist letztlich aus den Fesseln von Angst und Sorgen befreien kann.

Heilung ist möglich. Und zwar mithilfe der Beherrschung des Bewusstseins im Geist. Dieses altbewährte Elixier bereitet der Tyrannei von Angst und Sorgen ein Ende – und steht dabei allen zur Verfügung, die sich darum bemühen. Denn niemand ist von seiner segensreichen Wirkung ausgeschlossen. Doch nicht alle, die sich darum bemühen, sind auch entschlossen, es sich zu eigen zu machen. Deshalb bleibt diese Therapie dann leider doch nur den Seelen vorbehalten, die couragiert die Menschheit voranbringen.

Sorgen

Wir fuhren den Van auf den Parkplatz von Coconut Marketplace, einem malerischen Shopping- und Restaurant-Dörfchen an der Ostküste der hawaiianischen Insel Kauai. Ich begleitete Gurudeva und einen hochrangigen Mönch auf einen Ausflug. Wir stiegen aus. Auf dem Weg zum Center wandte sich Gurudeva zu mir um und sagte: »Wenn du im bewussten Geist bist, musst du nach seinen Regeln spielen.«

Sorgen sind Kinder des bewussten Geistes. Sobald und solange sich das Bewusstsein im bewussten – dem instinktiven – Geist befindet, setzt du es der Erfahrung von Sorgen aus. Hältst du dich oft und lange im bewussten Geist auf, solltest du dir also darüber im Klaren sein, dass das Auftauchen von Sorgen im Bereich des Möglichen liegt. Dann hängt vom Ausmaß deiner Kontrolle über das Bewusstsein ab, was diese Sorgen mit dir machen.

Obwohl viele Leute mit Kummer und Sorgen vertrauter sind als mit dem Inhalt ihrer Hosentaschen, möchte ich den Begriff Sorgen doch erst mal definieren, damit wir auch sicher sein können, dass wir von ein und demselben Phänomen sprechen. Darüber hinaus erfährst du so, wie du das hier bisher Besprochene nutzen kannst, um dich von eventuellen Sorgen zu befreien. Merriam-Webster's Dictionary definiert Sorgen als »psychisch-mentale Belastung oder Unruhe, zumeist aufgrund drohender oder befürchteter Umstände«. Vielleicht etwas leichter zugänglich ist die Begriffserklärung des Cambridge Dictionary, die lautet: »… so über eventuell entstehende Probleme oder unangenehme Dinge nachzudenken, dass man unglücklich wird und Angst bekommt.«

Ich möchte dir »Sorgen« anhand einer Geschichte aus der Jugendzeit meines Gurus veranschaulichen, die er mir einmal erzählt hat. Im Winter 1934 schneite es heftig, als er als Junge mit seiner Familie auf der Heimfahrt in die Gegend des Fallen Leaf Lake in Nordkalifornien war. Als der Schnee immer dichter wurde, begann er sich Sorgen zu machen. »Was, wenn wir steckenbleiben? Wenn wir nicht rechtzeitig nach Hause kommen? Verpasse ich dann meine Lieblingssendung?«, fragte er sich beunruhigt.

Noch während ihn diese Gedanken plagten, beobachtete er, was in seinem Geist vorging. Er sah, wie sein Bewusstsein den gegenwärtigen Moment verließ und sich in die Zukunft begab. Dort erschuf er *im Geist* eine Situation, in der das Auto der Familie im Schnee steckenblieb. Nachdem das Bewusstsein dieses innere Bild erschaffen hatte und in die Gegenwart zurückgekehrt war, fing er an, sich Sorgen zu machen; die von ihm selbst erzeugte Situation beunruhigte ihn und regte ihn auf.

Nun, da er alles beobachtet hatte, was sich da in seinem Kopf abspielte, fragte er sich: »Momentan stecken wir doch aber noch gar nicht im Schnee fest, oder?« Er gab sich selbst die Antwort: »Nein.« Weiter überlegte er: »Wir können doch immer noch so rechtzeitig nach Hause kommen, dass ich meine Sendung nicht verpasse?« Und er versicherte sich zu Recht: »Ja, können wir.«

In einem Moment höchster Einsicht erkannte er mit gerade einmal sieben Jahren, dass jetzt, in diesem Moment, alles gut war. Und so bestätigte er sich auch: »Jetzt, in diesem Moment, ist alles gut.« Dem Jungen dämmerte, dass in der Ewigkeit des Augenblicks immer alles gut ist. Dass Sorgen aus der Zukunft resultieren. Er hatte beobachtet, wie sein Bewusstsein in die Zukunft wanderte, dort eine Situation erschuf, die es gar nicht gab, in die Gegenwart zurückkehrte und anfing, sich Sorgen zu machen. Besser kann man das Phänomen Sorgen wohl kaum erklären.

Dieser Erfahrung meines Gurus verdanke ich meine wichtigsten Einsichten in Sachen Sorgen. Schon als ich sie zum ersten Mal hörte, lösten sich viele meiner persönlichen Kümmernisse in Luft auf. Seither kann ich Sorgen nie mehr so betrachten wie früher. Vielmehr sehe ich sie als das, was sie sind: ungesteuertes Bewusstsein, das in der Zukunft Geschichten erfindet, die uns in der Gegenwart belasten.

Wann immer ich jetzt bemerke, dass mein Bewusstsein in die Zukunft abhaut und dort angsteinflößende Szenarien entwirft, hole ich es mithilfe meiner Willenskraft zurück und halte es kraft meines Konzentrationsvermögens in der Gegenwart. Diese Willenskraft habe ich im Laufe der Jahre aufgebaut, indem ich alles zu Ende brachte, was ich angefangen habe, immer etwas mehr tat, als ich mir zutraute, und dann noch eine Schippe drauflegte. Ebendiese Willenskraft stärke ich auch heute noch jedes Mal, wenn ich mein Bett mache, meine Flipflops nach dem Ausziehen ordentlich wegstelle, das Geschirr spüle oder im Zuge einer der anderen unvermeidlichen Vorgänge und Tätigkeiten, die an normalen Tagen regelmäßig bei mir anfallen. Die Willenskraft, die ich Tag für Tag mit größtem Bedacht aufgebaut habe, kann ich jetzt nutzen, um mir die Erfahrung des Mich-Sorgens zu ersparen. Und obwohl du mit ihrer Hilfe noch weit mehr erreichen kannst, lohnt es sich allein dafür schon, die Willenskraft zu stärken. Ich kann jetzt nur noch hoffen, dass du verstehst, welch große Rolle deine aktive Entschiedenheit alias Willenskraft für den Erhalt eines sorgenfreien Geistes spielt.

Sobald ich das Bewusstsein von den Zukunftssorgen abgezogen und wieder auf die Gegenwart gelenkt habe, halte ich es mithilfe meines Konzentrationsvermögens dort. Dieses Konzentrationsvermögen habe ich im Laufe der Jahre dadurch aufgebaut, dass ich meiner Frau, unserer Tochter sowie allen anderen Leuten, mit denen ich es zu tun habe, meine ungeteilte Aufmerksamkeit schenke und immer schön eins nach dem anderen erledige. Das Konzentrationsvermögen, an dessen Verbesserung ich Tag für Tag so gewissenhaft gearbeitet habe, kann ich nun nutzen, um mein Bewusstsein in der Gegenwart zu halten und zu verhindern, dass es in die Zukunft abzwitschert, um dort unerwünschte Horrorszenarien zu kreieren.

Sobald du also anfängst, dir Sorgen zu machen, solltest du beobachten, was in deinem Kopf geschieht. Pass auf, wenn dein Bewusstsein die Gegenwart verlässt und in die Zukunft abwandert. Wenn es Geschichten ersinnt, Situationen erschafft, Resultate hervorbringt, die betrüblicher Natur und geeignet sind, dir Sorgen zu bereiten, sobald es in die Gegenwart zurückkehrt.

Die Summe all dessen, was du bisher aus diesem Buch hast lernen können, stellt einen systematischen Ansatz zur Überwindung von Besorgnis dar. Zuerst ist dir klar geworden, dass Bewusstsein und Geist zwei vollkommen unterschiedliche Paar Schuhe sind. Dann hast du dir vor Augen geführt, dass sich zwar das Bewusstsein bewegt, der Geist aber nicht. Im nächsten Schritt hast du erfahren, dass sich Willenskraft und Konzentrationsvermögen stärken lassen, um das Bewusstsein im Geist zu zügeln und zu lenken. Und nun weißt du schließlich auch, dass du es, sobald es in die Zukunft abdriftet und dort besorgniserregende Situationen kreiert, qua Willenskraft in die Gegenwart zurückholen und mithilfe deines Konzentrationsvermögens dort halten kannst. Dieser Prozess ist der Schlüssel zu einem sorgenfreien Leben.

Zukunft und Vergangenheit

Nun will ich allerdings keineswegs behaupten, dass du deinem Bewusstsein nie gestatten solltest, in die Zukunft zu reisen und negative Szenarien zu entwerfen. Manchmal kann uns das durchaus etwas bringen, weil es unter Umständen hilft, Lösungen für möglicherweise auftretende Probleme zu finden.

Stell dir vor, du wärst Gastronomin und stündest kurz davor, die Planung deines neuesten Restaurants abzuschließen. Um sicherzustellen, dass du auch ja nichts übersehen hast, lässt du dein Bewusstsein gezielt in die Zukunft abwandern und mögliche Probleme aufspüren. Eines der von ihm erdachten Szenarien spielt freitagabends in einem gut besuchten Lokal. Mit einem Mal siehst du vor deinem inneren Auge ein Feuer, das in der Küche ausbricht. An dieser Stelle hältst du die Visualisierung an und lenkst dein Bewusstsein wieder zurück in die Gegenwart.

Nun, da es wieder im Hier und Jetzt ist, kannst du nach Lösungen für dieses keineswegs an den Haaren herbeigezogene Problem suchen. Du besprichst dich mit Experten und sorgst mit deren Hilfe dafür, dass du vorbereitet bist, sollte es in der Küche deines Restaurants tatsächlich einmal zu einem Brand kommen.

Das Geheimnis: Obwohl du deinem Bewusstsein gestattet hast, in der Zukunft nach möglichen Problemen zu suchen, warst du keinen Moment lang bekümmert. Und zwar, weil es dir gelungen ist, eine Lösung für dein Problem zu finden. Das ist etwas ganz anderes, als wenn du dein Bewusstsein immer wieder in die Zukunft rasen ließest, ohne dass etwas Positives dabei herauskäme.

Keine Sorgen wohnen dagegen in der Vergangenheit. Denn um bereits Geschehenes kann man sich keine Sorgen machen. Weil es ja – Überraschung! – unabänderlich ist. Was dir allerdings durchaus Sorgen bereiten kann, sind die eventuellen Folgen eines früheren Tuns, die sich unter Umständen in der Zukunft manifestieren.

Angenommen, du hättest in einem schicken Geschäft einen kostbaren Federhalter gestohlen. Tage später erfährst du im Gespräch mit einem Freund, dass der Laden schon seit mehr als einem Monat über ein topmodernes Sicherheitssystem verfügt, zu dem auch gut versteckte Überwachungskameras gehören. Diese Information beunruhigt dich, alarmiert dein Bewusstsein und schickt es in die Zukunft. In der Geschichte, die es sich dort zusammenbastelt, schaut sich der Inhaber des Geschäfts das Videomaterial der letzten Zeit an und ruft die Polizei. Du wirst verhaftet. Anschließend begibt sich dein Bewusstsein wieder in die Gegenwart und zeigt sich besorgt über diese mögliche Entwicklung der Dinge.

Wenig später rast es im Geist erneut in die Zukunft, um ein weiteres Szenario zu entwerfen. Weiteren Stoff für noch größere Sorgen. Und so geht das weiter, immer hin und her. Nach jeder dieser Horrorgeschichten begibt sich das Bewusstsein in die Gegenwart zurück, wo es sich Sorgen macht, den Geist in Aufruhr versetzt und dich in einen Strudel einander stets weiter verstärkender Sorgen zieht. Die Vergangenheit bietet keinen Anlass für Sorgen. Diese blühen und gedeihen jedoch in der Zukunft – und zwar reichlich!

Wie sich unsere Sorgen manifestieren

Von Sorgen spricht man, wenn das Bewusstsein in die Zukunft wuselt, dort ein Problem erschafft, das (noch) gar nicht existiert, in die Gegenwart zurückkehrt und sich deshalb Sorgen macht. Würde es dieses Problem im Geist nun wieder und wieder thematisieren (und genau das versteht man ja unter »sich Sorgen machen«), würde das Problem mit jedem Mal größer. Weil schließlich die Energie stets dem Bewusstsein folgt.

Bevor es physische Gestalt annimmt, manifestiert sich alles zunächst auf mentaler Ebene. In puncto Sorgen heißt das: Du lässt zu, dass dein Bewusstsein in die Zukunft reist, um ein Problem aufzuwerfen. Dieses manifestiert sich dadurch auf mentaler Ebene. Gestattest du es deinem Bewusstsein daraufhin, das von ihm erschaffene Problem wiederholt durchzukauen und infolgedessen mit Energie zu versorgen, verstärkst du es im Geist. Und je mehr Energie du in dieses mentale Muster – die Sorge – investierst, desto stärker wird es. Sollte sich dieser Prozess über längere Zeit hinweg wiederholen, setzt schließlich die Materialisierung der Sorgen auf physischer Ebene ein.

Kurz nachdem ich das Kloster verlassen hatte, hielt ich in New York meinen ersten Workshop ab. Bei dieser Gelegenheit erklärte ich, dass sich Dinge, bevor sie materiell greifbar werden, zunächst mental manifestieren. Am Schluss der Veranstaltung kam ein Mann auf mich zu, um mir zu sagen, er glaube nicht, dass man mental irgendetwas manifestieren könne. »In welchem Beruf sind Sie tätig?«, fragte ich ihn.

»Ich bin Aktienhändler an der Wall Street«, antwortete er.

»Würden Sie so nett sein, ein Experiment mit mir zu machen?«, erkundigte ich mich. »Ich würde Sie gern bitten, zu visualisieren und sich intensiv vorzustellen, dass alle Ihre Investments fehlschlagen und Sie Hunderttausende von Dollar verlieren. Diese Übung sollten Sie bitte eine Woche lang mindestens sieben Mal am Tag durchführen. Sind Sie dazu bereit?«

Ausdruckslos sah er mich an und meinte: »Auf gar keinen Fall!«

Mehr ist dazu eigentlich nicht zu sagen. Er wusste es ganz genau. So ist es, wenn wir dem Bewusstsein gestatten, sich einer Sorge wieder und wieder zuzuwenden. Es ist der erste Schritt zu deren Manifestation in der Wirklichkeit. Alles, womit wir uns geistig länger befassen, sei es positiv oder negativ, nimmt in unserem Leben mit der Zeit Gestalt an.

LEKTION 9.3

DIE ANGST BESIEGEN

Die Angst ist das Einfallstor zu allen niederen Emotionen. Für den instinktiven Geist stellt sie den höchsten Bewusstseinszustand dar. Und deshalb eben auch den Zugang zu allen niederen Zuständen.

Wenn Sorgen mentale Rowdys sind, dann ist die Angst der Pate, der Boss der Bosse aller niederen Emotionen, die den Geist terrorisieren. Bei näherer Betrachtung zeigt sich, dass die Sorgen wie auch die Angst eine Folge von Reisen des Bewusstseins in die Zukunft sind. Dort kreiert es eine Situation, die real gar nicht stattgefunden hat, kehrt in die Gegenwart zurück und fängt an, sich vor dieser Situation zu fürchten. Lass mich dir das bitte etwas näherbringen.

In einer stockdunklen Nacht gehst du in einem verrufenen Teil der Stadt durch eine verkommene, einsame, unbeleuchtete Straße. Nur das Klackern deiner Absätze unterbricht die gespenstische Stille. Warum du dich dort aufhältst? Eigentlich weißt du es gar nicht so genau. Die Luft ist kühl, du reibst dir deine nackten Unterarme. Ob aus aufkommender Angst oder nur wegen der Kälte? Du könntest es nicht sagen.

Derweil geht dein Bewusstsein schon einmal voraus – vielleicht fünfzig Schritte – auf einen Wagen zu, der verlassen am Straßenrand steht. Blitzartig beschwört es das Bild eines abgerissenen Typen herauf, der hinter dem Auto hervorspringt und dich attackiert. Sofort danach rast dein Bewusstsein in die Gegenwart zurück. So präsent, wie dir die frei erfundene Szene noch ist, jagt sie dir einen Schauder über den Rücken. Jetzt greift die Angst nach dir. Du verlangsamst deine Schritte und wagst dich nur noch äußerst vorsichtig voran.

Die Angst, die du jetzt empfindest, triggert in deinem Unterbewusstsein eine in derselben Frequenz schwingende Erinnerung. Wie magisch wird dein Bewusstsein von einer Filmszene angezogen, die du einmal gesehen hast. Darin wurde eine Frau in dunkler Nacht auf der Straße von Zombies angegriffen und in Stücke gerissen. Die Angst, die diese Szene in dir mobilisiert hat, ist jetzt wieder da. Erneut wird dein Bewusstsein in die Zukunft katapultiert. Diesmal imaginiert es Zombies, die dir in den Schatten der finsteren Straße auflauern und dich entsetzlich malträtieren.

Völlig ungezähmt rast dein Bewusstsein zwischen Zukunft und Gegenwart hin und her. Dabei ersinnt es bang die furchterregendsten Szenen und bringt dich schier an den Rand des Wahnsinns. Weglaufen oder in Tränen ausbrechen? Du kannst dich nicht entscheiden … Einiges an dieser fiktiven Szene wollen wir uns genauer anschauen.

Erstens: Was sich bei Angst im Geist entwickelt, ist dasselbe wie bei Sorgen. Wie diese entsteht auch die Angst in der Zukunft. Vor der Vergangenheit kann man keine Angst haben. Die Vergangenheit ist passé und nichts an ihr lässt sich mehr ändern. Was wir allerdings durchaus fürchten können, sind die Folgen früheren Verhaltens.

Im Kern der Ewigkeit des Augenblicks bist du reine Energie, die weder entstehen noch zerstört werden kann. Da gibt es keine Angst, da ist keine möglich. In der Ewigkeit des Augenblicks ist »genau jetzt« immer »alles gut«. Der einzige Ort, an dem die Angst wohnt, ist die Zukunft.

Sobald unsere Willenskraft und unser Konzentrationsvermögen den Griff lockern, in dem sie das Bewusstsein haben, werfen wir es im Grunde den Wölfen vor. Je länger wir es der Wildnis überlassen, um es mal so auszudrücken, unkontrolliert und ungezähmt von unserem Willen, desto mehr liefern wir es unserem Umfeld und dem Unterbewusstsein aus. Oder im Rahmen unserer Geschichte ausgedrückt: Die Umgebung diktierte, wohin das Bewusstsein ging.

In dieser Story war es so, dass nicht nur die gruselige Straße Angst erzeugte. Vielmehr geht aus ihr hervor, dass auch das Unterbewusstsein für chaotische Zustände im Geist sorgen kann. Im Unterbewusstsein gespeicherte unaufgelöste und unverarbeitete Erfahrungen können dazu führen, dass das Bewusstsein wieder und wieder Angst empfindet. Durch das häufige Wiedererleben dieser Furcht wird sie von Mal zu Mal mehr verstärkt. Dadurch verankern sich auch die Muster der Angst im Unterbewusstsein immer tiefer. So kann man also mit Fug und Recht von einem Rad der Angst sprechen. Dieses wird über kurz oder lang zur dominanten Kraft im Geist und macht es der betreffenden Person schließlich unmöglich, irgendetwas zu tun, was außerhalb der Norm und ihrer Komfortzone liegt. Deshalb müssen wir extrem aufpassen, was wir unserem Unterbewusstsein einprägen. (Darauf gehe ich gleich näher ein.)

Wie schon in puncto Sorgen kommt auch bei der Überwindung von Angst alles darauf an, das Bewusstsein in die Gegenwart zurückzuführen. Sobald uns dies gelingt, haben wir die Chance, dieses Problem zu lösen.

Um noch einmal auf unsere Geschichte zurückzukommen: Sobald das Bewusstsein wieder in der Gegenwart verankert ist, kann es etwa beschließen, lieber die Richtung zu wechseln, eine Freundin oder wen auch immer anzurufen, damit sie uns abholt, oder nach einer anderen Möglichkeit suchen, dem am Straßenrand parkenden Wagen auszuweichen. Lässt du dem Bewusstsein jedoch freien Lauf und akzeptierst, dass es in die Zukunft abwandert, um dort Situationen in deinem Geist zu erzeugen, die Angst in dir auslösen, versetzt du dich selbst in einen Zustand allumfassender Furcht.

Im Zustand der Angst kann man keine rationalen Entscheidungen treffen. Die hinduistische Metaphysik, in der ich geschult bin und die auch die Grundlage dieses Buches bildet, betrachtet den Geist als mehrstöckiges Gebäude, in dem jede Etage einem Bewusstseinszustand entspricht. In diesem Modell wäre die Vernunft zwei Stockwerke über der Angst angesiedelt. Wenn du dich auf dem Level der Angst befindest, kannst du daher keine Vernunft aufbringen. Wirst du dagegen umgekehrt von größter Rationalität beherrscht, redest du dir die Angst einfach selbst aus.

Würde in einem mehrstöckigen Haus jemand zwei Etagen über dir wohnen, könntest du ohne irgendein Hilfsmittel nicht mit dieser Person kommunizieren. Und sie würde auf ihrem Stockwerk auch andere Dinge erleben als du auf deinem. Überdies hättet ihr unterschiedliche Sichtweisen.

Angst ist nicht immer schlecht. Die Physis, in der wir leben, ist eng mit unserem instinktiven Geist verbunden. Diese unsere animalische Natur ist in der Lage, reale Bedrohungen oder Gefahren zu spüren, und löst daher oft ein Gefühl der Angst in uns aus. Manchmal fungiert die Angst, die wir empfinden, also als Selbstschutzmechanismus. Dieses Signal können wir nutzen, um Schaden von uns abzuwenden. Lassen wir jedoch zu, dass die Angst so wächst, dass sie unser Bewusstsein dominiert, geht alles den Bach runter.

Den Geist schützen

Manche Leute gucken sich gern Horrorfilme an. Sie lieben es, wenn ihr Bewusstsein in den ängstlichen Bereich des Geistes gerät, und genießen alle Ebenen der Angst. Doch wie du nun ja schon weißt, kann die ständige Wiederholung solcher Erfahrungen eine tiefe Spurrille erzeugen, einen ausgetretenen Trampelpfad, der in diesen Bereich des Geistes führt. Zugleich werden auch große Mengen Energie dorthin gelenkt, die diesen Bereich stark magnetisieren und eine enorme Anziehungskraft auf das Bewusstsein ausüben.

Würde man sich nun nachts in einer furchteinflößenden Straße aufhalten, die das Bewusstsein an den Rand des geistigen Angst-Bereiches lockt, wäre es für dieses ein Leichtes, sich in die bestehende tiefe Spurrille zu begeben und sich von der starken magnetischen Anziehungskraft mitten ins Zentrum des Angst-Bereiches locken zu lassen. Wenn es sich dann in einem solchen Feld aufhält, reagiert das Bewusstsein auf die furchteinflößende Straße ganz anders, als wenn es sich in angenehmeren Sphären des Geistes befindet.

Vom Stockwerk der Vernunft aus würde es dafür sorgen, dass du den Weg durch die Straße rational fortsetzen kannst. Befände es sich aber auf der Etage der Angst, würde es dich körperlich und seelisch in Angst und Schrecken versetzen. Ein Stockwerk über der Vernunft ist der Wille zu Hause. Auf dieser Etage würde dein Bewusstsein den nötigen Mut aufbringen, dich ohne jede Furcht die Straße entlang zu begleiten. In der Etage darunter wohnt der Zorn. Von hier ausgehend könnte dein Bewusstsein sauer sein, dass es überhaupt in eine solche Situation gekommen ist.

Unser Blickwinkel hängt von dem Ort ab, an dem sich das Bewusstsein befindet. Er bestimmt, wie wir Dinge betrachten. Wie wir auf Erlebtes reagieren. Auf das Leben. Wie wir uns fühlen. Einfach alles. Verstehst du jetzt, warum es von so großer Bedeutung ist, dass du genau über Bewusstsein und Geist Bescheid weißt?

Bei der Überwindung von Angst besteht der erste Schritt darin, das Bewusstsein mithilfe von Willenskraft und Konzentrationsvermögen aus dem ängstlichen Bereich des Geistes herauszuholen. Das gibt uns die Chance, die Hauptursache dieser Angst herauszufinden. Vorher geht das nicht. Wer die Kraft des Geistes begreift, schützt ihn auch. Pampert man nun den ängstlichen Bereich, wird er zu einem der Orte, die das Bewusstsein in schwierigen Situationen standardmäßig aufsucht. Gute Entscheidungen werden dort nicht getroffen, und entsprechend erbärmlich sind die Ergebnisse. Deshalb vermeidest du am besten alles, was diesen Bereich stärkt, Horrorfilme zum Beispiel.

Im Abguss der meisten Spülbecken findet sich ein Schmutzfänger, der dafür sorgt, dass keine Speisereste ins Abflussrohr gelangen und es verstopfen. Wenn so etwas sogar schon in der Küche möglich ist, stellt sich doch die Frage, warum wir uns selbst einen solchen Luxus nicht gönnen – einen Filter, der unseren Geist vor dem Müll bewahrt, der ihn verstopfen könnte. Du musst deinen Geist um jeden Preis schützen. Denn er ist dein größtes Kapital. Pass unbedingt genau auf, was du hinein- und länger dort verweilen lässt.

Nicht zuletzt gibt es Mobber, Tyrannen, instinktgesteuerte Leute, die es genießen, das Bewusstsein anderer Menschen in den furchtsamen Bereich des Geistes zu lenken, ihnen also Angst einzujagen. Ohne sich darüber im Klaren zu sein, erzeugen sie bei diesen Menschen tiefe Spurrillen, die in den Bereich der Angst führen.

Die ignorantesten dieser Mobber, die großen Feiglinge unserer Welt, tun dies Kindern an. Deren Geist ist noch sehr prägbar, sodass wiederholt induziertes Angstempfinden bei ihnen Muster erzeugt, die oft erst mit dem Tod der Betroffenen verschwinden. Diese Muster der Angst können Prozesse der Entscheidungsfindung überlagern und sich auf das ganze Leben dieser Kinder auswirken.

Mobber führen diese Mädchen und Jungen an den Abgrund aller niederen Emotionen und liefern ihren noch unentwickelten Geist der Gewalt ihrer animalischen Natur aus. Damit verurteilen sie das Kind unter Umständen zu einem Leben in den niedrigsten Bewusstseinszuständen. Etwas Schlimmeres kann man einem kleinen Menschen gar nicht antun. Will man das menschliche Bewusstsein auf eine höhere Ebene bringen, besteht der erste Schritt darin, dass es keine Angst mehr empfinden muss.

Zusammenfassend kann man also sagen: Sobald du feststellst, dass dein Bewusstsein in die Zukunft abwandert und in deinem Geist eine Situation erzeugt, die dir Angst macht, bist du gut beraten, es kraft deines unbeugsamen Willens in die Gegenwart zurückzuholen. Dann sorgst du mithilfe deiner Konzentrationsfähigkeit dafür, dass es dort bleibt. Pass unter allen Umständen auf, dass dein Bewusstsein die ursprüngliche – furchteinflößende – Situation keinesfalls wiederbelebt, schon gar nicht mehrmals, und deine Angst dadurch verstärkt.

Sollte die Wahrscheinlichkeit groß sein, dass sich die Angst manifestiert, die du in deinem Geist wahrnimmst, musst du unbedingt nach Möglichkeiten suchen, dies zu verhindern. Nimm nötigenfalls auch professionelle Hilfe in Anspruch. Schärf dir ein, was sich mein Guru schon als Kind gesagt hat: »Jetzt, in diesem Moment, ist alles gut.«

LEKTION 9.4

INNERE UNRUHE UND STRESS BEWÄLTIGEN

Mit Sorgen und Angst haben wir uns bereits befasst. Lass uns nun die beiden anderen Spießgesellen betrachten, die nicht weniger geeignet sind, den Leuten Energie und Seelenfrieden zu rauben.

Merriam-Webster's Dictionary definiert innere Unruhe als »Beklommenheit beziehungsweise Nervosität: gewöhnlich angesichts eines drohenden oder erwarteten Übels«. Den Oxford Learner's Dictionaries zufolge handelt es sich dabei um die »Nervosität oder Sorge, dass etwas Schlechtes geschehen könnte«. Mhm ... hört sich in beiden Fällen stark nach Besorgnis an ... nach Sorgen wegen irgendetwas in der Zukunft Liegendem.

Schauen wir uns zunächst das »drohende oder erwartete Übel« an: Sobald das Bewusstsein die Gegenwart verlässt, um in die Zukunft abzuwandern, dort gedanklich etwas Negatives erschafft, in die Gegenwart zurückkehrt und sich wegen des von ihm Kreierten Sorgen macht, dann macht es sich wegen eines erwarteten Übels Sorgen.

Je öfter das Bewusstsein diesen Prozess abspult und dabei eine Vielzahl negativer Dinge imaginiert, desto unbehaglicher wird einem zumute – und banger, was die Zukunft betrifft. Etliche Male wiederholt, lebt man alsbald im Zustand innerer Unruhe. Besorgnis führt über einen längeren Zeitraum zu innerer Unruhe.

Dies ist eine Möglichkeit, wie innere Unruhe entstehen kann. Eine andere: wenn dem Bewusstsein gestattet wird, unkontrolliert von einer unabgeschlossenen Angelegenheit zur nächsten zu springen. Einfaches Beispiel: Angenommen, du musst an vier verschiedenen Projekten arbeiten. Du fängst mit Projekt A an und lässt nach fünf Minuten zu, dass sich dein Bewusstsein Projekt B zuwendet. In diesem Moment fällt dir ein, dass du eine Zahlung an den Lieferanten, die gestern fällig gewesen wäre, nicht veranlasst hast. Seufzend sagst du dir: Das mache ich sofort, nachdem ich das erledigt habe, was an Projekt A zu tun ist. Dein Bewusstsein begibt sich wieder zu Projekt A.

Wenige Minuten später wandert es erneut ab, diesmal zu Projekt C. Derweil wird dir bewusst, dass die Freigabe des Budgets für dieses Projekt durch die Finanzvorständin noch aussteht. »Darum muss ich mich schnellstens kümmern«, murmelst du vor dich hin. Leicht gereizt rast dein Bewusstsein zu Projekt A zurück – nur um sich dort zu fragen, woran es vor seiner Abwanderung eigentlich gearbeitet hat. Bevor es auf die Antwort kommen kann, ist es schon wieder einen Schritt weiter: bei Projekt D und der Erkenntnis, dass du den Vertrag mit dem neuen Kunden noch nicht unterschrieben hast. »Mist!«, fluchst du und hoffst inständig, dass der Neue nicht allzu sauer ist.

Während dein Bewusstsein von einem unfertigen Projekt zum nächsten düst, dämmert dir, was da noch alles zu erledigen ist. Allmählich kommen dir Zweifel, ob es auch gelingt, den vorgegebenen Zeitrahmen einzuhalten. Angesichts dieser Unsicherheit fängst du an, dir Sorgen zu machen, wirst nervös und hibbelig.

Das Problem: Innere Unruhe macht sich breit. Die Lösung: Bündelung der Konzentration auf jeweils ein einziges Projekt. Das Bewusstsein sofort zurückholen, wann immer es abdriftet. Sollte dir bei der Arbeit an Projekt A etwas Projekt B Betreffendes einfallen, schreibst du es dir auf und wendest dich danach auf der Stelle wieder Projekt A zu. Und zwar so lange, bis du es für den Moment gezielt hintanstellst, um dich um etwas anderes zu kümmern.

Ständig daran zu denken, dass irgendwas erledigt werden muss, regelt den Job noch lange nicht. Sondern sorgt nur unnötig für innere Unruhe. Diese Nervosität wird umso schlimmer, je öfter uns das Bewusstsein an Unabgeschlossenes erinnert. Und längere Phasen innerer Unruhe führen zu Stress.

Die britische Mental Health Foundation definiert Stress als »ein Gefühl des Überwältigtseins beziehungsweise der Unfähigkeit, mit psychischem oder emotionalem Druck klarzukommen«. Und laut Britannica Dictionary handelt es sich um »etwas, das Sorgen und innere Unruhe auslöst«. Am Ausmaß deiner Stressbelastung zeigt sich, wie wenig du dein Bewusstsein im Griff hast.

Für die Überwindung von innerer Unruhe und Stress kommt es entscheidend darauf an zu wissen, welches Verhalten des Bewusstseins dafür die eigentliche Ursache ist.

Ich lege aus gutem Grund so viel Wert auf die geistige Durchdringung bestimmter Dinge. Denn sobald du verstehst, wie etwas läuft, kannst du es auch kontrollieren. Die meisten Leute bekommen ihre innere Unruhe nur deshalb nicht in den Griff, weil sie weder die Funktionsweise von Bewusstsein und Geist begreifen noch die Verhaltensmuster des Bewusstseins kennen, welche die Ursache dieser Nervosität sind. Doch sobald du weißt, wie innere Unruhe entsteht, nimmst du auch wahr, wenn es dazu kommt, und kannst entsprechend gegensteuern.

Das unkontrollierte Herumflitzen des Bewusstseins von einer unerledigten Aufgabe zur nächsten macht nervös. Das trifft aber nicht nur auf Unabgeschlossenes zu. Auch das unkontrollierte Umherwandern zwischen verschiedenen Gedanken kann innere Unruhe zur Folge haben.

Eine junge Frau sitzt beispielsweise da und überlegt: »Was, wenn ich nie jemanden finde, den ich heiraten kann? Dann bleibe ich für alle Zeit allein.« Wenig später kommt ihr der Gedanke: »Vielleicht liegt es ja daran, dass ich nicht hübsch genug bin.« Nach einer halben Stunde denkt sie: »Ich glaube, es liegt daran, dass ich fünf Kilo zu viel auf den Rippen habe. Deshalb finden mich die Männer nicht attraktiv.« So geht das den ganzen Tag über. *Tag für Tag.*

In einem der oben zitierten Lexikoneinträge wird innere Unruhe als »Nervosität oder Sorge, dass etwas Schlechtes geschehen könnte« definiert. Dieses »Schlechte« wäre in unserem Fall die Befürchtung der jungen Frau, für immer allein bleiben zu müssen. Der bloße Gedanke daran macht sie schon unruhig. Im Hinblick auf Bewusstsein und Geist käme es jedoch vor allem auf das dieser Nervosität zugrunde liegende Verhalten an: dass die Betreffende ihr Bewusstsein nämlich hat wiederholt unkontrolliert von einem Gedanken zum nächsten flattern lassen. Das war der Ursprung ihrer Nervosität.

Anderes Beispiel: Ein Teenager postet etwas auf Instagram und aktualisiert seinen Feed alle paar Minuten, um zu schauen, wie viele Likes er schon hat. Sollte er die Anzahl, die ihm vorschwebt, nicht erreichen und außerdem nur geringe Kontrolle über sein Bewusstsein haben, fängt dieses jetzt womöglich an, wie wahnsinnig in seinem Geist hin und her zu springen. Daraufhin steigert sich seine innere Unruhe bis zu dem Punkt, an dem er zu der Auffassung gelangt, dass er den Post besser gar nicht verfasst hätte, und ihn deshalb löscht. Zu diesem Schluss ist er aufgrund seines irrationalen Denkens gekommen, das wiederum daher rührt, dass er sein Bewusstsein hat völlig unkontrolliert von einem Gedanken zum nächsten springen lassen.

Es ist nicht Gegenstand dieses Buches, die tieferliegenden Gründe zu ermitteln, weshalb die Personen in diesen beiden Beispielen denken, was sie denken. Jede innere Unruhe hat ihre eigenen Ursachen. Und deren sind unzählige. *Diese Lektion verfolgt das einzige Ziel, die Ursachen von innerer Unruhe und Stress im Zusammenhang von Bewusstsein und Geist zu erkunden.* Ein ungezähmtes Bewusstsein ist der pure Wahnsinn.

Ein abgelenkter Geist ist ein nervöser, unruhiger Geist. Doch wenn man nicht einmal imstande ist, sein Bewusstsein unter Kontrolle zu halten, wie soll man dann dessen Wege im Geist steuern können? Wer die Richtung nicht zu bestimmen vermag, die sein Bewusstsein einschlägt, hat auch keine Kontrolle über sein Denken. Das war in den beiden Beispielen oben definitiv der Fall. Aber umgekehrt wird auch ein Schuh daraus: Sobald du in der Lage bist, dein Bewusstsein zu steuern, kannst du auch dein Denken steuern. Und wann immer du unter diesen Umständen merkst, dass du dich in einem Bereich des Geistes aufhältst, in dem dein Denken unguter Natur ist, hast du die Möglichkeit, es gezielt in einen anderen Sektor zu lenken. So vermeidest du, wiederholt Dinge zu denken, die dich auf Dauer unruhig, nervös machen oder dir ein unbehagliches Gefühl geben.

Diese Erkenntnis verdanke ich Gurudeva. Ich war Anfang zwanzig, als er sie an mich weitergegeben hat. Seither konnte ich sie anhand meiner Erfahrungen mit Bewusstsein und Geist wieder und wieder verifizieren. Bis ich schließlich keinerlei innere Unruhe und Stress mehr empfand. Das lag und liegt allein daran, dass ich inzwischen genau weiß, welches Verhalten meines Bewusstseins bei mir üblicherweise zu Nervosität führt. Und sobald ich dieses Verhalten bemerke, greife ich korrigierend ein.

Mitunter fühle ich mich von den vielen Projekten, die ich am Start habe, unter Druck gesetzt. Als nervös oder gestresst empfinde ich mich deshalb jedoch nicht. Das Gefühl, unter Druck zu stehen, ist der emotionale Ausdruck der Erkenntnis, dass ich mir möglicherweise mehr aufgeladen habe, als ich im dafür eingeplanten Zeitraum bewältigen kann. Mein Bewusstsein ist dabei aber immer noch auf Zack. Es dödelt nicht unkontrolliert zwischen den Projekten hin und her und erzeugt deshalb auch weder innere Unruhe noch Stress.

Zur näheren Erläuterung des Unterschieds von »sich unter Druck« und »gestresst« fühlen möchte ich dir eine Geschichte erzählen: Einer der weltbesten Basketballspieler steht kurz vor einem Freiwurf. Noch drei Sekunden bis zur Entscheidung in den NBA-Finals. Als extrem fokussierte Persönlichkeit, die er ist, empfindet der Spieler zwar Druck, fühlt sich aber nicht gestresst. »Druck« bedeutet, dass er die Anspannung seines Teams, der Fans auf der ganzen Welt und aller Zuschauer sehr wohl spürt, sein Bewusstsein aber total unter Kontrolle hat. In unerschütterlicher Konzentration hält er es auf die vor ihm liegende Aufgabe gerichtet und tut das, was er am besten kann: den Ball in den Korb donnern.

Gestresst würde bedeuten, dass dieser Basketballer die Kontrolle über sein Bewusstsein verliert oder bereits verloren hätte. Dass es überall und nirgends ist, wenn er an der Freiwurflinie steht und sich anschickt, den entscheidenden Wurf zu lancieren. Zunächst reist das Bewusstsein in die Zukunft, sieht, wie der Ball im Korb landet, was den Sieg bedeutet und den Spieler bei Mannschaft und Fans zum Helden macht. Unmittelbar danach rast es dem anderen Extrem entgegen. Vor seinem inneren Auge sieht der junge Sportler, wie der Ball am Korb abprallt, das entscheidende Match verloren geht. Am nächsten Tag wird er von den Medien gegrillt. All das und noch viel mehr läuft innerhalb von Sekunden im Kopf des Spielers ab. Im Bewusstsein derartig unkontrolliert, wirft er den Ball und trifft daneben.

Wann immer du das nächste Mal nervös und unruhig wirst, schau genau hin: Was passiert da gerade in deinem Geist? Was tut dein Bewusstsein, dass es dich in einen so desolaten Zustand versetzt?

Die Fähigkeit, das Bewusstsein im Geist zu kontrollieren und über einen längeren Zeitraum hinweg in unerschütterlicher Konzentration auf einen einzigen Gegenstand gerichtet zu halten, ist der Schlüssel zur Verdrängung von innerer Unruhe und Stress aus deinem Leben. Das Heilmittel gegen Sorgen und Angst. Überhaupt das Patentrezept für den Geist – der erste und unbestreitbar bedeutendste Schritt zur Behandlung aller psycho-mentalen Gesundheitsprobleme.

Sobald du einmal in der Lage bist, dein Bewusstsein zu steuern und es zu fokussieren, werden Nervosität und Stress zu Begriffen, die dir geläufig sind, beziehungsweise zu Phänomenen, die du bei anderen beobachtest. Die in deinem Leben aber nicht die geringste Rolle (mehr) spielen.

Kapitel 10

Die Tools in Aktion

LEKTION 10.1

BEDAUERLICHE UND BEDAUERNSWERTE REAKTIONEN

Ich war müde und kaputt. Hinter uns lag ein langer, beschwerlicher Reisetag. Wobei ich mit »uns« die Gruppe meine, mit der ich anlässlich meines jährlichen spirituellen Abenteuers in Indien unterwegs war. Gleich würde die Sonne untergehen und der Zug, in dem wir uns befanden, die nächste Station auf unserer Tour erreichen. Besser als mit der Eisenbahn kann man Indien nicht erkunden. Das Kaleidoskop der neuen Erfahrungen, die wir dort machten, ist mir unvergesslich.

In der wirren Invasion der Menschen, die einsteigen wollten, versuchte ich hastig, meine Gruppe aus dem Zug zu scheuchen, doch in der Kakophonie der Bahnhofsgeräusche gingen meine Anweisungen unter. Trotzdem schafften wir es irgendwie, unser Gepäck aufzusammeln und auf den Perron zu gelangen. Dort herrschten Höllenlärm und Wahnsinnschaos – ein ganz normaler Tag auf einem Bahnhof in Indien. Die ganzen disharmonischen Geräusche, Bilder und Gerüche stellten einen Überfall auf unsere westlich geprägten Sinne dar.

Wir wollten eine Weile in der charmanten Stadt bleiben, die wir erreicht hatten und die im Wesentlichen aus einem Labyrinth aus schmalen, staubigen Gässchen sowie unübersichtlichen Basaren und Wohnbaracken bestand. Da die Straßen für einen Touristenbus mit achtzehn spirituell Suchenden nicht breit genug waren, hatte ich geplant, dass wir die Fahrt zum Hotel in Autorikschas zurücklegten.

Also schleppten und zerrten wir – die Einzigen, die für Armageddon gepackt zu haben schienen – unser oversiziges Gepäck in einem an Tetris erinnernden Zickzackkurs durch den Pulk der Ortsansässigen den Bahnsteig entlang. Vielen haben wir dabei Koffer und Taschen in die Kniekehlen gerammt. Schließlich erreichten wir verschwitzt und atemlos den Parkplatz vor dem Bahnhof. Dort standen – hübsch eine hinter der anderen – eine Reihe von Rikschas. Eine nette Abwechslung nach dem irren Wirrwarr, der hinter uns lag. Innerhalb von Sekunden wurden wir von einer ganzen Armada von Rikschafahrern umringt, die uns ihre Dienste anboten. Einige von ihnen preschten vor, packten unsere Siebensachen und verstauten sie in ihrem Fahrzeug.

Nach kurzen lautstarken Verhandlungen waren schließlich alles Gepäck und die verwirrten Reisenden in den dreirädrigen Metallkäfigen verfrachtet. Dann hieß es: Ab geht die wilde Fahrt! Irgendwie – jedenfalls so, dass es für alle an Bord guten Grund gab, wieder an Gott zu glauben – bahnten sich die Rikschas ihren Weg durch die Menge anderer Fahrzeuge, Menschen und Nutztiere.

Bald hatten wir unser Hotel erreicht. Die Angehörigen meiner Gruppe verließen die Rikschas und strebten dem Hotel entgegen. Derweil blieb ich zurück, um dafür zu sorgen, dass alle Gepäckstücke ausgeladen wurden und die Fahrer ihr Geld bekamen.

Beim letzten angekommen, verlangte dieser den doppelten Preis. Auf meine Frage nach dem Warum gab er zurück, er hätte Übergepäck transportieren müssen. Da ich mit Sicherheit wusste, dass das nicht stimmte und er mir einfach mehr Knete abzwingen wollte, wurde ich deutlich. Woraufhin er aus der Rikscha ausstieg und sich vor mir aufpflanzte. Noch heute sehe ich sein graues T-Shirt vor mir und den Schweiß, der den Stoff unter seinen Achseln durchnässte. Der Mann bestand auf dem Wucherpreis, den er aufgerufen hatte.

Da bin ich durchgedreht. Auch der letzte Rest Willenskraft, über den ich noch verfügte, ließ von meinem Bewusstsein ab. Mein leuchtender Lichtball katapultierte sich in den zornigen Bereich des Geistes. Und bevor ich noch wusste, was ich da tat, bellte ich den Fahrer schon an: »Keine einzige Scheiß-Rupie zahl ich dir mehr!«

Diese Ansage genügte, um auch sein Bewusstsein in den Zorn zu treiben. Blitzartig versank er in Rage und schrie mich an: »Du zahlst jetzt. Auf der Stelle. Den vollen Betrag. Und verarsch mich ja nicht!« Tröpfchen seiner Spucke trafen mich. Ekelhaft!

Vermutlich versuchte er mir ein bisschen Extraknete aus dem Knie zu leiern, um früher Feierabend machen zu können. Keine Ahnung. Ich dagegen war sauer, weil es mir ums Prinzip ging. Wir hatten uns auf einen Fahrpreis geeinigt, und nun wollte er mich abzocken.

Es war April. Hochsommer in Indien. Die Temperatur war hoch, die Luft feucht und staubig. Wir zwei Männer waren beide erschöpft und mit den Nerven am Ende. Perfekte Ausgangsbedingungen für unbeherrschte Reaktionen – zwei Pulverfässer kurz vor der Explosion.

Nun griff meine Frau, eine hartgesottene New Yorkerin, die die Situation von weiter weg beobachtet hatte, ins Geschehen ein und glättete elegant die Wogen. Ehrlich gesagt erinnere ich mich nicht, wie ihr das gelungen ist oder was sie genau gesagt hat. Ich weiß nur noch, dass sie dem Fahrer etwas Geld gab. Und dass wir Männer dann in entgegengesetzter Richtung davongingen.

Als ich abends im Hotelzimmer saß und endlich einen Moment für mich hatte, wurde ich von einer Welle der Frustration erfasst. Ich saß auf dem Rand unseres Bettes, die Arme auf den Oberschenkeln ruhend, den Oberkörper leicht vorgebeugt, und starrte auf den kühlen, harten Marmorfußboden. In meinem Kopf drehte sich alles um den einzigen Gedanken: »Ich bin ausgerastet. Ich habe die Kontrolle über mein Bewusstsein verloren.« In dem Moment fiel mir ein, dass mein Guru Zorn einmal als vorübergehenden Wahnsinn definiert hatte.

»Und das trifft den Punkt genau«, dachte ich.

In jenem »Zorn« oder »Ärger« genannten Bereich des Geistes, in dem ich mich am Nachmittag befunden hatte, gab es keinen Platz für Vernunft. Keine Reflexion. Keine Pause. Lediglich eine unkontrollierte Reaktion rein instinktiver Natur.

Als ich so dasaß, allein mit meinen Gedanken, fühlte es sich an, als wären Jahrzehnte disziplinierter Beherrschung des Bewusstseins in meinem Geist völlig für die Katz' gewesen.

Scheitern war allerdings nichts Neues für mich. Im Gegenteil: Mit Misserfolgen kannte ich mich aus. Ich bedauerte, wie ich auf den

Rikschafahrer reagiert hatte. Wobei mich meine Äußerungen ihm gegenüber – er hatte bestimmt schon Schlimmeres gehört – weniger entsetzten als mein Unvermögen, das Bewusstsein zu steuern.

In meinen Jahren in New York City hat mich nichts und niemand je so auf die Palme gebracht. Bei allem, was mir die Stadt im Laufe der Zeit so zumutete, hatte ich mein Bewusstsein immer fest im Griff. Nicht anders war es auf den Reisen gewesen, die ich bis dato gemacht hatte. Indien aber war für mich so etwas wie die letzte Bastion. Irgendwie gelang es mir auf jedem Trip dorthin, die Kontrolle über mein Bewusstsein zu verlieren und eine unbeherrschte Reaktion an den Tag zu legen.

Indien, wurde mir klar, war von nun an mein Übungsgelände. Also beschloss ich, jedes Jahr wieder hinzufahren und mich zu testen. Mein Ziel bestand darin, Indien irgendwann einmal zu verlassen, ohne auch nur ein einziges Mal die Kontrolle über mich verloren zu haben. Damit begann sie – meine Indien-Challenge. Alljährlich wollte ich nach Indien reisen und dort bewusst daran arbeiten, unter keinen Umständen die Kontrolle abzugeben. Drei Jahre später hatte ich es geschafft. Das Gefühl eines kleinen Sieges stellte sich ein. Aber mir war klar: *Ein* Erfolg genügte nicht. Bei meinen nächsten Besuchen würde ich ihn wiederholen müssen.

Von nun an wollte ich Indien jedes Jahr aufs Neue bereisen und mich auf die Probe stellen. Wobei es entscheidend auf das Wie meines Aufenthalts ankam. In einem Fünf-Sterne-Hotel hätte der Test keinen Sinn ergeben. Anders sah es jedoch aus, wenn ich im Zuge intensiver spiritueller Abenteuer eine Gruppe von Leuten durchs Land begleitete, die auf der Suche nach sich selbst waren und ihre Persönlichkeit weiterentwickeln wollten. Bei dieser Gelegenheit würde ich bestimmt nicht nur einmal an den Rand meiner Belastbarkeit geraten – und damit auch in Gefahr, die Kontrolle über mich beziehungsweise mein Bewusstsein zu verlieren.

Ich bin stolz, sagen zu dürfen, dass ich mein Ziel bei allen weiteren Indien-Reisen erreichen konnte. Allerdings muss ich auch hinzufügen, dass ich bei allen Besuchen, die ich meinem größten Widersacher abstattete, dem Land, das ich liebe wie kein anderes, extrem auf der Hut war. Denn hier, in diesem Reich der Extreme, habe ich die bittersten Enttäuschungen und die göttlichsten Höhenflüge erlebt.

Ich kann gar nicht sagen, wie oft ich früher und sogar noch in meinen ersten Jahren als Mönch bedauern musste, meine Reaktionen nicht besser unter Kontrolle gehabt zu haben. Weil ich mich von irgendeiner Äußerung hatte provozieren lassen oder von mir aus etwas gesagt hatte, was ich mir besser verkniffen hätte. Dabei entstand das eigentliche Problem erst *nach* dieser Reaktion. Denn sie hinterließ einen unangenehmen Nachgeschmack. Und das nicht nur bei mir, sondern auch bei den anderen Beteiligten. Das wollte ich nicht mehr. Das sollte sich ändern. Mein Verständnis von Bewusstsein und Geist verhalf mir schließlich zu besseren, bedachteren Reaktionen.

Einer Merriam-Webster-Definition zufolge stellt eine »Reaktion« die »Antwort auf eine Behandlung, Situation oder einen Reiz« dar. Lass uns mit dieser Erklärung im Kopf nun einmal überlegen, wie sich unser Wissen in Sachen Bewusstsein und Geist auf menschliche Reaktionsweisen anwenden lässt.

Angenommen, ich gerate in eine bestimmte Situation oder werde auf die eine oder andere Weise behandelt. Bin ich dann nicht in der Lage, die Richtung zu diktieren, die das Bewusstsein in meinem Geist einschlagen soll, antworte ich womöglich unbeherrscht auf die betreffende Situation oder Behandlung. Das wäre meine Reaktion auf sie.

Stell dir vor, du schlenderst mit einem Heliumballon an der Schnur über einen Jahrmarkt. Mit einem Mal bemerkst du einen Clown, der auf einer Tonne balancierend eine komische Messerjonglage vorführt. Darüber musst du so lachen, dass du aus Versehen die Schnur loslässt. Eben scheint sich der Ballon in die Lüfte erheben zu wollen, da erwischst du gerade in letzter Sekunde noch das Ende der Schnur und kannst ihn so zurückholen.

Reaktionen funktionieren nach demselben Muster. Angenommen, irgendetwas sorgt dafür, dass du den Griff um dein Bewusstsein so lockerst, dass es in Richtung des zornigen Bereiches deines Geistes abzuschwirren droht. Doch du hast genau mitbekommen, was sich da gerade abgespielt hat, und greifst jetzt (wie auf dem Jahrmarkt nach der Schnur des Luftballons) blitzschnell wieder zu, hältst dein Bewusstsein fest und holst es dir zurück. Hättest du es nicht getan, wäre dein Bewusstsein in den zornigen Bereich des Geistes vorgedrungen und hätte dort dafür gesorgt, dass du zu einer Reaktion ansetzt. Diese könnte mental ausfallen (in Gedanken gehst du hoch wie eine Rakete) oder verbal (vor Zorn brüllst du wie ein angestochener Stier). Vielleicht jedoch sogar physisch (du greifst zu körperlicher Gewalt).

»Reaktion« heißt also, dass das Bewusstsein von einem äußeren oder inneren Auslöser in einen Bereich des Geistes transportiert wird und dort eine Antwort erzeugt.

Unter äußeren Auslösern ist dein Umfeld (die Menschen und Dinge, von denen du umgeben bist) zu verstehen. Von einem inneren Auslöser könnte man etwa dann sprechen, wenn das Bewusstsein auf unaufgelöste emotionale Erfahrungen im Unterbewusstsein reagiert. Du wirst zum Beispiel an ein unverarbeitetes traumatisches Kindheitserlebnis erinnert. Das treibt dein Bewusstsein in den traurigen Bereich des Geistes und erzeugt eine unkontrollierte Reaktion: Du fängst an zu weinen.

Bisher war von negativen Reaktionen die Rede, es gibt jedoch auch positive – und auch die muss man leider mitunter bedauern. Ein Beispiel: Auf dem jährlichen Firmenfest feiert ein ranghoher Angestellter einen geschäftlichen Erfolg, den er kürzlich hatte. Vor lauter Euphorie verliert er die Kontrolle über sein Bewusstsein und gibt in seiner Begeisterung Informationen über das Unternehmen preis, die er besser für sich behalten hätte. Auch das stellt eine bedauernswerte Reaktion dar. Hier ein guter Rat: Ersetze Begeisterung durch Engagement. Denn Begeisterung stellt unkontrollierte Energie (unbeherrschtes Bewusstsein) dar, während Engagement Ausdruck gelenkter Energie (eines gelenkten Bewusstseins) ist.

Letztlich entscheidet unser Vermögen, das Bewusstsein im Geist zu lenken, darüber, wie viel Kontrolle wir über unsere Reaktionen haben und wie wir auf die Dinge antworten, die uns das Leben zuspielt. Je besser ich mein Bewusstsein steuern kann, desto besser bin ich auch in der Lage, meine Reaktionen zu kontrollieren, und umso mehr Macht habe ich über meinen Gemütszustand.

Pass auf, was du sagst!

Wahrscheinlich würde uns allen auf jener Straße, die vom Geist in den Mund führt, eine Ampel guttun, die uns signalisiert, wann wir frei sprechen können, wann es besser wäre, vorher kurz nachzudenken, und wann einfach die Klappe zu halten ist. Denn die Kontrolle über das Mundwerk hängt eng mit der Steuerung unserer Reaktionen zusammen.

Die Unfähigkeit zur verbalen Zurückhaltung sagt viel über Menschen aus. Sie ist zum Beispiel Ausdruck von einem unaufgeräumten, also konfusen Unterbewusstsein. Von fehlender Klarheit, der Unfähigkeit, das Bewusstsein im Geist hinreichend zu steuern, und vielem mehr. Sobald ein Mensch den Mund aufmacht, öffnet er ein Fenster, durch das wir einen Blick in seinen Geist werfen können. Dabei ist das, was er von sich gibt, genauso wichtig wie das, was er verschweigt. Vielen Menschen fällt es schwer, ihren verbalen Output zu kontrollieren. Was oft verwirrende oder stark emotional befrachtete Äußerungen zur Folge hat und Anlass für ein Bedauern des Ausgesprochenen oder den Wunsch sein kann, die Worte zurückzunehmen.

Ein Grund für unkontrolliertes Losplappern ist die Unfähigkeit zur Steuerung unserer Reaktionen, was wiederum auf das fehlende Vermögen zur Steuerung des Bewusstseins im Geist zurückgeht. Ein Beispiel: Bei einer Veranstaltung, auf der ich als Redner auftrete, kommt ein Mann auf mich zu und sagt, der Schal, den ich trage, sei hässlich. Seinen emotional stark aufgeladenen Worten wohnt die potenzielle Kraft inne, mein Bewusstsein in einen verärgerten Bereich meines Geistes zu transportieren – sollte ich es denn zulassen. Meine Fähigkeit, das Bewusstsein zu steuern, ermöglicht es mir in diesem Moment jedoch zu entscheiden, wo ich es haben möchte. Beschließe ich bei den Worten des Mannes also, mein Bewusstsein mithilfe von Willenskraft und Konzentrationsvermögen in einen erhabenen Teil des Geistes zu manövrieren, fällt auch meine Reaktion erhaben – aufbauend – aus. Lasse ich jedoch zu, dass mein Bewusstsein von der *emotionalen Kraft seiner Worte* in einen zornigen Bereich geschubst wird, fällt meine Reaktion bestimmt weniger ansprechend aus.

Der häufigste Grund für unkontrolliertes Verbalverhalten sind die Reaktionen der Leute auf die Dinge, die in ihnen oder in ihrem Umfeld vorgehen. Wenn du in der Lage bist, dein Bewusstsein zu steuern, kannst du frei entscheiden, an welchem Ort in deinem Geist es sich aufhalten soll, und damit auch die angemessene Reaktion wählen. Oder gar nicht reagieren. Die Reaktionen der Leute und ihre Unfähigkeit, die Kontrolle über ihr Mundwerk zu behalten, geben in aller Öffentlichkeit preis, was sich in ihrem Kopf abspielt.

Wichtig ist: Die Devise »Erst denken, dann sprechen« darf nicht mit einem Verbot der freien Meinungsäußerung verwechselt werden. Erstere würde ich als die Fähigkeit definieren, weise zu entscheiden, was man sagt – und wann. Es kommt auf die Kombination aus klug gewählten Worten und dem passenden Moment an, sie zu äußern. Wenn du in der Lage bist, deine Worte frei zu wählen, ist deine Meinungs- und Redefreiheit in keiner Weise eingeschränkt; es heißt nur, dass du zu jeder Zeit das Hoheitsrecht über deine Äußerungen hast und darüber, wann du sie tätigst. Dadurch bestimmst und vergrößerst du die Wirkung deiner Worte. Möglicherweise sogar auf den weiteren Verlauf deines Lebens.

Das Folgende möchte ich nur anreißen, nicht aber näher ausführen. Vielleicht magst du jedoch einmal darüber nachdenken: Angenommen, du hast nur unzureichende Kontrolle über dein Bewusstsein und jemand sagt etwas zu dir. Weiter angenommen, die geäußerten Worte hören sich zornig an oder schwingen in der Frequenz von Zorn. Sie nehmen dein Bewusstsein mit in den Bereich, dem sie entstammen. Aufgrund der emotional stark aufgeladenen Äußerungen wird dein Bewusstsein mit derselben Emotion aufgeladen (Energie kann, wie du weißt, übertragen werden) und in den entsprechenden Schwingungsraum des Geistes hineingezogen. Genauso kann dich ein mit gefühliger Energie aufgeladenes Liebeslied in den geistigen Bereich begleiten, in dem sich die Sängerin aufhält. Wann immer du es hörst, empfindest du genau das, was der Song in dir evozieren soll.

Emotionen haben eine große Macht über das Bewusstsein. In Worte eingebettete Gefühle können dein Bewusstsein ganz easy in den Bereich des Geistes bringen, der in der Frequenz der betreffenden Emotion schwingt. Damit keine Reaktion auf die Worte erfolgt, muss die Kraft des Willens stärker sein als die Macht der Emotion.

Die Worte, die ich in Indien an den Rikschafahrer gerichtet hatte, waren stark mit meinen zornigen Gefühlen aufgeladen. Diese Emotionen übertrugen Energie in sein Bewusstsein. Mit der Folge, dass es in der Frequenz meiner großen Verärgerung zu schwingen begann. Daraufhin arbeitete auch sein Bewusstsein im zornigen Bereich des Geistes – und entsprechend reagierte der Mann.

Woran du merkst, dass du Fortschritte machst, was die Kontrolle deiner verbalen Äußerungen betrifft? Daran, dass die Dinge, die du von dir gibst, mehr Erfreuliches, Angenehmes bewirken und höchstens ganz selten noch zu komplizierten emotionalen Verwicklungen führen. Das ist ein sicheres Zeichen. Fortschritte auf dem Gebiet der Kontrolle deiner verbalen Äußerungen beweisen wiederum, dass du auch immer besser in der Lage bist, dein Bewusstsein im Geist zu steuern.

LEKTION 10.2

INNERE STREIT- UND ZWIEGESPRÄCHE

Unglaubliche Mengen an Zeit und Energie gehen aufs Konto mentaler Streitgespräche – ganz zu schweigen von verlorenem Seelenfrieden. Außerdem stellen diese wortlosen Auseinandersetzungen – in denen wir zumeist Konflikte durchkauen, die wir mit anderen haben – Quellen enormer Ablenkung dar. In dieser Lektion möchte ich dir nicht zeigen, wie du diese inneren Streitigkeiten beilegen kannst. Ich möchte versuchen, dir zu erklären, dass dir die bewusste Steuerung deines Bewusstseins dabei helfen kann, die ständigen Zwiegespräche in deinem Kopf loszuwerden.

Deren Ursache sind oft Missverständnisse mit einem unserer Mitmenschen. Wird ein solches Problem nicht gelöst, setzt es sich im Unterbewusstsein fest. Jedes Mal, wenn sich das Bewusstsein auf das Terrain des betreffenden Konflikts begibt, gehst du ihn in Gedanken wieder durch. Je emotional aufgeladener diese unverarbeitete Situation nun ist, desto größer ist auch ihre Macht, dein Bewusstsein auf sich zu ziehen. Wann immer es dazu kommt, lebst du diese Erfahrung ganz oder teilweise wieder durch – inklusive aller damit zusammenhängender Emotionen. Mit der Folge, dass du auch jedes Mal auf sie reagierst.

Diese Reaktionen sind oft der Anfang eines inneren Zwie- oder Streitgesprächs, einer wortlosen Schlammschlacht mit der Person, auf die du sauer bist. Im Kopf sagst du etwas zu ihr, und sie reagiert darauf. Jetzt hast du sie ein weiteres Mal gegen dich aufgebracht. Sie fängt an, mit Beleidigungen um sich zu schmeißen – natürlich nur in deinen Gedanken. Trotzdem schockt dich, was du dir da quasi selbst an den Kopf wirfst. Während sich der Schlagabtausch fortsetzt, eskaliert die Situation in deinem Inneren.

Dieses stumme Zwiegespräch reibt dich von Sekunde zu Sekunde mehr auf. Fünf Minuten später bist du total wütend auf deinen Widersacher. Was für ein Wichser! Dein Nervensystem ist mittlerweile das reinste Chaos. Mit einer Mörderanstrengung ziehst du dein Bewusstsein von der ganzen Geschichte ab und wendest dich wieder den Dingen zu, mit denen du vor dem inneren Zwiegespräch beschäftigt warst.

Kaum sind zehn Minuten vergangen, zieht es dein Bewusstsein erneut in die Kriegsregion. Eine neue Verbaltirade folgt; Geist, Körper und Nervensystem geraten in einen weiteren emotionalen Schleudergang. Diese entsetzlichen Qualen wiederholen und steigern sich den ganzen Tag über, bis du am Ende abends im Bett liegst, nicht in den Schlaf findest und die mentale Bataille immer weitergeht.

Eines muss dir klar sein: In dieser inneren Auseinandersetzung sprichst du – ich wiederhole: DU – im Namen beider Parteien. Das heißt, du allein hast dieses ganze Theater angezettelt. Und das hast du nun davon.

Unaufgelöste emotionale Erfahrungen sind im Unterbewusstsein wie Landminen, die nur auf dein Bewusstsein warten und ihm schon auflauern. Los wirst du sie nur, wenn du das zugrunde liegende Problem löst. Je nach Intensität dieser Erfahrung und der damit zusammenhängenden Emotionen mag sich das leichter anhören, als es getan ist. Wie jedoch in den vorhergehenden Kapiteln schon gesagt, gibt es dafür verschiedene Lösungsansätze, nicht zuletzt therapeutischer Natur. Allerdings hilft auch die Kontrolle des Bewusstseins im Geist gegen die quälenden inneren Zwiegespräche. Sobald du sie beherrschst, kannst du selbst entscheiden, wann du die zugrunde liegende emotionale Erfahrung in Angriff nehmen willst.

Ein Beispiel: Bei einem Teammeeting sagt eine Kollegin etwas zu dir, was dich verärgert. Nach der Besprechung gehst du sauer an deinen Schreibtisch zurück und befasst dich sofort mit den inzwischen neu eingegangenen E-Mails. Nach einigen Minuten zieht es dein Bewusstsein wieder in die ärgerliche Szene in dem Meeting. Und während es sich immer mehr in die Erinnerung verstrickt, erlebst du sie in deinem Kopf ein weiteres Mal, hast wieder dieselben Gefühle und reagierst darauf.

Hast du in diesem Moment genügend Kontrolle über dein Bewusstsein, kannst du es festhalten, sobald es deinen Schreibtisch verlässt, um die unaufgelöste emotionale Erfahrung in deinem Unterbewusstsein aufzusuchen, und auf deine Mails zurück- oder woandershin lenken.

Diese Fähigkeit sagt einiges über uns aus, und zwar:

1. Dass wir verstanden haben, dass Bewusstsein und Geist zwei unterschiedliche Paar Schuhe sind.
2. Dass Probleme im Unterbewusstsein liegen, also einem bestimmten Teil des Geistes, und wir entscheiden können, ob wir in diesen Bereich vordringen wollen oder nicht.
3. Daraus lässt sich auch schließen, dass wir unser Bewusstsein – genügend Willenskraft vorausgesetzt – in jeden beliebigen Teil des Geistes schicken und es mithilfe unseres gestärkten Konzentrationsvermögens in dem Bereich fixieren können, für den wir uns entschieden haben.

Aus diesem Wissen und der Fähigkeit, es anzuwenden, resultieren enorme Freiheit und Seelenfrieden.

Wenn man das so liest, könnte man vielleicht auf die Idee kommen, ich wolle der Verdrängung oder Leugnung von Problemen das Wort reden. Aber nichts könnte weiter von der Wahrheit entfernt sein. Selbstverständlich gibt es Probleme. Und der erste Schritt zu ihrer Lösung besteht darin, ihre Existenz zur Kenntnis zu nehmen. Das Einzige, was ich sage, ist, dass du jederzeit frei entscheiden kannst, ob du dein Bewusstsein in den Bereich des Geistes lenken möchtest, in dem das Problem zu Hause ist, und auch, ob du es jetzt anpacken und lösen willst.

Diese Wahlmöglichkeit ist etwas ganz Wunderbares. Nur ist sie den meisten leider nicht gegeben. Sie können sie sich aber verschaffen.

Dafür müssen sie nur die Funktionsweise von Bewusstsein und Geist begreifen und über Ersteres genügend Kontrolle gewinnen. Sobald wir das geschafft haben, können wir jederzeit sagen: »Ich weiß, dass da in meinem Unterbewusstsein ein ungelöstes Problem lauert, möchte mein Bewusstsein aber momentan nicht damit beschäftigen. Um vierzehn Uhr habe ich Pause, dann kann ich mir ein ruhiges Plätzchen suchen, mein Bewusstsein auf das Thema lenken und mich damit befassen. Bis es so weit ist, bleibe ich mit meinem Bewusstsein voll in dem Bereich meines Geistes, in dem es um die Arbeit geht.«

Das ist etwas ganz anderes, als wenn man zulässt, dass das Bewusstsein den ganzen Tag über wieder und wieder von dem Problem angezogen wird. Das ist psychisch und mental außerordentlich anstrengend und stellt eine enorme Zeit- und Energieverschwendung dar. Auf Geist, Körper und Nervensystem wirkt es sich verheerend aus, ganz abgesehen davon, dass auch dein Umfeld und deine Leistungsfähigkeit darunter leiden. Stell dir bloß die Seelenruhe vor, die dir beschieden wäre, hättest du nur dein Bewusstsein im Griff und könntest den Zeitpunkt frei wählen, an dem du dich mit deinem Problem befassen willst.

Diese Begegnung mit der Geschichte, die dich belastet, kannst du dir wie ein Meeting, eine Verabredung, vorstellen. Und Meetings funktionieren bekanntlich immer dann am besten, wenn Zeit und Ort vorher festgelegt werden. Warum also triffst du keine Verabredung mit deinem ungelösten Problem, bestimmst Zeit und Ort dafür? Bis es soweit ist, hältst du dein Bewusstsein mithilfe von Willenskraft und Konzentrationsvermögen auf die Dinge oder Menschen gerichtet, mit denen du befasst bist. Jedes Mal, wenn es auf das Terrain des emotional belasteten Problems im Unterbewusstsein gelenkt wird, leitest du es sanft und liebevoll auf die Dinge oder Menschen zurück, mit denen du zuvor beschäftigt warst. Sag dir: »Noch ist die Zeit nicht gekommen, mich um das Problem zu kümmern.«

Bei anderen Terminen würdest du bestimmt nicht alle zehn Minuten am vereinbarten Ort nachgucken, ob deine Verabredung schon da ist.

Du kämst gar nicht auf die Idee. In unserem Fall ist es ebenso wenig erforderlich: Wenn du eine feste Verabredung mit deiner Thematik hast, brauchst du auch nicht mehr ständig vorfühlen. Stell dich einfach zum geplanten Zeitpunkt ein und gut ist es. Alles andere würde dich nur unnötig aufregen.

Die Planung eines Meetings zur Lösung deines Problems und die wachsende Fähigkeit, dein Bewusstsein im Geist zu steuern, sind die besten Mittel zur Vermeidung innerer Streitgespräche. Zur festgelegten Zeit gehst du an den von dir vorgesehenen Ort, verlagerst dein Bewusstsein an die Stelle in deinem Unterbewusstsein, an der sich das Problem befindet, und startest den Prozess seiner Lösung.

Ihre inneren Streitgespräche machen viele Leute völlig fertig. Sie erschweren oder verunmöglichen ihnen sogar die Erledigung ihrer täglichen Aufgaben, weil ihr Bewusstsein ständig von Unerledigtem im Unterbewusstsein angezogen wird. Das ist aber doch kein Leben.

Um entscheiden zu können, wann wir uns mit unseren Problemen beschäftigen, müssen wir uns über Bewusstsein und Geist informieren und Willens- sowie Konzentrationskraft ausbauen, damit wir lernen können, wie das geht: das Bewusstsein im Geist steuern.

Hier ist noch etwas, was du im Zusammenhang mit inneren Zwie- und Streitgesprächen im Kopf behalten solltest. Erinnerst du dich an das Zitat meines Gurus: »Die Energie folgt dem Bewusstsein«? In unserem Kontext heißt das: Wann immer du zulässt, dass das Bewusstsein auf das Terrain unverarbeiteter emotionaler Erfahrungen in deinem Unterbewusstsein abdriftet, versorgst du ebendiese auch mit Energie. Das heißt: Sobald dein Bewusstsein in die entsprechende Richtung abwandert, werden die in deinem Unterbewusstsein für diese unverarbeiteten Gefühle zuständigen Muster emotional vertieft und mit jedem Mal ausgeprägter.

Darüber hinaus verändern die ständigen emotional verstörten Monologe in deinem Kopf mit der Zeit wahrscheinlich auch dein Narrativ der betreffenden Erfahrung. Was deine Verwirrung nur vergrößert und die Lösung des Problems noch schwieriger macht.

Je besser du in der Lage bist, dein Bewusstsein im Geist zu steuern, desto eher kannst du auch entscheiden, ob und wann du dich mit deinen unverarbeiteten Themen beschäftigen möchtest. Und umso seltener wirst du von inneren Streitgesprächen gequält.

LEKTION 10.3

EIN ECHTER GAMECHANGER

Die Lektionen in diesem Buch werden alle so präsentiert, dass sie für jeden anwendbar sind, dem es ernst ist mit dem Wunsch, ein fokussiertes Leben zu führen. In diesem Zusammenhang geht es nun um die Welt des Sports. Darum, wie sich unsere Erkenntnisse zur Leistungssteigerung und zur Abschwächung psycho-mentaler Schwierigkeiten nutzen lassen – und das keineswegs nur im Spitzensport. Jeder Mensch, ob Kind oder im Erwachsenenalter, kann mithilfe der Lektionen lernen, Performance und psychische Gesundheit zu verbessern.

Betrachten wir Folgendes: Halbzeit in einem der entscheidendsten Spiele der englischen Premier League, der vielleicht meistbeachteten Fußballliga der Welt. Es ist Pause. Eine Mannschaft, gerade in der Umkleide, liegt zwei Tore zurück, braucht aber, um noch eine Chance auf den Titel zu haben, unbedingt einen Sieg oder wenigstens ein Unentschieden. Unmittelbar bevor es wieder auf den Platz geht, macht der Trainer noch eine letzte Ansage: »Jungs, wenn wir jetzt rausgehen, müssen wir uns echt konzentrieren!« Eine ebenso naheliegende wie vernünftige Aufforderung.

Die Ermahnung zur Konzentration hört man im Sport ständig. Aber nur selten, wenn überhaupt, wird sie von einer Erklärung begleitet, wie man das denn hinkriegt: sich zu konzentrieren. Und wie schon mehrfach gesagt: Eine reine Aufforderung ist keine Anleitung. Von einem Team – sei es im Sport oder auch in der Arbeitswelt – zu verlangen, dass es sich fokussiert, ist ziemlich gedankenlos, solange den Leuten nicht beigebracht wurde, was sie dafür tun müssen. Doch die meisten, die solche Aufforderungen aussprechen, sind sich gar nicht im Klaren darüber, dass die Adressaten es nie gelernt haben und deshalb beim besten Willen nicht gut darin sein können.

Der Sport ist ein Multi-Milliarden-Geschäft; überall auf der Welt werden Hunderte von Millionen Dollar in einzelne Leistungsträger und Mannschaften investiert. Die Spieler der besten Teams erhalten in den besten Trainingsstätten das beste Training und haben Zugang zu den besten Ressourcen der Leistungsförderung. Den meisten aber wurde wahrscheinlich nie beigebracht, wie der Geist arbeitet, wie man sich fokussiert und mit dem Stress im Spitzensport umgeht. Aus der Erfahrung meiner Zusammenarbeit mit absoluten Topathleten weiß ich, dass die Förderung ihrer psychischen Gesundheit nicht annähernd so ernst genommen wird wie ihr körperliches Training und nie das Niveau erreicht, das ihrer Leistungsstufe angemessen wäre.

Nehmen wir an, im Halbfinale der Fußballweltmeisterschaft macht sich ein Spieler bereit, den entscheidenden Elfmeter zu schießen. Trifft er, gewinnt sein Team. Elfmeter hat er tausendmal trainiert. Kein Zweifel: In seinem Unterbewusstsein ist dadurch ein Muster entstanden, das es ihm erlaubt, diese Aufgabe erfolgreich zu meistern. Er legt den Ball vor sich auf den Elfmeterpunkt und tritt ein paar Schritte zurück. Achtzigtausend Zuschauer im Stadion und Millionen an den Bildschirmen überall auf der Welt schauen ihm zu. Halten gespannt den Atem an. Knabbern an ihren Fingernägeln. Aller Augen sind auf diesen einen Mann gerichtet. Der muss sich jetzt ganz auf sein Training verlassen können.

Ein Großteil des Kampfes, der sich nun in ihm abspielt, findet im Kopf statt. Hat er sein Bewusstsein unter Kontrolle? Prescht es in die Zukunft, zehn Sekunden voraus, und stellt er sich jetzt vor, wie der Elfer reingeht? Oder rast sein Bewusstsein weiter in die Zukunft, und er denkt daran, wie entsetzlich enttäuscht die Mannschaft und sein ganzes Land wären, wenn er danebenschießt? Woraufhin sich sein Bewusstsein in den angstvollen Bereich des Geistes begibt und er überlegt, ob er den Schuss wie geplant platzieren soll oder doch lieber einen anderen Move macht. All das spielt sich innerhalb von Sekunden ab, die dem Spieler jedoch wie eine Ewigkeit vorkommen. Jetzt pfeift der Schiedsrichter und gibt damit das Signal … Der Rest ist Geschichte.

Sieg oder Niederlage? In einer derart angespannten Situation kann die Fähigkeit des Sportlers, sein Bewusstsein zu steuern, spielentscheidend sein. Das erinnert mich an den herrlichen Spruch eines unbekannten US-Navy SEALs: »Unter Druck wächst man nicht mit den Aufgaben, sondern sinkt auf das Level seines Trainings ab.« Der trifft nicht nur im Sport zu, sondern auf uns alle. Wenn du nie gelernt und geübt hast, dein Bewusstsein im Geist zu steuern – wie kannst du dann davon ausgehen, dass du es ausgerechnet in den allerschwierigsten Situationen hinbekommst, wenn es am wichtigsten ist?

Solange er keine Ahnung hat, wie der Geist funktioniert, kann der Spieler am Elfmeterpunkt sein Bewusstsein nicht steuern. Und wie soll er an nichts anderes denken können als den entscheidenden Schuss, wenn er nie gelernt hat, sich zu konzentrieren und sein Bewusstsein in unerschütterlicher Fokussierung auf ein Objekt gerichtet zu halten?

Denk jetzt noch einmal neu an den Fußballer vor dem Elfmeter im Halbfinale der Weltmeisterschaft. Nur mit dem Unterschied, dass er diesmal trainiert hat, sein Bewusstsein im Geist zu steuern. Die Geschichte wäre dann eine vollkommen andere.

Er macht sich bereit, im vielleicht wichtigsten Spiel seines Lebens den entscheidenden Elfmeter zu schießen. Seine Anspannung ist spürbar. Jetzt muss er sich ganz auf sein Training verlassen. Mithilfe von Willenskraft und Konzentrationsvermögen hält er sein fest im Augenblick verankertes Bewusstsein eisern auf die vor ihm liegende Aufgabe fixiert. Er lässt nicht zu, dass es in die Zukunft abwandert oder in die Vergangenheit, künftige Siege imaginiert oder an alte Niederlagen denkt.

Ganz ruhig nähert er sich dem Ball, tritt hammerhart zu und trifft. Während er sieht, was geschieht, entlässt er sein Bewusstsein aus dem Griff seiner Willenskraft. Durch das ganze Adrenalin wird es in den freudig erregten Bereich seines Geistes transportiert. Er und Millionen seiner Fans feiern voller Begeisterung das Tor.

Anders als oft behauptet wird, blendet man, wie schon gesagt, im Zustand der Fokussierung keineswegs alles um sich herum aus. Vielmehr ist das Bewusstsein in diesem Moment vollkommen auf einen einzigen Punkt konzentriert, geradezu in ihm versunken. Das trifft auch auf unseren Fußballer zu. Während er ganz in seiner Aufgabe aufgeht, dringt nichts anderes zu ihm durch.

Das Wissen um den Geist sowie aktives Bewusstseinstraining können die Leistungen eines Individuums, aber auch ganzer Teams enorm verbessern. *Würden kein Sportler und kein Team je aufgefordert, sich zu konzentrieren, würde es keinerlei Rolle spielen. Solltest du allerdings Konzentration von deinen Leuten verlangen, musst du ihnen auch beibringen, wie's geht.* Dafür stellt dieses Buch die Anleitung dar.

Aber es geht nicht nur um Leistungssteigerung. Spitzensportler und -sportlerinnen sehen sich auch noch mit anderen schwerwiegenden Herausforderungen konfrontiert. Ein Beispiel ist die Kontrolle über ihre Reaktionen auf dem Spielfeld und jenseits davon. Von der Fähigkeit, ihr Bewusstsein zu steuern, hängt auch ab, inwieweit die jungen Menschen in der Lage sind, ihre Reaktionen auf alles Mögliche zu kontrollieren, angefangen bei gegnerischen Spielern über verbale, womöglich sogar rassistische Anwürfe von Fans anderer Teams, harsche Kritik seitens der Medien bis hin zu Angriffen auf Social Media. Spielerinnen und Spieler, die ihr Bewusstsein steuern können, reagieren immer angemessen und schützen sich dadurch auch vor eventuellen Folgen unpassender Äußerungen. Viele betreten das Spielfeld oder den Court unter starker psychischer Belastung durch ihre Umwelt, und nur wenige haben je das Training erfahren und die Tools erhalten, die sie bräuchten, um damit klarzukommen.

Das häufige Auf und Ab, das im Spitzensport die Regel ist, wirkt sich auf viele Athleten und Athletinnen verheerend aus, bei manchen sogar noch nach ihrem Karriereende. Psychische Probleme sind da beinahe schon die Regel, jedenfalls keine seltenen Ausnahmen, das kannst du mir glauben. Auch wenn sie zeitweilig von Hochgefühlen und Triumphen überdeckt werden. Das sind aber nur einige der Probleme, die mithilfe der Techniken und Tools aus diesem Buch entscheidend verringert oder gar ganz gelöst werden können.

LEKTION 10.4

IM HERZEN DER GESCHÄFTSWELT

Ravi arbeitet für ein Fortune-500-Unternehmen. Als Mitglied der Geschäftsführung spielt er eine wichtige Rolle in der Firma. Er ist gut in dem, was er tut, und das ist auch der Grund, weshalb er seine Position innehat. Niemand aber hat ihm je erklärt, wie sein Geist funktioniert. Deshalb hat er keine Ahnung davon und weiß auch nicht, dass man steuern kann, wohin sich das Bewusstsein begibt. Von Konzentration hat er auch keinen Schimmer. Da er seit Jahren zeitlich immer mehr eingespannt ist und auch seine Aufmerksamkeit überaus häufig in Anspruch genommen wird, ist er jetzt sehr oft abgelenkt.

Obwohl er es nie offen eingestehen würde, fällt es Ravi inzwischen ausgesprochen schwer, sich auf eine einzige Sache zu konzentrieren. Der Umstand, dass von allen Seiten auf seine Aufmerksamkeit Anspruch erhoben wird, hat ihn dazu veranlasst, die Herrschaft über sein Bewusstsein an sein Umfeld abzugeben. Wie er sagt, sei er oft »ganz durcheinander«, und meint damit sein Bewusstsein. Was auch erklärt, warum er ständig kaputt ist: Seine Energie ist überall und nirgends. Und je mehr er sich im Sich-ablenken-Lassen übt, desto besser wird er darin. Mittlerweile dürfte er sich als Experte auf diesem Gebiet bezeichnen.

Zu Hause kann er sich weder auf seine Frau noch auf die Kinder länger als ein paar Sekunden konzentrieren. Mit dem Ergebnis, dass sie seine Energie nicht spüren und sich ihm deshalb auch nicht nahe fühlen können. Da sie ihn allerdings trotzdem lieben, tolerieren sie es. So wird es in der Familie bald zur Norm.

Auch Ravi fühlt sich seinen Nächsten entfremdet. Das macht ihn traurig, aber er weiß nicht, was er dagegen tun kann. Jeden Abend wälzt er sich im Bett, weil er schlecht einschlafen und sein Bewusstsein nicht aus dem geistigen Bereich der Arbeit vertreiben kann. Irgendwann fallen ihm vor Erschöpfung dann doch die Augen zu.

Beim morgendlichen Aufwachen wird sein Bewusstsein als Allererstes wieder von der starken magnetischen Kraft des Arbeitsbereiches angezogen, in den er auch den größten Teil seiner Energie investiert. Also greift er sofort zum Telefon und vertieft sich in die große weite Welt seines Smartphones.

Während sein Bewusstsein von einer E-Mail zur nächsten, von Nachricht zu Nachricht und weiß der … wohin sonst noch huscht, baut sich zunehmend Unruhe in ihm auf. Das geht ganz schnell. Hat er doch schon vor geraumer Zeit begonnen, einen Pfad in diesen – von ihm am häufigsten besuchten – Bereich des Bewusstseins zu trampeln.

Obwohl er es sich selbst nie eingestehen würde, von Freunden und Kollegen ganz zu schweigen, ist Ravi in so ziemlich jeder Hinsicht kaputt und durcheinander. Manchmal wünscht er sich, er könnte einfach aus allem ausbrechen, sich seine Familie schnappen und mit ihr in aller Ruhe irgendwo neu anfangen. Was er nicht weiß: Diese Vorstellung geht völlig in die Irre. Denn wo er auch hingehen mag, der Gemütszustand, in den er sich über die Jahre so hingebungsvoll hineinmanövriert hat, bleibt ihm erhalten. Den kann er nicht einfach so abstreifen. Für Ravi gibt es keine Ruhe, keinen inneren Frieden, weder am Meer noch in einem beschaulichen Wäldchen oder in den sanften Ausläufern eines Gebirges. Das höchste der Gefühle wäre ein flüchtiger Moment der Ausgeglichenheit – eingefangen in einem Selfie und gepostet, um sich und anderen zu versichern, dass alles gut ist.

Wieder am Arbeitsplatz, feuert sein Bewusstsein, unkontrolliert, wie es ist, seine innere Unruhe immer weiter an. Das Team, das er leitet, umfasst ungefähr zweihundert Personen, und für deren Leistungen im Rahmen der Zielvorgaben fühlt er sich verantwortlich. Im Geist unternimmt sein Bewusstsein zahlreiche Reisen in die Zukunft – mit Vorstellungen davon, dass die anvisierten Ziele nicht erreicht werden und es mitunter sogar zu echten Misserfolgen kommen könnte. Sorgen entstehen, die Angst vor dem Versagen leckt an den Rändern seines Geistes – so nahe, dass er es schon riechen kann. Das alles setzt seinen Nerven zu, die aufgrund der Misshandlungen, die das Bewusstsein ihnen Tag für Tag zufügt, ohnehin schon Wracks sind, und sein Körper ist verspannter, als es sich in Worten ausdrücken lässt.

Wir Menschen sind nicht nur körperlich, sondern auch psychisch von enormer Widerstandskraft. Und nicht selten brauchen wir die auch. Obwohl Ravi oft alles zu viel wird, weiß er natürlich, dass er nicht einfach das Handtuch werfen kann. Schließlich muss er für die Gebühren der Privatschule seiner Kinder aufkommen, genügend Geld für ihre College-Ausbildung sparen, eine Hypothek abzahlen, den Lebensstil finanzieren, den er und die Familie gewohnt sind, und noch einiges mehr. Ravis Geschichte ist kein Einzelfall. Denn wie sagt man so schön: Unter jedem Dach ist ein Ach. Wir alle haben unser Päckchen zu tragen.

Firmen und Unternehmer müssen realisieren, dass auch tausend endlose Ozeane den Durst des Verlangens nicht löschen können. Das aus ungezähmten Wünschen und Kreativität erwachsende Streben nach unaufhörlichem Wachstum ist ein Wettlauf zum Rand eines Felsen über dem Abgrund. Statt Begierden auf Kosten der psychophysischen Gesundheit all derjenigen zu erfüllen, die sie manifestieren, sollten sie gezügelt und klug gelenkt werden.

Im Zentrum aller Geschäfte stehen Menschen, und um die müssen wir uns ernsthaft kümmern. Alles andere führt über kurz oder lang in den Untergang. Wie zahlreiche Statistiken belegen, hat sich die psychische Gesundheit von Angestellten in der Vergangenheit überall auf der Welt verschlechtert. Sobald in Firmen ein Bewusstsein für dieses Problem entsteht, müssen sich die Verantwortlichen fragen: Wie können wir unseren Mitarbeitern und Mitarbeiterinnen zu einem ebenso erfolgreichen wie freudvollen Leben verhelfen? Welche Lösung gibt es für Menschen wie Ravi, die sich am Rand der körperlichen und psychischen Erschöpfung befinden?

Meine Antwort, an der sich auch so bald nichts ändern wird, lautet: Wenn etwas hilft, dann das Verständnis von Bewusstsein und Geist sowie das Erlernen beziehungsweise Stärken von Konzentrationsvermögen und Willenskraft.

Auf Unternehmensebene gibt es natürlich gewichtigere Probleme, dem Individuum aber kannst du kein größeres Geschenk machen als das Wissen um den größten menschlichen Aktivposten, den Geist, und wie es ihn nutzen kann, um sich ein wirklich lohnendes Leben zu erschaffen.

Allen Unternehmerinnen und Unternehmern, denen wirklich an ihren Mitarbeitenden gelegen ist, an deren psychischer Gesundheit, Lebensqualität und dem Bedürfnis, ein lohnendes Leben zu führen, sage ich: Erklären Sie ihnen, wie ihr Geist funktioniert. Stärken Sie sie, indem Sie ihnen die Zusammenhänge von Bewusstsein und Geist nahebringen, die im Mittelpunkt dieses Buches stehen. Gehen Sie voran, werden Sie zur Verkörperung der Kunst, Willenskraft und Konzentrationsvermögen weiterzuentwickeln und klug zu nutzen, um sich von Sorgen, Angst, innerer Unruhe und Stress zu befreien.

Informieren Sie Ihre Belegschaft über die Möglichkeiten, mithilfe dieser Techniken zu tiefergehenden Beziehungen mit ihren Liebsten zu gelangen und die Erlebnisse mit der Family voll auszukosten, die sie sich so hart erarbeiten. Und vergessen Sie schließlich nie, dass wir es hier mit dem einfachsten, kosteneffektivsten Investment in die Verbesserung des Lebens zu tun haben, das sich überhaupt vorstellen lässt.

Denken Sie nur, was für ein Geschenk Sie Ihren Mitarbeitern und Mitarbeiterinnen mit den Infos über Funktionsweise und Nutzen ihres größten Assets machen können. Ich habe sie vor fast drei Jahrzehnten von meinem Guru erhalten. Und obwohl ich längst kein Mönch in seinem Kloster mehr bin, profitiere ich bis heute davon. Dadurch, dass ich dieses Geschenk konsequent anwende und unbeschreiblich großen Nutzen daraus ziehe, ist es im Laufe der Jahre eher noch größer geworden.

Das Wissen um Bewusstsein und Geist sowie meine Konzentrationsfähigkeit ermöglichen es mir, für meine Freunde und Angehörigen stets präsent zu sein. Ich kann jeden Moment mit ihnen genießen und überhaupt mein Leben voll auskosten. Natürlich habe auch ich Probleme. Mithilfe meiner Tools und Techniken kann ich sie jedoch leichter bewältigen.

Aufgrund meines Konzentrationsvermögens und der Fähigkeit, mich und mein Verhalten zu reflektieren, habe ich mich selbst besser kennengelernt und weiß mittlerweile genau, was ich vom Leben erwarte. Ich habe meinen Purpose gefunden, meine Lebensaufgabe. Ich habe meine Prioritäten geklärt und bin in der Lage, meine Energie auf sie zu lenken. Ich kann meine Willenskraft einsetzen, um durchzuhalten und nie aufzugeben. Ich kann meine Ziele manifestieren. Für mich ist jeder Tag eine Erfüllung. Ich vergeude keine Sekunde – wie könnte ich auch, wenn ich doch in jeder einzelnen präsent bin und genau weiß, worauf ich sie verwenden möchte?

Also: Wie sieht's aus? Möchtest du dieses Geschenk den Menschen nicht auch machen, die der Entstehung, dem Erhalt und Erfolg deines Unternehmens einen so großen Teil ihrer Lebenszeit widmen?

Ja, natürlich kannst du ihnen andere Skills vermitteln. Ihnen beibringen, wie sie besser kommunizieren. Atmen. Sich gesünder ernähren. Mehr Sport treiben. Sich Angewohnheiten zulegen, die ihrer psychischen Gesundheit förderlich sind. Aber ist dir schon einmal aufgefallen, dass sie für all das ihren Kopf brauchen, ihren Geist? Der ist das Kernstück jeder Lernleistung. Das Kernstück ihres Lebens. Solange die Leute nicht wissen, wie ihr Geist funktioniert, und nicht darin geübt sind, ihn zu zähmen und zu fokussieren … ja, wie können wir dann von ihnen erwarten, dass sie ihn einsetzen, um sich all die Skills gründlich anzueignen, die wir ihnen nahebringen möchten?

Wer nicht weiß, wie das Instrument funktioniert, mit dem sich Neues erlernen lässt, wird sich mit Weiterbildung jeder Art schwertun. An einen Analphabeten wären alle Bücher dieser Welt verschwendet. Damit er etwas mit ihnen anfangen kann, muss man ihm zwangsläufig zunächst einmal das Lesen beibringen. Mit dem Geist verhält es sich ganz ähnlich.

Möchtest du also deinen Mitarbeitenden dieses größte aller denkbaren Geschenke machen, musst du es ernst meinen. Sorge dafür, dass die Menschen den Inhalt dessen, was du ihnen vermitteln willst, wirklich begreifen und auch verstehen, wie sie die Theorie praktisch anwenden können, um ihrem Leben eine ebenso durchschlagende wie nachhaltige Wende zu geben. Denn nur dann ist dieses Geschenk Ausdruck echter Fürsorge.

LEKTION 10.5

KONZENTRATIONSVERMÖGEN IM BUSINESS

Von allen denkbaren Mitarbeiterschulungen, für die Unternehmen überall auf der Welt Millionen ausgeben, wäre die bestmögliche die Unterrichtung der Funktionsweise von Bewusstsein und Geist sowie die Kunst der Konzentration. Wie schon gesagt: *Wenn sich die Angehörigen unserer Teams konzentrieren können, sind sie auch in der Lage, aufmerksam zu sein und sich alle anderen Skills anzueignen, die wir ihnen vermitteln möchten.* Sind sie dagegen abgelenkt, fällt ihnen das Zuhören und Lernen schwer, egal, was man ihnen beibringen will. Wenn du dich nicht fokussieren kannst – wie sollst du dich dann lang genug konzentrieren können, um mitzubekommen, was man dir sagen möchte? Zäumen wir also das Pferd nicht von hinten auf.

Ich werde in dieser Lektion nicht intensiver auf die Konzentration am Arbeitsplatz eingehen, weil sich dieses ganze Buch ja im Grunde um nichts anderes dreht als um die Kunst der Fokussierung. Und die lässt sich überall anwenden. Solltest du mich also fragen wollen, wie man sich fürs Office am besten in Konzentration üben kann, hast du nichts von dem begriffen, was ich dir in den bisherigen Kapiteln erklärt habe. Dann würde ich dir vorschlagen, mit dem Buch noch einmal ganz von vorn anzufangen.

Für den Arbeitsplatz braucht man kein Spezialtraining. Zu lernen, wie man sich generell fokussiert, reicht völlig aus.

Stattdessen möchte ich in diesem Kapitel an Unternehmen appellieren und dafür plädieren, dass sie die Funktionsweise des Geistes und das eingehende Konzentrationstraining zu einem bedeutenden Bestandteil ihrer Mitarbeiterschulung machen.

Die Gründerin eines multimillionenschweren Unternehmens beendet ein Meeting mit ihren Führungskräften. Sie stehen kurz vor ihrem bislang größten Pitch, der ihnen den bis dato lukrativsten Kunden einbringen könnte. Für die Firma wäre dieser Coup ein echter Gamechanger, und das wissen alle hier im Raum. Bevor sie ihr Team entlässt, steht die Gründerin auf, beugt sich vor, stützt sich mit beiden Händen auf den schönen Eichentisch und sagt: »In den nächsten beiden Tagen müssen wir uns voll auf unseren Pitch konzentrieren. Ihr sorgt bitte dafür, dass auch eure jeweiligen Abteilungen zu 100 Prozent darauf fokussiert sind.« Eine ebenso naheliegende wie vernünftige Forderung.

Ich habe das jetzt schon öfter angesprochen und spreche es nun erneut an – diesmal aufs Business bezogen. Nicht nur Sporttrainer, auch Führungskräfte in der Wirtschaft verlangen von ihren Teams, dass sie sich fokussieren, ohne ihnen je zu erklären, wie sie das anstellen sollen.

Angenommen, du hast eine Firma. Dann würdest du doch bestimmt kein Mitglied deiner Personalabteilung dafür abstellen, die nächste Version eurer App zu programmieren, oder? Natürlich nicht, denn du weißt ja, dass diese Person nicht dafür ausgebildet ist. Sondern für die Arbeit als Personalerin. Weshalb du sie ja auch nicht in der IT angestellt hast, sondern in der Personalabteilung.

Warum aber sind so viele Verantwortliche nicht bereit zu erkennen, dass es sich mit der Konzentrationsfähigkeit ganz ähnlich verhält? Wie soll sich jemand fokussieren können, der es nie gelernt hat, nie darin ausgebildet wurde? In der Geschäftswelt, in der so viel Wert auf Produktivität und Effizienz gelegt wird, versagen die meisten Unternehmen, wenn es darum geht, das anzupacken, was die größte Wirkung hat – die Schulung der Konzentrationsfähigkeit. Ich würde gern glauben dürfen, dass sie diese nur deshalb außer Acht lassen, weil sie sich über den Preis häufiger Ablenkungen nicht im Klaren sind und nicht wissen, dass Konzentration etwas ist, was man lernen und üben muss.

Die meisten gehen wohl davon aus, man könne sich – nach höchstens einer kleinen Ermahnung – wie von Zauberhand »einfach konzentrieren«. So funktioniert das aber nicht. Und selbst wenn – es würde nicht genügen. Denn genauso wichtig ist die Stärkung der Willenskraft. Für beides stellt das Wissen um Bewusstsein und Geist die Voraussetzung dar.

Abgelenkt werden kann nur, wer nicht gelernt hat, sich zu fokussieren, oder nicht weiß, worauf er sich konzentrieren soll. Die meisten Unternehmen dürften allerdings genau wissen, was im Mittelpunkt des Interesses der Mitarbeiter und Mitarbeiterinnen zu stehen hat. Und das fehlende Bindeglied? Ist die Schulung der Belegschaft.

Ermüdung und Ablenkung

Müsste jemand mit dem Auto von New York City nach San Francisco, weiter nach Dallas, Chicago und Miami fahren, würde er enorme Mengen Benzin verbrauchen. Wäre der Wagen dagegen die ganze Zeit über im Leerlauf, würde viel weniger Treibstoff benötigt. Wollten wir in diesem Vergleich das Auto durch das Bewusstsein ersetzen, entspräche die Energie dem Benzin, das den Wagen = das Bewusstsein auf seiner Reise durch den Geist antreibt. Muss es dort an fünf verschiedene Orte, braucht es sehr viel mehr Energie, als nötig wäre, bliebe es in einem einzigen Bereich. *Ein fokussiertes Bewusstsein verbraucht weit weniger Energie als ein abgelenktes.*

Ein Geist, der oft und viel abgelenkt wird, benötigt Unmengen an Energie. Und sollte es zu einem Energieabfall kommen, sinkt auch die Produktivität. Im Internet finden sich zahllose Daten und Statistiken, die den Einfluss von Müdigkeit auf Sicherheit, Produktivität, Effizienz und so weiter belegen. Ermüdung beziehungsweise Müdigkeit kann viele Ursachen haben. Das Abgelenktsein wird selten dazu gezählt. Jetzt aber weißt du ja: Solange das Bewusstsein unkontrolliert im Geist umherflitzt, ist die Energie überall und nirgends, auch an Stellen, an denen sie gar nicht benötigt wird. Und sobald das Energielevel sinkt, leiden die Arbeitsergebnisse.

Aus Konzentration erwächst Effizienz

Im Zusammenhang mit einem Projekt, an dem ich arbeitete, brauchte ich eines Morgens den Rat meines Gurus. Also ging ich zu seinem Büro rüber. Durch die offene Tür sah ich, dass er über seinen Laptop gebeugt am Schreibtisch saß. Ich klopfte an den Türstock und fragte: »Gurudeva, darf ich einen Moment mit dir sprechen?«

»Komm rein und nimm Platz«, antwortete er. »Ich bin sofort bei dir.«

Er beendete seine Arbeit am Laptop und klappte den Deckel fast ganz zu, um mir zu demonstrieren, dass er fertig war. Dann wandte er sich mir zu und widmete mir seine ungeteilte Aufmerksamkeit. »Womit kann ich dir helfen?«, erkundigte er sich.

Ich stellte meine Frage, und er beantwortete sie mir. Ich fragte noch einmal zurück, und er erklärte mir seinen Standpunkt. Ich dankte ihm für seine Hilfe, stand auf und verließ das Büro. Das gesamte Gespräch hat allerhöchstens zwei Minuten gedauert. So eine Effizienz war nur möglich, weil Gurudeva seine Mönche in die Kunst der Konzentration eingeweiht hatte. Wir wichen nie vom Thema ab. Deshalb ging auch keine Zeit oder Energie dabei drauf, dass wir mit den Gedanken irgendwo anders waren. Ich kann gar nicht deutlich genug sagen, wie effizient Meetings werden, wenn sich alle konzentrieren können.

Wie viele Arbeitsbesprechungen ziehen sich endlos hin, nur weil die Teilnehmenden nicht konzentriert genug sind, um einander richtig zuhören zu können? Wenn Leute nicht in der Lage sind, sich zu fokussieren, verlieren Unterhaltungen an Klarheit, und der Austausch von Informationen wird gestört. Wie oft hast du schon mit Leuten gesprochen, die währenddessen mit ihrem Laptop oder Smartphone beschäftigt waren? Mit einem Nicken wollen sie dir zu verstehen geben, dass sie dir zuhören, aber seit du meine Ausführungen zum Thema Multitasking gelesen hast, weißt du ja, wo sie in Wahrheit mit ihrem Kopf sind. Vielleicht glauben sie tatsächlich, sie wären bei der Sache. Doch in Wirklichkeit? Kann davon natürlich nicht die Rede sein.

Auf diese Weise kommen enorm viel Zeit und Energie abhanden – ungeachtet der finanziellen Einbußen, die sich allerdings nur schwer abschätzen lassen. Viele entscheidende Informationen gehen ins Leere, Chancen und Fallstricke werden übersehen – und das alles nur, weil die Leute nicht imstande sind, sich zu fokussieren.

Was wir dagegen tun können? Nun, das habe ich schon erklärt: Sobald du bemerkst, dass eines der Mitglieder deines Teams abgelenkt ist, machst du es darauf aufmerksam und lenkst sein Bewusstsein wieder auf das Thema der Unterredung zurück. Scheu dich nicht, der Person zu sagen, dass du gern ihre ungeteilte Aufmerksamkeit hättest. Füge ruhig auch hinzu, dass dadurch das gesamte Team enorm an Effektivität gewinnen würde. Ohne Konzentration können weder Effizienz noch Produktivität entstehen. So ist das eben. Punkt.

Im Meeting, aber nicht bei der Sache

Die Unfähigkeit, beim Thema zu bleiben, ist kostspielig. Ich habe schon in ziemlich vielen Meetings gesessen und finde es immer wieder faszinierend zu sehen, wo das Bewusstsein während dieser Zusammenkünfte so alles hinwandert. Es schlägt erst eine Richtung ein, nur um sich sofort danach – wie ein Hund im Park vom Rascheln im Gebüsch – in eine vollkommen andere locken zu lassen.

Ich möchte dir von einem Erlebnis erzählen, das ich einmal hatte: Die Chefin einer Firma, die mich für ein Führungskräfteseminar buchen wollte, lud mich zu einem Gespräch über die Einzelheiten in ihr Büro ein. Zugegen waren neben uns beiden auch Angehörige ihrer Geschäftsleitung. Irgendwann kamen wir auf mögliche Termine zu sprechen. Ob ich denn wohl Ende Februar zur Verfügung stehen könne, wurde ich gefragt.

»Leider nicht, tut mir leid«, gab ich zurück, »zu der Zeit bin ich in Australien, genauer gesagt in Sydney.«

Worauf eine der leitenden Angestellten begeistert einwarf: »Oh, ich finde Sydney einfach großartig – weltweit eindeutig eine meiner Lieblingsstädte. Wahnsinnig gern sitze ich in einem der Gartenlokale in Darling Harbour, trinke einen schönen regionalen Wein und genieße den Blick auf das Opernhaus. Einfach herrlich! Was führt Sie denn nach Sydney, wenn ich fragen darf?«

In diesem Moment merkte ich, dass ich die Wahl hatte: Ich konnte mich entweder auf ein ausführliches Gespräch über Australien einlassen oder das Bewusstsein der Frau auf unser Thema zurücklenken. Hätte ich nicht beobachtet, wie es abgedriftet war, wäre die letztere Option keine gewesen.

So aber entschied ich mich dafür, auf den Gegenstand unseres Treffens zurückzukommen, und sagte: »Ja, es ist wunderbar dort. Ich bin eingeladen, einen Vortrag zu halten. Aber wie wäre es denn bei Ihnen in der zweiten Märzwoche? Könnten Sie da alle?«

Ich behaupte keineswegs, dass wir in Besprechungen nie vom Thema abkommen dürften. Die Frage ist nur: wann? Hier kommt alles aufs richtige Timing an.

Das Meeting ging bis zum Ende unkonzentriert weiter. Themen wurden angerissen, aber nicht ausdiskutiert. Es kam zu keinen Ergebnissen – und zwar nicht wegen fehlender Informationen, sondern aufgrund der Unfähigkeit, so lange bei einem Punkt zu bleiben, bis eine Übereinkunft erreicht wurde. Das hatte zur Folge, dass alle Fragen später noch einmal aufgegriffen werden mussten. Das hieß allerdings auch, dass sich alle zu einem anderen Zeitpunkt erneut auf das Thema einstellen und versuchen mussten, ein Ergebnis zu erzielen, das bei der ersten Gelegenheit – als alle an einem Tisch saßen – viel leichter hätte erreicht werden können.

Sobald das Bewusstsein von einem Thema abschweift und damit auch den Bereich des Geistes verlässt, in dem es sich bis eben aufgehalten hat, kommt uns die Möglichkeit abhanden, diesem weitere Einsichten zu entnehmen.

Angenommen, ich blättere innerhalb von fünf Sekunden ein tausendseitiges Buch durch. Die Informationen, die ich dabei erhalte, sind gleich null. Schlage ich das Buch aber auf und konzentriere mich auf eine bestimmte Seite, kann ich sie mir ganz durchlesen und alle Informationen aufnehmen, die darin enthalten sind. Sobald du zulässt, dass dein Bewusstsein in Windeseile von einem Bereich des Geistes in einen anderen wechselt, verweilst du in keinem lang genug, um dir die dort vorhandenen Informationen aneignen zu können.

In einem Meeting setzt die Vertiefung eines Themas immer eine Menge kollektiver Anstrengungen voraus, und die sind in dem Moment perdu, in dem eine Ablenkung aufkommt. Denn dann ist erst einmal die Luft raus. Das Bewusstsein aller wieder an den Ort zurückzuleiten, an dem es zuvor war, erfordert sehr viel mehr Energie und Mühe. Und es gelingt leider auch nicht in jedem Fall. Denn bei solchen Unterredungen gibt oft ein Wort das andere, und dieser natürliche Flow lässt sich nicht immer wiederherstellen.

Je öfter wir es in Besprechungen zulassen, dass Leute vom Thema abkommen, desto mehr schulen wir sie in der Kunst des Sich-ablenken-Lassens. Das Ergebnis dieses Trainings zieht sich wie ein roter Faden durch den Rest des Arbeitstages und wird auch mit nach Hause genommen. Schulen wir unsere Mitarbeiterinnen und Mitarbeiter dagegen darin, beim Thema zu bleiben, unterweisen wir sie in der Kunst der Konzentration. Wann immer du bemerkst, dass jemand gedanklich abdriftet, führst du sein Bewusstsein sanft wieder auf den Gesprächsgegenstand zurück, ähnlich wie ich in Sachen Sydney reagiert habe.

In jenem Meeting habe ich jedes Mal, wenn eine der anwesenden Personen vom Thema abgewichen ist, ihr Bewusstsein wieder auf das geplante Führungskräfteseminar zurückgeleitet. Wie mir das gelungen ist, möchtest du wissen? Dadurch, dass ich konzentriert geblieben bin. Denn nur so konnte ich ja überhaupt rechtzeitig bemerken, dass jemand in Gefahr geriet abzuschweifen. Ich konnte so etwas sagen wie: »Entschuldigen Sie, dass ich Sie unterbreche. Aber ich würde gern bei unserem Thema von eben bleiben, es ist wichtig, und wir sollten unbedingt heute noch zu einer Entscheidung kommen.«

Du kannst noch so organisiert sein und die Klaviatur erfolgreicher Besprechungen perfekt beherrschen – solange die an der Sitzung Teilnehmenden nicht in der Lage sind, sich zu konzentrieren, ist die Chance, dass sie sich als effektiv und produktiv erweist, verschwindend gering. Es geht mir hier nicht darum, dir einen Leitfaden für perfekte Meetings an die Hand zu geben. Ich will dir lediglich zeigen, wie entscheidend Sitzungen von der Konzentrationsfähigkeit aller Beteiligten geprägt werden können.

Im Zusammenhang mit dem Job verbringen die Leute enorm viel Zeit in Besprechungen. Die ließe sich reduzieren – mit wahrscheinlich sogar besseren Arbeitsergebnissen – wenn nur alle gelernt hätten, wie man sich richtig konzentriert.

Störungen

Ich habe einmal eine Modefirma beraten, deren Chefdesignerin mir von folgender Erfahrung berichtete: Sie saß am Schreibtisch und arbeitete konzentriert am Entwurf einer Jacke für die Herbstkollektion, als eine Mitarbeiterin ihr Büro betrat und fragte: »Weißt du zufällig, wo das Kopierpapier hingekommen ist?«

In dem Moment verließ das Bewusstsein der Angesprochenen den Design-Bereich ihres Geistes, in dem sie zuvor ganz auf ihre intuitive Kreativität fokussiert war. Sie drehte sich in ihrem Schreibtischstuhl um und wandte sich der Kollegin zu. Wie sie mir sagte, brauchte sie einen kurzen Moment, um sich wieder im Außen zurechtzufinden und eine Antwort zu formulieren.

»Es ist jetzt in dem Schrank da hinten.«

»Danke«, antwortete die Kollegin und ging.

Als sich die Designerin wieder ihrem Entwurf widmen wollte, merkte sie, dass sich ihr Bewusstsein nicht mehr in dem Bereich des Geistes aufhielt, in dem ihre Kreativität nur so gesprudelt war. Sie erzählte mir, wie frustrierend und mühevoll sie es fand, in den vorherigen Zustand zurückzukehren. Erfahrungen dieser Art scheinen mir typisch zu sein – und für die Unternehmen sind sie bestimmt ziemlich kostspielig. Wie viele solcher Unterbrechungen weltweit wohl täglich zusammenkommen mögen?

Wahrscheinlich mehr, als man vermuten würde. Solche Störungen können auf das Konto menschlicher Interaktionen gehen oder auch digitaler Natur sein – etwa in Form von Textnachrichten, Anrufen, Chats, um nur einige zu nennen. Wann immer das Bewusstsein abgelenkt wird, muss es sich von allem lösen, womit es momentan befasst ist, und sich auf das neu Hereinkommende einlassen, das seine Aufmerksamkeit einfordert. Ist das erledigt, muss das Bewusstsein versuchen, einen Weg zurück in den Bereich des Geistes zu finden, in dem es war, bevor es umgeleitet wurde. Dieses ständige Hin und Her kostet enorm viel Zeit und Energie. Außerdem stört es die doch so wertvolle Kontinuität. Es macht die Chance auf tiefere Einsichten, Lösungen und größere Kreativität weitgehend zunichte.

Störungen stellen auch Ablenkungen dar. Unternehmen reagieren darauf mit ganz unterschiedlichen Mitteln. Die Einrichtung von Schweigeräumen, Ruhezonen und so weiter ist hilfreich, aber eher Pflaster als wirkliches Heilmittel. Dieses besteht vielmehr in der Schulung des Konzentrationsvermögens der Mitarbeiterinnen und Mitarbeiter. Sobald sie wissen, wie sie sich fokussieren, und gut darin sind, müssen die Firmen nicht mehr krampfhaft versuchen, sie vor Ablenkungen zu schützen.

Ein Teil dieses Buches ist über Monate im New York City Bagel and Coffee House in Queens entstanden, werktags in den Morgenstunden. Ich habe mir einen Kaffee geholt, mich an einen Tisch gesetzt und angefangen zu schreiben. Richtig ruhig war es dort nie. Der ausgezeichnete Kaffee und die super Bagels zogen die Kundschaft in Strömen an. Ich aber habe mich nicht stören lassen, weder von den Geräuschen oder der Musik noch von den vielen Menschen. Mein Bewusstsein war total auf das Schreiben fixiert. Was ich damit sagen will? Dass wir jede

Menge Zeit, Energie und Geld in Projekte zum Schutz unserer Belegschaften vor Ablenkungen stecken können – oder aber einfach ihr Konzentrationsvermögen schulen.

Zu Störungen kommt es oft auch, weil die eine nicht weiß, was der andere gerade tut. Ich bin ja in Australien aufgewachsen und war in meiner Kindheit gern am Meer. Über dessen jeweiligen Zustand wurden die Strandbesucher mit Fähnchen informiert. Die roten bedeuteten »Schwimmen verboten«, die gelben »Vorsicht! Gefahr!« – einfache Signale mit eindeutigen Ansagen.

Ich will darauf jetzt nicht näher eingehen, aber doch kurz erwähnen, dass es mir im Laufe der Jahre gelungen ist, viele Firmen von der Einführung eines allseits akzeptierten Systems von Signalen zu überzeugen, die individuell genutzt werden können, um den Kollegen den aktuellen Grad des Konzentriertseins anzuzeigen. Beispiel: »hoch« = bitte nicht stören; »mittel« = nur in dringenden Fällen ansprechen« und so weiter.

Indem wir unsere Mitarbeitenden schulen, sich nicht gegenseitig zu stören, verhelfen wir ihnen indirekt auch zu längeren Phasen des Fokussiertseins und verbessern gleichzeitig ihr Konzentrationsvermögen.

Fokussierung als Unternehmensstrategie

Wenn Firmen die Inhalte dieses Buches umsetzen wollen, setzt das voraus, dass Eigentümer oder Geschäftsführung davon überzeugt sind. Solche Maßnahmen funktionieren nur Top-down. Das heißt, die Spitzenkräfte des Unternehmens müssen fest an die große Bedeutung der Fokussierung glauben, selbst hochkonzentriert leben und mit gutem Beispiel vorangehen. Das ist der erste Schritt. Der zweite besteht darin, die Belegschaft von dem Konzept zu überzeugen. Für den Erfolg ist dies unerlässlich. Für den weiteren Verlauf empfehle ich, die Schulungen in kleinen Gruppen vorzunehmen.

Die zehn Angehörigen einer Marketingabteilung könnten zum Beispiel so vorgehen:

1. Alle beginnen zur gleichen Zeit mit der Lektüre dieses Buches.
2. Die einzelnen Kapitel werden in der Gruppe besprochen. Die Teilnehmenden tragen die Passagen zusammen, die sie für besonders wichtig halten. Gemeinsam wird überlegt, wie sich die hier beschriebenen Tools und Techniken in der Abteilung anwenden lassen.
3. Die Gruppe verpflichtet sich darauf, in ihren Gesprächen ausschließlich die in diesem Buch dargelegte korrekte Terminologie zu benutzen.
4. Sodann gilt es, die unvermeidlichen Tätigkeiten zu ermitteln, die an einem normalen Arbeitstag regelmäßig anfallen und Gelegenheiten darstellen, Willenskraft und Konzentrationsfähigkeit zu stärken. In diesem Zusammenhang gehen alle Beteiligten freundlich und verständnisvoll miteinander um.
5. Jede und jeder Einzelne schätzt die eigenen Erfolge ein und beobachtet sie kontinuierlich. Dabei behalten alle die »Macht der kleinen Schritte« im Hinterkopf. Erfolge und Etappensiege werden gefeiert.
6. Die Beteiligten unterstützen einander in ihren Anstrengungen, Regie über das Bewusstsein im Geist zu führen. Geduld und Mitgefühl verstehen sich dabei von selbst.
7. Die Mitarbeitenden der Marketingabteilung helfen sich gegenseitig auch jenseits des Arbeitsplatzes dabei, die in diesem Buch vorgestellten Tools und Techniken anzuwenden. Denn die Praxis der Konzentration muss in alle Lebensbereiche Eingang finden.

Die Benefits eines fokussierten Geistes

Vergiss nicht: Wenn du deinem Team beibringst, sich den Grundsätzen dieses Buches folgend zu konzentrieren, lehrst du sie nicht nur, sich zu fokussieren, sondern bringst ihnen auch bei:

- die Richtung zu steuern, die das Bewusstsein im Geist einschlägt;
- den Fluss ihrer Energie zu lenken und damit auch zu entscheiden, was sich in ihrem Leben (zu dem auch die Arbeit gehört) manifestiert;

- bei allem, was sie tun, die drei Methoden der Stärkung ihrer Willenskraft anzuwenden;
- stets und immer präsent zu sein;
- Sorgen, Angst, innere Unruhe und Stress mithilfe der Zügelung ihres Bewusstseins zu händeln und zu überwinden;
- Antworten und Reaktionen zu managen.

Mein Ziel besteht darin, Firmen davon zu überzeugen, dass sie die Grundlagen dieses Buches in ihr Schulungsprogramm integrieren. Damit steigern sie nicht nur die Produktivität der Mitarbeiter und Mitarbeiterinnen, sondern tragen auch zur Verbesserung der psychischen Gesundheit ihrer Leute bei, was ihnen insgesamt zu einem lohnenderen Leben verhilft. Doch damit noch nicht genug. Jeder Mensch, dessen Alltag sich zum Besseren gewandelt hat, verfügt über ein Erfahrungswissen, das ihn befähigt, auch seine Liebsten mit diesen Tools und Techniken zu bereichern, sodass sich auch deren Leben verbessert.

Denk an Gurudevas Geschichte vom mittigen Anheben eines Papiertaschentuchs und seinen Kommentar dazu: »Mit allen Menschen, die Teil deines Lebens sind, bist du energetisch verbunden. Und wenn du dich erhebst und weiterkommst, erhebst du auch die anderen und baust sie auf.« Dadurch, dass du den Menschen, ohne die dein Unternehmen nicht das wäre, das es heute ist, zu einem grundlegenden Verständnis von Geist, Fokussierung und Willenskraft verhilfst, stärkst du sie und baust sie auf. Und so übst du bewusst auch einen positiven Einfluss auf alle aus, die ihnen am Herzen liegen. Auf diese Weise unterstützt du sie bei der Gestaltung eines lohnenden Lebens, mit mindestens einem Nebenprodukt: Glück und Zufriedenheit.

Zum guten Schluss

Vor siebenundzwanzig Jahren weihte mich mein Guru in die innere Funktionsweise des Geistes ein. Diese altbewährten Lehren werden in der spirituellen Traditionslinie, der er und ich angehören, seit mehr als zweitausend Jahren weitergegeben.

Das Leben derjenigen, die diese Lehren in all ihren Tiefen ausloten – ihre Einfachheit, Praktikabilität und die ihnen innewohnende Fähigkeit, tiefgreifende Zustände der Selbstverwirklichung zu erzeugen, sofern sie nur verstanden und angewendet werden – deren Leben also verändert sich ein für alle Mal.

Ich bin einer von diesen Menschen. Einer, dessen Leben auf den Kopf gestellt wurde und der sich von diesen Lehren hat tief beeindrucken lassen.

Und davon sollte ich dir nicht erzählen wollen?

Dieses Buch stellt einen Liebesdienst dar. Ich habe es für dich geschrieben, damit auch du die Teachings erfahren und erleben kannst, die nicht nur mein Leben verändert haben, sondern auch das vieler anderer.

Doch so tiefgründig diese Lehren auch sein mögen, so bringen sie doch gar nichts, solange du sie nicht verstehst und ebenso konsequent wie korrekt anwendest. Ob du es tust oder nicht, liegt in deiner Verantwortung. Und nur in deiner. Du kannst den Weg der Worte gehen und über die Dinge reden, die du gelesen und gelernt hast. Oder aber du gehst den Weg der persönlichen Erfahrung, wendest die Lehren in deinem Leben an und machst die Transformation durch, die sie bewirken. Du hast die Wahl.

»Und wie geht's jetzt weiter?«, willst du vielleicht wissen. Versuch die Teachings zu verstehen. Lies dir die Lehren immer und immer wieder durch. Lass jede Faser deines Seins von ihnen durchdringen. Integriere sie in alle Aspekte deines Lebens. Und, was das Wichtigste ist: übe, übe, übe! Dein Bewusstsein im Geist zu beherrschen, lernst du, weil du die Folgen liebst, die es für dein Leben hat.

Geh verständnisvoll, geduldig und mitfühlend mit dir um, während du dir diese Lehren zu eigen machst. Erinnere dich immer wieder daran, dass du ein Work-in-progress bist, sozusagen eine Baustelle. Manches ist zunächst vielleicht noch ein bisschen chaotisch, aber das ist völlig in Ordnung, solange du nur langsam, aber beständig daran arbeitest.

Du bist mit dem größten Geschenk gesegnet, das es nur gibt – dem Leben selbst. Die Inhalte dieses Buches können dir helfen, dieses dein Leben zu etwas ganz Wunderbarem zu machen. Das Verständnis von Bewusstsein und Geist sowie die Fähigkeit, dein Bewusstsein zu lenken und zu fokussieren, gehören zu den schönsten Präsenten, die du selbst dir machen kannst. Denn hier handelt es sich um fantastische Heilmittel gegen viele Malaisen des Geistes. Um entscheidende Elemente für die Manifestation deiner Ziele und eines zweckorientierten Lebens. Einige willkommene Folgen davon sind Freude, Glück und Zufriedenheit. Die größte aber ist die Selbsterkenntnis.

Nun verabschiede ich mich von dir. Allerdings nicht ohne einen meiner Lieblingssprüche von Gurudeva: »Geh weiter – mit Zuversicht und Selbstvertrauen!«

Dank

»Die für ein besseres Leben entscheidenden Tugenden sind Dankbarkeit und Anerkennung. Sie wirken den Zauber, der Hass, Verletzungen und Traurigkeit zum Verschwinden bringt, sind Medizin gegen unerwünschte Gemütszustände und stellen Selbstachtung, Selbstvertrauen und Gesundheit wieder her.«

Gurudeva

Nichts kann je ohne Hilfe entstehen. Alles stellt eine gemeinschaftliche Anstrengung an, und um ein Buch zu schreiben, braucht es ein ganzes Dorf. Diesen Band hier haben all die Menschen möglich gemacht, die an mich glauben und mich während des Schreibens unterstützten.

Gurudeva, Yogaswami und die Gurus dieser Traditionslinie: Danke für die unbedingte Liebe, die Weisheit und Orientierungshilfe, die ihr meiner Familie und mir in den letzten fünf Generationen habt zuteilwerden lassen.

Alice Martell, meine literarische Agentin: Dies alles hier wurde überhaupt nur möglich, weil du an meine Arbeit geglaubt hast. Von Anfang an. Vielen Dank dafür.

Adrian Zackheim, mein Verleger: Auch dir danke ich dafür, dass du an mich geglaubt und meine Entscheidungen so tapfer unterstützt hast. Für mich war das unglaublich ermutigend.

Das Team bei Portfolio und Penguin Random House: Euch allen – ob wir einander nun persönlich kennen oder nicht – danke ich für alles. Nur durch euer Engagement ließen sich dieses Buch und sein Anliegen realisieren, möglichst viele Menschen zu erreichen und ihr Leben zu verbessern. Ein besonderes Dankeschön geht dabei an Annie Gottlieb.

James Landis, Michael Lützenkirchen, Robert van der Putten und Ragy Thomas: Eure Unterstützung und euer Glaube an Gurudevas und meine Arbeit stellen für mich eine große Ehre dar.

Sadhaka Haranandinatha und Sadhaka Tejadevanatha: Euch danke ich dafür, dass ihr meine Klosterbrüder seid. Danke auch für eure Liebe und den Glauben an mich, die weit über dieses Leben hinausgehen.

Mein super Team (Marilyn, Yeimi, David, Icho, Alex und Georgii): Danke dafür, dass ihr euch so reingehängt habt, als ich bis über beide Ohren im Prozess des Schreibens versunken war. Jedem und jeder Einzelnen von euch bin ich unglaublich dankbar.

Meiner Mutter danke ich für ihre grenzenlose Liebe und Unterstützung. Dass ich es dahin gebracht habe, wo ich heute bin, und tue, was ich tue, habe ich dir zu verdanken.

Meine Tochter Meenakshi: Danke für deine Liebe, für die tiefe Freude, die du Tag für Tag in mein Leben bringst, und dafür, dass du gekommen bist, als ich nach dir gerufen habe; danke auch dafür, dass du mich durch deine Fragen und dein Verständnis von Bewusstsein und Geist zu dem Abschnitt über die »verschleierte Wahrheit« inspiriert hast.

Meine Frau und beste Freundin Tatiana: Danke für deine unglaubliche Liebe, deine Geduld und dafür, dass du immer meine erste und wichtigste Unterstützerin bist. Ohne deinen ständigen Support und deine Ermutigung hätte dieses Buch nie entstehen können. Dich in meinem Leben zu haben ist ein echter Segen.

Über den Autor

Dandapani ist Hindu-Priester, Unternehmer und ehemaliger Mönch. Als international gefragter Redner und führender Experte für die Nutzung des menschlichen Geistes und der Kraft der Konzentration zur Förderung eines Lebens voller Sinn und Freude, hat Dandapani die Bühne mit weltbekannten Führungspersönlichkeiten wie Hillary Clinton, dem ehemaligen UN-Generalsekretär Ban Ki-moon sowie dem ehemaligen französischen Präsidenten François Hollande geteilt. Dandapani und seine Frau bauen derzeit ein dreiunddreißig Hektar großes Retreat-Center mit botanischen Gärten in Costa Rica auf, um ihre Mission zu unterstützen, die Selbsttransformation zu fördern und die Beziehung der Menschen zur Natur positiv zu verändern.

@DANDAPANILLC
DANDAPANI.ORG

Register

C

G

Z